中国式现代化与科创投资

王焕然　陈怡凤　著

中国出版集团
中译出版社

图书在版编目（CIP）数据

中国式现代化与科创投资 / 王焕然，陈怡凤著. ——北京：中译出版社，2023.6
ISBN 978-7-5001-7307-6

Ⅰ. ①中… Ⅱ. ①王… ②陈… Ⅲ. ①高技术企业—风险投资—研究—中国 Ⅳ. ① F279.244.4

中国国家版本馆 CIP 数据核字（2023）第 006582 号

中国式现代化与科创投资
ZHONGGUOSHI XIANDAIHUA YU KECHUANG TOUZI

著　　者：	王焕然　陈怡凤
策划编辑：	龙彬彬
责任编辑：	龙彬彬
出版发行：	中译出版社
地　　址：	北京市西城区新街口外大街 28 号 102 号楼 4 层
电　　话：	（010）68002494（编辑部）
邮　　编：	100088
电子邮箱：	book@ctph.com.cn
网　　址：	http://www.ctph.com.cn

印　　刷：	中煤（北京）印务有限公司
经　　销：	新华书店
规　　格：	710 mm × 1000 mm　1/16
印　　张：	24.5
字　　数：	318 千字
版　　次：	2023 年 6 月第 1 版
印　　次：	2023 年 6 月第 1 次印刷

ISBN 978-7-5001-7307-6　　　　定价：79.00 元

版权所有　侵权必究
中　译　出　版　社

序一

新发展格局引领中国式科创投资现代化

习近平总书记在中央经济工作会议讲话中强调,推动科技、产业、金融良性循环。这为落实国家创新驱动战略、强化科技自立自强提供了科学指引和根本遵循。国家"十四五"规划和2035年远景目标纲要明确提出,要构建实体经济、科技创新、现代金融、人力资源协同发展的现代产业体系。科技是第一生产力,产业是现代经济的根基,金融是实体经济的血脉,科学把握科技创新、产业升级、金融发展的客观规律,进一步畅通科技、产业、金融良性循环,对于增强国家自主创新能力、推动中国式现代化高质量发展具有重大意义。

2023年3月16日,《党和国家机构改革方案》正式公布,中央组建金融委员会和科技委员会,作为党中央决策议事协调机构。此番调整后,中国金融监管部门将形成"一行一总局一会一局"(中国人民银行、国家金融监督管理总局、证监会、外汇管理局)的架构。本次机构改革,将进一步加强金融服务实体经济、支持科技创新成果转化的力度和效果。金融支持科技创新与产业发展的新发展格局进一步完善。

2023年2月,中国证监会公布《首次公开发行股票注册管理办法》,A股市场全面实行股票发行注册制。这次涉及资本市场全局的重大改革,不仅涉及沪深交易所主板、新三板基础层和创新层,也涉及已经实行注册制的科创板、创业板和北交所;在规制内容方面,除了规制IPO,还有再融资、并购重组,也涵盖了交易、信息披露、投资者保护等;在产品方面,除了股票,还包括可转债、优先股、存托凭证等。正如证监会主席易会满所说:"注册制改革是一场触及监管底层逻辑的变革、刀刃向内的变革、牵动资本市场全局的变革，影响深远。"

全面注册制改革明确了主板、科创板、创业板、北交所的板块定位，通过上市门槛拉开了板块之间的差距。资本市场是科技创业的重要退出途径，资本市场的注册制变革将像"指挥棒"一样引领着科技创业与投资的发展方向和价值观。注册制改革将促进社会投资的大幅增加，企业融资中的直接融资比重上升，改变我国长久以来企业过分依赖银行间接融资的畸形发展状况。注册制改革很大程度上放宽了上市门槛，对部分行业或情形允许未盈利企业上市，加上科创板和创业板的定位深化，新型科技创新企业迎来"风口"。

新发展格局对中国科创投资行业提出了新的要求。2023年2月24日，中国私募基金行业迄今为止最为全面的一套规则《私募投资基金登记备案办法》发布。私募新规整合以往规则，支持治理结构健全、运营合规稳健的集团化运作私募管理人规范发展。中国式科创投资的现代化发展需要行业深刻理解我国当前科技发展与金融管理的时代背景，认清科技发展与成果转化的客观规律，树立正确的科创投资价值观，掌握科创投资的方法论体系，并躬身入局，打通科技、产业、金融的良性循环。

中国式科创投资的现代化是服务国家发展战略的现代化，是促进科技创新和产业升级的现代化，是伴随并分享实体经济增长的现代化。焕然的这本《中国式现代化与科创投资》系统地梳理了国内科创投资行业的发展历程，并独树一帜地将科创投资行业与新发展格局结合起来，阐述科创投资的价值观、方法论与实务，对于行业人员提高宏观认知、增强专业能力与规范发展都大有裨益，是为之序。

谢平

中国投资公司原副总经理

清华大学五道口金融学院教授

2023年4月24日

序二

我国对创业投资的探索始于1984年国家科委的课题研究。经过近40年各有关方面的努力，我国创业投资体制框架已经基本成型，创业投资行业已发展到全球第二的规模。各类创业投资企业的投资运作，有力地支持了我国的创新创业活动和产业升级。

但是，创业投资作为"支持创业的投资制度创新"，还有不少内在的规律亟待深入探讨。创业并不必然基于新技术，基于赢利模式创新和组织管理体系创新也可能创建出类似美国联邦快递那样的伟大公司。然而，在知识型经济新时代，基于技术创新而创业的科技创业活动已日益发展成为创业的主流。为解决"卡脖子"问题，我国当前尤其需要大力推进科技创业。与之相对应，引导各类创业投资机构增加科技创业投资的比重具有十分重要的现实意义。就此而言，研究科技创业规律和科技创业投资规律，已日益成为我国创业和创业投资界最为紧迫的课题。

焕然同志既有证监会、深交所、中关村管委会的监管工作经验，也有创业投资基金与创业服务的一线实操经历，同时还是数字经济领域的科技创业者。他的这本新作从国家政策、资本市场、技术发展等多个角度，分析了科技创业发展规律与科技创业投资规律。不同于其他人的碎片化投资经验罗列，焕然同志把一线的从业经验与思考进行系统化的梳理与总结，分别从价值观、方法论、实务三个角度，为科技创业投资实务提供了一个相对完整的逻辑思考与操作框架。创业投资领域的新人甚至资深"老将"都能从中得到借鉴与参考。书中关于科技创业的发展规律分析也将帮助科技创业者少走弯路,加快科技创业企业的发展。

希望焕然这本书能够为创投行业的规范化、专业化发展做出贡献!

刘健钧

中国证监会原私募基金监管部巡视员

2023 年 5 月

序三

　　走在中国改革前沿的招商局集团很早就开始了在风险投资领域的探索。早在1989年，为推动"863计划"成果的产业化，招商局与当时的国家科委、国防科工委共同设立了中国科招高技术有限公司，这是中国本土的第二家风险投资公司。中国科招在全国投资逾40家企业，涉及IT、生物技术、医药、新材料、环保、能源等领域。1997年香港回归，招商局集团作为总部在香港的央企，希望为回归后的香港增添科技因素，把与科技有关的资产整合。我1998年在香港筹备，1999年1月在香港成立招商局科技集团。集团专注于高技术领域的风险投资、高技术企业管理和产业基地建设。后经深圳市领导的动员，我们于2000年将营运总部迁到深圳，成立招商局深圳科技投资有限公司。

　　"专注"正是招商局科技集团旗下基金的投资特点，我们不同的基金各有不同的方向。除了各个基金有明确的投资范围外，在投资项目的选择上，"不熟，不做"是我们为招商局科技定下的一个基本投资策略。根据每只基金的重点不一样，招商局科技会招聘具备相关知识的投资经理。相对于其他的风险投资机构，招商局科技不把财务指标当作最主要的考虑因素，而是对一个行业的前景、市场份额、成长性比较了解才会考虑投资。因此，对于招商局科技集团的投资经理，应该具备3个条件：符合投资方向的专业；毕业以后在本专业工作三年以上，对专业流程熟悉；最好还学过 MBA，还要懂金融。

科技风险投资作为一项专业金融服务，研究的主要问题是创业企业的发展规律。绝大多数中小企业都希望把企业做大，因为规模就是杠杆，深度和广度可以容纳更多的投资、抵抗更大的风险以及对未来更长久地进行投入。世界上所有最大和最成功的企业的发展都证明，企业长大是唯一使企业保持优势的路径。但是对于中国企业来说，很多企业都是长不大的企业，无论是小企业、中型企业还是大型企业，其规模差别都是在小范围内对比的结果，真正在竞争力上，很少能有和国际大型企业相比的。阻碍中国企业长大的根本，是理念的问题，更是一个复杂的公司管理的问题。

对于科技创业企业来说，创始人多为技术背景出身，在企业战略与管理上存在先天的短板。因此，选择有潜力的科技创业企业，并帮助它们长大是科技风险投资的使命与价值所在。这就形成了科技风险投资业务的两个基本问题。

第一，如何选择有潜力的科技创业企业。

第二，如何帮助科技创业企业长大。

在企业发展战略上，风险投资机构一般都给创业企业设置了里程碑式的阶段目标，这是给中小企业经常性的企业诊断，不但能找出创业企业所存在的问题让其及时改进，而且也给风险投资机构提出了更多增值服务的要求。

在公司内部治理上，在产业资源链接上，在社会信用增值上……在焕然的这本新书上都有详细论述。

焕然的这本新书，对科技风险投资在国内的发展历史进行了总结，披露了国内风险投资行业发展过程中的创新与乱象，旗帜鲜明地提出：科技风险投资要去"神秘化"、去"庸俗化"，"专业化发展"是科技风险投资的必由之路。这本书不仅是国内首次系统地梳理科技风险投资的价值观、方法论和实务的专著，也描绘了科技风险投资行业从业人员的专业化成长路径。为新时代的科技风险投资规范化健康发展与从业人员的专业化快速成长提供了借鉴与指引。书中对科技企业成长规律的分析不仅对科技风险投资有帮助,也会提升科技人员对创业的认知,加速科技创业企业的成长与成功。

招商局集团已经有150多年历史了。改革开放后仅在深圳就成功投资了中集集团、平安集团、金蝶软件等一系列企业,现在,这些企业都已经成长为行业龙头。招商局科技集团也投资并成功退出了大族激光、中芯国际(芯片代工)、展讯(基带芯片)、分众、山河智能、广陆数控、亿纬锂能……

在宏观的政治与经济上,我们正在经历"百年未有之大变局";在产业和技术变革上,我们正在经历第四次产业革命;在资本市场发展上,中美脱钩和国内资本市场注册制改革都给科技风险投资带来系统性的冲击;在行业监管上,资管新规的落实正在树立新的行业运行规范与生态。无论社会如何变化,科技始终是推动社会发展的第一生产力,而科技风险投资是科技创新与科技成果转化最有效的市场化手段。

"一起向未来",让我们一起推动科技风险投资走向更加专业化的未来!

顾立基
招商局科技集团原董事长
2023年4月

序四

金融驱动新型创新载体建设

作为浙江"引进大院名校、共建创新载体"战略的先行者，浙江第一家省校共建的新型创新载体，浙江清华长三角研究院（以下简称长三院）深化科技体制改革，形成了"政、产、学、研、金、介、用"七位一体协同创新发展模式，在人才集聚、成果转化、精准服务企业等方面都取得了积极成效。

秉持"坚持科技研究，坚持产业发展"的12字院训，在19年的发展时间里，长三院扎根嘉兴、立足浙江、面向长三角，探索出了依靠自身力量逐步成长壮大的路径，在实现科技创新转化的同时，为区域经济做出贡献。聚焦国家战略需求和地区创新发展需要，长三院已在重点创新领域组建了4个国家级研发中心，10个省级重点实验室以及重点创新平台和多个专业化研究院。长三院科技服务网络覆盖长三角区域50多个县（市、区），年服务企业过万家。截至2022年4月，长三院拥有"国家级科技企业孵化器""国家级众创空间"等国家级创新创业平台9个、省级创新创业平台24个，孵化培育企业2 500余家，其中上市（并购）企业50余家，规模超百亿的企业10余家。仅2021年，长三院就新增投资孵化上市公司12家，有7家企业被评为独角兽或准独角兽企业、瞪羚企业。

科技创业投资与孵化模式解决了科技与经济两张皮的问题，投资和孵化的组合也让长三院能够依托优质企业的税收奖励和基金投资收益，形成可持续的赢利模式，为长三院"先进水平新型创新载体"建设奠定了科技创新成果产业化的经济闭环。

早在2005年6月，浙江清华长三角研究院就已经设立了浙华投资公司，进行对外投资和经营管理，从事科技创业的股权投资。2010年3月，浙华投资公司与深圳创新投资集团合资成立了浙江红土创投，借鉴深创投的成熟体系和经验培养长三院的自主科技创业投资能力。2015年6月，浙华投资与当时的清华控股合作成立了紫旌母基金，利用母基金的方式撬动更多的社会资本参与长三院的科技创新平台建设。长三院杭州分院更是依托下设的杭州水木基金提出了"不投资不入楼、不投资不孵化"的发展模式，探索建立了团队责任绑定机制和利益共享机制。

2023年，浙江清华长三角研究院将迎来建院20周年。这将是长三院冲刺之年，也是关键之年。长三院将坚持贯彻落实习近平总书记对长三院的重要批示指示精神，将进一步对标对表新型创新载体建设，加强目标导向、加快工作举措、创新体制机制，系统重塑长三院内生科研能力建设，推进长三角国家技术创新中心浙江中心建设，推动长三院由"成果转化桥梁"向"高端创新平台"跃升。而科技创业投资将是驱动、加速新型创新载体建设的重要手段。

焕然是清华工科背景，在金融行业具有多年监管与实务的丰富经验，他对于科技创新与创业的发展规律具有深刻的认知。这本书中描绘的科技创业投资的理念与体系非常契合长三院多年来的科技创新服务情况。在科技创业投资未来产业选择中，焕然详细分析了智能产业、"双碳"产业、生物健康产业以及产业关键共性技术等领域国家的政策、产业技术的现状以及面临的机遇，而这些也正是长三院未来集聚创新资源、突破关键共性核心技术、加快培育创新型企业和产业集群的重点领域。焕然在书中讲述的科技创业投资的价值观、方法论与实务技巧也将成为长三院未来引进人才、科技、产业项目的重要

序四

参考。

金融驱动创新，创新驱动发展。长三院正处于"数字化改革""共同富裕示范区""建院 20 周年"等多个历史机遇交汇的重要关口，我们将不负习近平总书记嘱托，不负浙江省与清华大学的期望，交出改革发展高分答卷。

黄开胜
浙江清华长三角研究院院长
2023 年 5 月

前言

科技创业投资服务中国式现代化

科技革命及由此引发的产业变革,一方面成为产业推陈出新和生产力跃进的不竭动力,另一方面也深刻地影响着世界格局的演变。当前,世界政治经济正面临"百年未有之大变局"。在新一轮科技革命中,抢占科技高地、站在产业变革的前沿、占领全球价值链的高地,将在未来的竞争中赢得先机。然而,科技成果如果没有实现商品化、产业化,就没有转化为生产力,科技创新的最终价值也就不能得以充分体现。因此,科研成果产业化并形成财富效益至关重要。据科技部相关统计数据显示,目前我国科技成果转化率平均仅为20%,实现产业化不足5%,远低于发达国家水平。

党的二十大提出了"中国式现代化新道路"。中国式现代化摒弃了西方现代化所遵循的生产力发展单纯服从于资本的逻辑,摒弃了西方以资本为中心的现代化。中国式现代化坚持以人民为中心的发展思想,一方面解放和发展社会生产力,一方面提高人们的物质和精神生活水平。中国式现代化推动经济发展质量变革、效率变革、动力变革,努力实现创新成为第一动力。科技创业投资作为一种市场化资源配置手段,其推动科技创新、促进科技成果走向社会的桥梁作用已经得到广泛认可。

国内的创业投资行业始于成思危先生的"一号提案"①。2006年,《中华人民共和国合伙企业法》修订增加了有限合伙企业内容,为创业投资的发展奠定了法律基础。2012年,中国基金业协会成立,明确了创业投资行业的监管责任与从业规范。2017年以来的一系列资管新规有效针对创业投资行业的问题进行拨乱反正。2021年,国家遏制资本无序扩张的一系列举措,再度引导创业投资行业回到服务实体经济、服务科技成果转化的正轨。

科技创业投资是一项兼具科技属性、金融属性和管理属性的综合性工作。因而,科技创业投资对从业人员的素质有很高的要求。科技创业投资人员培养的实践性很强。曾经某位行业领袖说过:"要在现实投资中亏损1亿元才能培养出一个优秀的投资经理。"人才已经成为科技创业投资行业发展的重要瓶颈。从投资实践的角度描述一个闭环的科技创业投资思考框架,帮助从业人员快速成长,已经成为行业急需解决的痛点。

本书首次尝试系统地总结和梳理科技创业投资的价值观、方法论和实务。

首先,本书对科技创业投资进行了概述,便于从宏观角度认知科技创业投资。本书从国内创业投资行业的演进历史出发,对比中外创业投资机构特征,分析创业投资在中国的特色与创新,以及未来中国创业投资的发展趋势。具体到科技创业投资领域,本书总结了科技创业投资的理念,并针对科技企业的发展规律提出了科技创业投资的体系。在从业人员要求方面,本书列出了对不同级别的人才能力与知识的要求,为从业人员描绘了一条成长路径。

其次,本书从两个方面阐述了科技创业投资的价值观。一是从生

---

① 1998年,在全国政协九届一次会议上,民建中央向大会提交了《关于尽快发展我国风险投资事业的提案》,这就是后来被认为引发了一场高科技产业新高潮的"一号提案"。

产力解放和社会需求满足这两个价值角度,具体分析了当前科技创业投资的行业选择及逻辑;二是详细描述了内地、香港以及美国三地资本市场及其价值观。资本市场 IPO 是投资退出的主要方式。资本市场的价值观将直接决定科技创业投资的价值观。作为一个科技创业投资行业从业者,需要熟知不同区域资本市场的特性和价值观,并进一步理解不同资本市场价值观对企业上市和创业投资的影响。

然后,本书详细阐述了科技创业投资的方法论。在创业投资的判断标准中,本书解释了什么是"三好"公司,以及如何理解"投资就是投人";如何通过研究发现"好行业";如何使用量化和非量化的指标来发现"好公司"的价值与风险;如何针对不同类别的企业使用不同的方法来判定"好价格"。

最后,本书就科技创业投资的实务进行了详细的说明。三大尽职调查(业务、财务、法律)和投资协议条款清单是投资人的工具,通过三大尽职调查实现企业价值发现和风险发现;通过投资协议条款清单来控制可能出现的风险。书中也专门研究了中美两国独角兽企业的成败来说明本书提出的投资方法论。

"路漫漫其修远兮",科技创业投资是一项工程,更是一门艺术,"一千个人眼中有一千个哈姆雷特",每一个从事科技创业投资业务的人都有自己的投资体系。本书从价值观、方法论、实务各个角度描述了笔者对于科技创业投资的思考,希望借此与行业人士对话与共鸣。本书也对科技创新企业的发展规律和失败原因进行了分析,希望科技创业者能够更清晰地理解科技创业、创业投资和资本市场,在创业的道路上少走弯路。最后,希望本书能为科技创业投资行业的发展贡献绵薄之力!

王焕然
2023 年 4 月

目录

第一篇
科技创业投资概述

第一章　国内创业投资行业概述
第一节　国内创业投资行业演进 // 005
第二节　内外资投资机构特征比较与分析 // 029
第三节　创业投资基金回报分析与决定因素 // 035

第二章　科技创业投资的理念与体系
第一节　科技创新企业的特征与发展规律 // 045
第二节　科技创业投资的目标与理念 // 052
第三节　项目的评价标准与手段 // 054
第四节　投资后的社会资源配置 // 057

第三章　科技创业投资的人才成长路径
第一节　投行化的人才体系要求 // 061
第二节　人才培养与成长路径 // 064

第二篇
科技创业投资的价值观

第四章　科技创业投资的行业选择
　　第一节　科技革命推动社会进步 // 077
　　第二节　智能产业革命正在进行 // 081
　　第三节　碳中和带来的结构性机会 // 095
　　第四节　医疗健康产业快速发展 // 106
　　第五节　产业关键共性技术突破 // 126

第五章　资本市场与投资价值观
　　第一节　美国资本市场与中概股 // 131
　　第二节　香港资本市场与上市路径 // 154
　　第三节　发展中的内地多层次资本市场 // 168
　　第四节　中美资本市场的综合对比 // 180
　　第五节　资本市场对科技创业投资的影响 // 196

第三篇
科技创业投资的方法论

第六章　如何识别好生意——行业分析
　　第一节　研究行业发现好生意 // 205
　　第二节　行业发展现状分析 // 208
　　第三节　行业发展趋势分析 // 221

第四节　如何开始行业分析 // 226

第七章　怎样判断好公司——公司分析

第一节　价值发现与风险发现 // 235
第二节　技术、产品与商业模式 // 238
第三节　论"投资就是投人" // 246
第四节　其他非量化方法 // 251
第五节　潜在的量化指标 // 254
第六节　公司分析的工具 // 257

第八章　什么才是好价格——估值分析

第一节　VC估值的定量与定性方法 // 263
第二节　不同类别企业估值方法 // 265
第三节　以终为始的估值推算 // 270
第四节　一二级市场投资的估值差异 // 273

第四篇
科技创业投资实务

第九章　投资实务之三大尽职调查

第一节　业务尽职调查 // 280
第二节　财务尽职调查 // 288
第三节　法律尽职调查 // 305

第十章 投资条款清单详解

第一节 投资结构与价格 // 327

第二节 公司运行的特殊保护条款 // 332

第三节 投资退出的特殊保护条款 // 340

第四节 其他条款 // 346

第十一章 案例分析：独角兽公司研究

第一节 中美独角兽行业分析 // 352

第二节 独角兽公司的成长因素 // 361

第三节 独角兽公司的死亡分析 // 364

第四节 未来独角兽在哪里出现 // 367

结 语 369

01

第一篇
科技创业投资概述

第一章

国内创业投资行业概述

第一节　国内创业投资行业演进

国内创业投资行业[①]的发展与国内政治经济发展的宏观背景、与全球化科技发展的浪潮、与国内资本市场的改革完善等进程密不可分。追寻国内创业投资市场的演进过程，需要清楚每一个发展阶段的宏观背景、技术发展与资本市场，以及在此基础上对创业投资行业的支持与监管政策。本书将过去20多年国内创业投资的发展划分成三个阶段：

- 行业萌芽期，1998—2008年；
- 野蛮发展期，2009—2017年；
- 规范发展期，2018年至今。

在上述发展过程中，国内创业投资行业也出现了各种各样的创新及乱象，这些创新及乱象"存在即合理"，探究其背后的逻辑将有助于我们更深刻地理解创业投资行业的本质。

一、行业萌芽期：1998—2008年

国内创业投资行业始于成思危先生的"一号提案"。虽然，在1998年之前，国内已经或多或少地开展了创业投资领域的探索，比如：1989年6月，由国家科委、国防科工委、招商局集团有限公司

---

① 由于发展历史原因，国内创业投资行业的称呼并未统一和明确。根据不同的场景和习惯，创业投资行业被称为风险投资（VC）、私募股权投资（PE）、创业投资（简称创投）等，本书参考刘健钧博士的研究，统一称之为"创业投资"。详见刘健钧博士文章《关于VC译名的建议与理由》。

所属的4家公司共同出资兴建的中国科招高技术有限公司，以863科技项目产业化为目标，以及国际数据集团（IDG）1992年就已经进入中国，但是由于时代和环境的限制，与投资相关的工作并未成为主要内容，而是开展一些展会、咨询等相关业务。成思危先生的提案公开后，引发社会各个层面的强烈反响，因此成思危先生也被视为国内"创业投资之父"。国内创业投资行业进入萌芽期。

（一）宏观环境

在1997年亚洲金融危机的冲击下，外部需求端减少，导致出口产生压力，国内经济增速较前两年有所下滑。

1998年，开展国有企业改革，全面建立起适应市场经济的现代化企业管理制度，并以股份制为主体。国企改革去负利率效果显著，劳动效率也大有提升，大规模的国企职工失业再就业（创业）。

2001年，《中国加入WTO议定书》签署。中国正式加入全球经济循环体系，进入外向经济（对外贸易与生产制造业）的黄金发展期。与此同时，外商投资企业也开始进入中国。

（二）技术发展

1998年经中央批准，国家科技教育领导小组成立，并于6月9日举行第一次会议。时任总理朱镕基主持，指出要深入贯彻江泽民同志关于知识经济和建立创新体系的重要批示精神，国家要在财力上支持知识创新工程的试点，要加大对科技和教育的投入。

微软公司Win98产品发布，集成了IE浏览器，推动全世界进入PC互联网时代。据国家统计网统计，1998—2008年，中国互联网上网人数从几百万人飞速发展到接近3亿人。

1999年中华网在纳斯达克上市激发了国内互联网创业热潮。随后数年，新浪、搜狐、网易、腾讯、百度、阿里巴巴等一批互联网企业成功在海外上市。

（三）资本市场

1998 年，证监会成立，沪深交易所收归中央统一管理，形成全国统一的证券期货市场监管框架。

2000 年，深交所主板停发新股，全力筹备创业板。创业板最初设计将参照美国资本市场制度设计（注册制），刺激国内创业投资行业出现首次爆发性增长。

2001 年，美国股市"互联网神话"破灭，国内推出创业板一事被搁置。

2004 年，深交所推出中小企业板，同时证监会企业发行上市制度改革，企业发行由通道制转向保荐制，企业发行上市的市场化程度大大提高，众多优质民营企业开始进入资本市场。

2005 年，股权分置改革，中国股市进入全流通时代，创业投资的退出通道完全畅通。

2008 年，《创业板规则征求意见稿》正式发布，创业板进入倒计时。

（四）行业政策

2005 年，《创业投资企业管理暂行办法》发布，从官方层面对创业投资、创业企业、创业投资企业等概念做出法律界定，也明确了对创业投资企业的政策扶持措施。

2006 年，《合伙企业法》修订增加了有限合伙企业内容，为合伙型创业投资基金企业的设立和发展奠定了法律基础。

2007 年，《关于促进创业投资企业发展有关税收政策的通知》规定了对于中小型高新技术企业的投资额的 70% 抵扣该创业投资企业的应纳税所得额。

2008 年，《关于创业投资引导基金规范设立与运作指导》为政府设立政策性创业投资引导基金开辟了指引，地方性政府创业投资引导母基金开始试水。

(五) 行业发展

1999年,深圳市政府发起设立深创投,成为最早的一批内资创业投资机构的代表。在行业萌芽期的10年期间,市场上具有代表性的一批内外资创业投资机构相继设立,从机构背景来说可以分为三类:一是具有地方政府背景的内资投资机构,如深创投、达晨创投、粤科金融、招商局科技集团等;二是外资投资机构及其在中国的分支机构,如IDG资本、红杉中国、软银赛富、凯鹏华盈等;三是个人(企业)发起的专业创业投资机构,如北极光创投(美元)、君联资本(美元)、同创伟业(人民币)等。

在这一时期,特别是2005年资本市场股权分置改革完成之前,因为国内资本市场退出通道不畅通,因此行业的活跃主体是外资创业投资机构和美元基金,投资的行业多为互联网相关的信息技术行业,投资退出的主要方式是通过美国资本市场上市退出。

2006年,同洲电子在中小板上市,是内资创业投资机构及人民币基金在国内资本市场的首个IPO(首次公开募股)项目。这个项目的财富示范效应强烈刺激了内资创业投资机构的发展。在这一阶段内资创业投资机构集中在Pre-IPO项目的投资,以获取项目上市前后的估值套利为主。

二、野蛮发展期:2009—2017年

经历了前10年的行业启蒙,国内创业投资已经逐渐成为支持创业创新的重要力量。移动互联网时代的到来和国内创业板制度的出台,造就了国内创业投资机构的野蛮生长时代。

(一) 宏观环境

2009年以来,受美国次贷危机引发的全球金融危机影响,国内经济由高速增长转变为中高速增长。

2010年，中国GDP总量超过日本成为世界第二。随着GDP总量的不断扩大，国内产业结构也发生了变化。2012年，服务业GDP首次超过工业GDP，2015年，服务业GDP首次超过50%。中国经济向服务型经济转型。

2012年，党的十八大明确提出"科技创新是提高社会生产力和综合国力的战略支撑，必须摆在国家发展全局的核心位置"，强调要坚持走中国特色自主创新道路、实施创新驱动发展战略。

2015年，中央经济工作会议指出：要在适度扩大总需求的同时，着力加强供给侧结构性改革。

2015年开始，国务院大力推进"双创"，陆续发布了《关于大力推进大众创业万众创新若干政策措施的意见》《关于加快构建大众创业万众创新支撑平台的指导意见》，以及《关于推动创新创业高质量发展 打造"双创"升级版的意见》。

2015年，十二届全国人大三次会议上，政府工作报告中首次提出"互联网+"行动计划，提出推动移动互联网、云计算、大数据、物联网等与现代制造业结合，促进电子商务、工业互联网和互联网金融（ITFIN）健康发展，引导互联网企业拓展国际市场。同年7月，国务院印发《关于积极推进"互联网+"行动的指导意见》，推动互联网由消费领域向生产领域拓展，加速提升产业发展水平，增强各行业创新能力，构筑经济社会发展新优势和新动能。

（二）技术发展

移动互联网：以苹果手机（iPhone）为代表的智能手机及移动互联网的兴起，带动了整个互联网开发和应用模式的重大变革，更加深入地改变着社会与生活。美团、微信、滴滴、今日头条为代表的新一代移动互联网应用，以及以小米、华为公司为代表的手机设备公司，发挥着与PC互联网时代"Wintel"联盟同样的作用，不断降低移动互联网的使用门槛，提高移动互联网的渗透率。据中国互联网信息中心数据，中国移动互联网用户数，从2009年的不足2亿，达到2017年的7.53亿，而2021年的数据更是创新高，达到11.74亿。

清洁能源：随着世界各国对能源需求的不断增长和环境保护的日益加强，以光伏太阳能和风能为主的清洁能源成为重点投资方向，据2012年全球清洁能源投资报告显示，2012年全球投资总额为2 687亿美元，其中，中国在清洁能源方面的投资达到创纪录的677亿美元，投资总额位居世界第一，成为全球清洁能源领头羊。在能源消耗方面，中国的新能源汽车领域的投资也居于全球首位。

第四次产业革命：达沃斯世界经济论坛自2016年开始，每年都会有第四次产业革命的主题论坛。第四次产业革命，是以区块链、物联网、大数据、机器人及人工智能为代表的数字技术所驱动的划时代的社会生产方式变革。第四次产业革命的核心是网络化、信息化与智能化的深度融合，其根本特征是智能化，这也是第四次产业革命的时代特征。① 在第四次产业革命中，社会生产方式将发生深刻变化。一是产品生产方式从大规模制造向大规模定制转变。以人工智能为基础的自动化设备以及连接企业内外自动化设备和管理系统的物联网，能够使研发、生产以及销售过程更加迅捷、灵活和高效。简单地说，消费者的需求会更及时地传递到工厂，而工厂也会更灵活地切换生产线以满足不同需求。原来的单一产品大规模制造方式将逐渐被大规模定制方式所取代。二是推动增值领域从制造环节向服务环节拓展。在大数据、人工智能、云计算等技术的推动下，数据解析、软件服务、系统整合能力将成为企业竞争力的关键与利润的主要来源。利用大数据研究客户或用户信息，能够为企业开拓新市场，创造更多价值。

---

① Klaus Schwab.The Fourth Industrial Revolution［M］.World Economic Forum, 2016.

(三)资本市场

2009年,创业板开板,定位于支持战略新兴产业发展,特别是新能源、新材料、信息、生物与新医药、节能环保、航空航天、海洋、先进制造、高技术服务等领域的企业,以及其他领域中具有自主创新能力、成长性强的企业。

2012年11月至2014年1月,国内A股市场暂停了新股发行上市。

2013年12月14日,国务院发布49号文《关于全国中小企业股份转让系统有关问题的决定》,正式决定将全国股转系统扩至全国。

(四)行业政策

2012年12月,新《基金法》颁布,其中将"非公开募集资金"纳入规定,私募基金首次获得正式的法律认可。

2013年6月,中央编办发布《关于私募股权基金管理职责分工的通知》,明确证监会负责私募股权基金的监督管理,发改委负责组织拟订促进私募创业投资行业的发展政策,解决了私募创业投资行业的多头监管问题。

2014年1月,中国基金业协会发布《私募投资基金管理人登记和基金备案办法(试行)》,对私募基金管理人登记和私募基金备案、信息报送做出基本规定。

2014年8月,证监会发布《私募投资基金监督管理暂行办法》,对私募基金登记备案、合格投资者、资金募集、投资运作等做出规定。

2015年,《政府投资基金暂行管理办法》发布,该规定刺激2016—2017年地方政府投资基金井喷式增长。2018年,各地政府开始开展政府投资基金绩效评价工作。

2016年9月,国务院印发了《国务院关于促进创业投资持续健康发展的若干意见》(俗称"创投国十条")。明确要求扩大创业投资规模,加快发展天使、创业、产业投资。着力构建覆盖创业投资企业运营中"募、投、管、退"各环节,从行业到政府部门、从行业协会组织到各类服务机构的全面、立体的政策和服务体系。

2016年12月，中国证券业协会发布《证券公司私募投资基金子公司管理规范》及《证券公司另类投资子公司管理规范》。

（五）行业发展

2014年之前，创业投资一直没有明确的全国性监管部门，也没有统一的全国性行业政策。2014年之后，虽然发改委、证监会、基金业协会的监管职责分工确定，但是对创业投资行业仍是以支持发展为主。这符合我国改革开放的一贯精神，"摸着石头过河"，先促进发展，发现问题再整治。宽松的环境对行业发展起到了一定的促进作用，但也容易造成行业的野蛮发展，乱象丛生，发展不稳定。

在这一时期，内外资创业投资机构先是延续行业萌芽期的惯性，在各自的优势领域独立发展，随着行业宏观环境的变化以及资本逐利效应的引导，内外资创业投资机构各自开始尝试进入对方的领域。2013年之前，外资创业投资机构主要在享受移动互联网和清洁能源领域的飞速发展红利，外资创业投资机构的特点是"两头在外"，即资金募集（美元）在海外，项目上市退出也在海外资本市场；内资金融机构则主要专注于Pre-IPO投资，享受中小企业板和创业板制度带来的一二级市场估值利差红利，享受改革开放以来民营企业和民营经济发展成就。而在2014年以后，内外资机构各自尝试向对方领域渗透。外资创业投资机构开始尝试发行人民币基金，并投资一些旨在国内资本市场上市的项目；而内资创业投资机构则尝试发行美元基金，或者发行一些非Pre-IPO的早期项目人民币基金，追逐新技术发展的红利。

在这一时期，母基金和公司战略投资（CVC）也开始发展，并逐渐成为行业的重要角色。受限于投资能力和决策机制，政府投资引导基金大多以母基金的形式出现。另外，投资机构数量爆发式增长，使得募资成为行业瓶颈，一些市场化的母基金也开始出现。2016年，中国母基金联盟成立。根据母基金联盟数据,截至2021年中,中国母基金管理规模约3.2万亿,其中政府引导基金约2.5万亿,市场化母基金约7 000亿规模;移动互联网时代,原有的互联网行业巨头把持流量入口,迫切需要新的内容把流量变现,互联网巨头的战略投资业务逐渐开始活跃起来。互联网巨头的CVC在行业中的地位非常重要,以至于很多创业项目以引入CVC投资为荣,并且最终项目的归宿不是上市,而是被互联网巨头并购。与此同时,国内资本市场上大量新进上市公司为了日后的资本运作,也开始积极成立CVC,在自身产业链上投资创业项目。互联网巨头和上市公司CVC的产业背景,让他们在投资谈判过程中具有绝对的优势,对于传统的专业创业投资机构而言,既是优秀的战略合作伙伴,也是强大的竞争对手。

在这一时期,国内互联网金融行业强势崛起,并进入创业投资领域。互联网金融利用信息技术为有金融服务需求的社会各阶层和群体提供适当、有效的金融服务。除了常见的互联网支付、互联网信贷等,互联网金融领域也出现了互联网股权众筹以及互联网投行(FA——投融资顾问)等业务。首先,创业投资本质上属于"高风险、高收益"的金融业务,对于投资者的财富水平和认知能力都有比较高的要求。然而互联网金融把创业投资业务推向财富水平和认知能力都不足的非合格投资人群,到处宣扬"人无股权不富",强调高收益,漠视高风险,在创新的形式掩盖下乱象丛生,给创业项目和投资人都带来了巨大伤害。其次,互联网信贷(P2P)行业如雨后春笋般兴起。事后证明,互联网信贷行业并未真实从事信贷业务,而是通过虚假项目非法集资,营造自有资金池。互联网信贷平台为了获取高收益,来兑付平台投资人的回报要求,把部分资金池中的资金挪用来进行创业投资,这是典型的"短债长投"行为,其结果必然是资金崩盘。而后,随着区块链和虚拟货币技术的兴起,围绕ICO(虚拟货币发行)形成了一整套的项目投资、数币发行与坐庄炒作的生态，一些传统创业投资机构专业人士甚至转型创立了数字货币投资基金。从近年发展来看，全球各个国家的监管机构都认为ICO具有典型的非法集资和诈骗特征，并各自采用不同的手段将ICO纳入法律管辖。

在这一时期，大批量的非专业人士进入创业投资领域，成立创业投资机构并设立基金。随着技术创业和企业上市带来的财富效应，"人无股权不富"的观念逐渐在社会层面得到推广。一批传统金融从业人员，如银行、信托、保险、财富管理领域的从业人员，一批上市公司高级管理人员，从上市公司辞职并得以股权套现，甚至一批原来从事非法集资和传销的社会人员，都纷纷进入创业投资领域"淘金"。他们利用自己原有的社会资源募集了一笔资金，但是他们不具有对创业项目的专业判断能力和风险控制能力，一旦投资失败，基金管理人要么"跑路"，要么陷入与基金出资人（以及创业项目）的长期司法诉讼"拉锯战"。这一批人对于整个创业投资行业的信誉伤害，相对于互联网金融而言，有过之而无不及。

在这一时期，私募股权基金行业的多头监管局面得到解决，证监会作为私募股权基金的监管机构开始为私募股权基金行业制定各种规范。自2014年开始，中国基金业协会开始对私募股权基金进行备案管理，截至2021年底，私募股权、创业投资基金管理人有15 023家，存续规模方面，私募股权基金共有31 070只基金产品，存续规模达到10.73万亿元；创业投资基金共有15 057只，存续规模为2.39万亿元。2016年2月5日，中国基金业协会发布《关于进一步规范私募基金管理人登记若干事项的公告》，要求私募高管须取得基金从业资格。2017年4月，基金业协会全面启用"私募基金从业人员"注册功能对从业人员进行管理。截至2021年，注册的私募基金从业人员约为15万人，注册高管人员约为4万人。

（六）野蛮发展阶段之行业创新与乱象

野蛮发展阶段是任何一个新兴行业的必经阶段，这个阶段本质上也是创业投资这项金融业务在与中国的基本国情相互磨合、相互适应的过程。这一过程中，合规的、促进行业发展的变化我们称为行业创新，而那些处于合规边缘地带的、破坏行业发展的行为我们称之为行业乱象。在某些场景下，所谓的创新与乱象并不是泾渭分明的。然而，行业发展的每一个现象的存在都根植于国内的政治、商业、资本市场环境，将这些主要的行业现象逐一说明，将有助于大家更加深刻地理解创业投资行业的发展。本小节讲述的内容并不针对特定投资机构，请勿对号入座。

1. 赛道论

红杉资本创始人唐·瓦伦丁的投资风格被归纳为一句话："投资于一家有着巨大市场需求的公司，要好过投资于需要创造市场需求的公司。"因其过于强调市场对一家公司的意义，多年以来，这句话被引申为更通俗的"下注于赛道，而非赛手"。

"赛道论"需要投资机构从行业研究出发，长期研究和跟踪特定行业，对未来几年行业会怎么发展，有自己的预测和判断。但是在国内，"赛道论"发生了两种变异：

第一，"赛道论"变成"风口论"。投资机构不去深入研究行业（赛道），而是追逐"风口"。当某一个行业火热的时候，投资机构蜂拥而上，把行业所有能挖掘的公司都拉出来排个顺序，挨个去谈投资，能投进哪一个就投哪一个。这种做法，一方面导致投资机构之间完全无差别竞争，处在"风口"上的企业估值虚高。正如雷军所说："处在风口上的猪都会飞！"另一方面，导致投资行业缺乏核心价值观，完全追逐热点。2010—2018年投资行业的热点轮换如图1.1。

图 1.1　2010—2018 年的投资热点轮换

第二,"投企业"变成"投赛道"。传统的创业投资是发现价值观匹配、具有核心竞争力的优质企业进行投资,并推动或者伴随企业成长。"赛道论"引入国内后,很多投资机构将之简化为:既然赛道更重要,就不需要关注企业本身的不同。投资变成"抓热点、赌赛道",在同一领域"多点占位"。这种在同一业务领域投资多家公司的做法,是否存在利益冲突,是否有违职业道德,在行业内一直存在争议,众说纷纭。

"赛道论"是国内创业投资行业引进的最重要的投资理念之一。"赛道论"的影响力已经远远超过一级市场创业投资的范围,目前在二级市场投资中也成为很多公募基金的投资依据。

2. 县长儿子论

如果说"赛道论"及其变异是外来投资理念的一次本地化的话,那么"县长儿子论"就完全是根植于本土国情的一次投资机构的组织变革。

在中小企业板和创业板制度下,中国众多民营企业终于获得了进入资本市场的机会。注册制之前的新股发行制度改革过程中,企业成功发行上市意味着财富的暴涨。而能够在企业上市之前对企业进行 Pre-IPO 投资则意味着坐收数倍的投资收益。

但是,中国地大物博,改革开放和加入 WTO 的红利,使具有 IPO 条件的可投企业众多。如何能够发现并投资进入这些拟上市企业呢?如果仅仅靠隔三岔五地去出差调研,一不能弄清楚企业的真实情况,二不能与企业建立密切的关系。某些本土创业投资机构创造性地提出了"县长儿子论",解决了上述问题。

在中国的行政体制内，县处级单位是具有完整独立职能的基层单位。对于大多数民营企业来说，县处级单位就是他们的"现管"。所谓的"县长儿子"是指这样一类人：他们的家族在县处级单位握有实权，一方面能够获取地方工商、税务等关于企业的真实信息，对企业的经营情况进行多方印证；另一方面，在投资机构意向投资该企业时，能够调动各种资源与企业老板建立密切关系，确保可以以最优惠的价格成功入股该企业。所谓的"县长儿子"仅是一个概称，现实中"县长儿子"的背景极为广泛。显然，"县长儿子论"的提出者深谙中国社会运作机理。

"县长儿子论"改变了创业投资机构的组织方式。在此之前，创业投资是一个绝对精英的行业，神秘而低调。每个投资机构的人数很少，对从业人员要求也很高。投资经理要求懂点财务、懂点行业、懂点技术、懂点企业经营，没有5~8年的工作经验是胜任不了的。"县长儿子论"导致投资经理工作庸俗化，他们的工作更加类似于一个销售，而非专业人士；工作方式更加类似传销人士，需要动员家族所有社会关系挖掘和"搞定"拟上市企业；而投资机构的人员规模则急剧扩张，动辄数百人。

3. 特定行业基金

2012年11月至2014年1月，国内A股市场暂停了新股发行上市。这对于习惯于Pre-IPO的内资创业投资机构来说，是一段艰难的时光。投资的项目无法退出，新的基金募集也无法制定有说服力的投资退出计划。这倒逼内资创业投资机构重新思考自己的投资逻辑和定位。一些内资创业投资机构开始发行特定行业的基金，深入研究特定行业的投资机会，围绕特定行业进行投资，并与行业上市公司联动，以期望能够打通上市公司并购退出的通道。这对于内资创业投资机构的成长与转型具有很大的促进作用。在随后数年，深耕特定行业投资的投资机构逐渐衍生出"生态圈"投资的理念。

4. 新三板投资基金

2013年12月，国务院正式决定将全国股转系统扩至全国。在预期"新三板"会成为中国版"纳斯达克"的憧憬下，投资机构掀起了一波新三板投资基金热潮。不过，市场已经存在的外资创业投资机构和专注Pre-IPO的内资创业投资机构并未积极成为发行新三板基金的主力。相对于他们已有的习惯投资模式，新三板基金的吸引力仍不够大。

新三板投资基金的发行主力是一些新兴的内资创业投资机构，以及刚刚开展业务的基金、券商的资管专业子机构。新三板基金的投资逻辑类似于Pre-IPO投资，对拟登陆新三板的企业开展"Pre新三板"投资，以期望获取一二级市场利差。鉴于新三板的规定中对于股权限售锁定期管理比较短，大部分新三板基金的存续时间都比较短，主要为3年时间。

确实，在新三板扩容初期，各种散户投资者违规入市，新三板出现了一段时间的炒作，较早进场的新三板基金都取得了较好的账面收益。然而，正是由于这段时间的炒作，证监会放缓了新三板制度创新的步伐，新三板预期的制度创新并未推出。同时，证监会也加强了对不合格投资人违规入市的监管和清理，导致新三板的流动性逐渐降低。大多数新三板基金面临无法退出的尴尬境地，曾经炙手可热的专注新三板的新锐创业投资机构也灰飞烟灭了。

新三板基金的倏忽兴亡对投资机构的教训是深刻的，制度套利完全取决于行业监管的变革，专注于企业价值才是创业投资机构的立足之本。

5. 天使投资机构化

2014年开始，国家大力支持"双创"和"互联网+"。各种各样的创业项目层出不穷。一些前期从事天使投资的个人，比如新东方的徐小平等，开始将个人行为的天使投资转变为机构化运作。

根据搜狗百科定义，天使投资（英文名：Angel Investment）是指具有一定净财富的人士，对具有巨大发展潜力的高风险初创企业进行早期的直接投资。天使投资属于自发而又分散的民间投资方式，这些进行投资的人士被称为"投资天使"，用于投资的资本称为"天使资本"。天使投资在美国还有个别称叫"3F"，即"Family, Friends, Fools"（家人、好友、傻瓜），意思就是，要支持创业，首先要靠一群家人、好友和傻瓜！

机构化的天使投资是否还是天使投资呢？从其运作形式上，机构化的天使投资开始对外募集资金，并具备了正规的投资流程和投资决策委员会机制。实际上，天使投资机构化后已经不再属于天使投资的范畴，而是在投资阶段上介于天使投资和传统VC之间的一种早期投资机构。

天使投资机构化本质上是创业投资行业"内卷化"竞争的结果。传统的创业投资（不管是早期VC还是Pre-IPO）领域同质化竞争已经很激烈，新兴投资机构进场的最优选择就是在创业项目的更早阶段进行投资，因此所谓机构化的天使投资便出现了。

6. 投资机构包装术

行业野蛮发展阶段，设立创业投资机构的合规成本较低，各类新兴创业投资机构如雨后春笋般涌现。新兴创业投资机构要证明自身实力，很少是靠真正业绩铸造出来的，而是产生了一系列包装套路。

- 老板明星化：投资机构老板开专栏，做采访，参加各种会议，发表演讲，保持常年的媒体曝光率，通过赞助获得各种排名和称号。在投资机构的公司简介里，大量篇幅不是介绍它投资的公司、团队，而是各种媒体对这位老板的报道，专版形式，还是彩色的，将"有名"等同于"成功"。而在现实中，无论是基金出资人（LP）还是被投资企业，都非常认可"名气"这种东西。每一家投资机构，一定会有一位经常抛头露面的代表人物，通常被认为是投资界的大佬，个人英雄情结浓厚。这些个人英雄的故事，往往没有人，也没有办法核实。

- 基金规模化：投资机构的能力不是依靠投资业绩证明，而是依赖基金管理规模。基金管理规模越大越显得有实力，管的基金越多越有实力，不管这种"大"和"多"是否掺了水。如何迅速扩大基金管理规模将在下一个话题中详解。

- 投资简单化：投资机构基本不做自己的专业判断（当然也因为没有专业判断能力），而是寻找市场上炙手可热的著名项目，通过两种手段实现快速入股。第一，投资机构在合伙人团队（很多也以"顾问委员会"的名义）中加入体制内的退休高级官员，或者体制内现任高级官员的亲属（当然也无法证实或证伪），宣扬自身政商关系能量。第二，加快投资速度，通过不做尽职调查，先借款，先付定金，合同条款跟随等方式简化投资程序。

- 业绩模糊化：投资机构不按照行业惯例计算自己的综合基金投资业绩，为基金出资人创造的整体投资回报等量化指标，而是通过"投资了某些市场著名项目""某单个项目创造了多少倍数奇迹回报""投资了多少家公司成功上市"等宣传口号掩盖真实投资情况，模糊机构的真实投资业绩。

7. 基金规模化经营

如前所述，在投资机构包装手段中，扩大基金管理规模是重要手段之一。扩大基金规模的好处，就是可以收更多的管理费，可以招更多的人，整合更多的资源。现实中，很多专业投资能力欠佳的创业投资机构的主要赢利模式就是赚取基金管理费，而不是赚取投资成功后的收益分成。常见的基金规模化经营手段如下。

- 专项基金：专项基金有"出资人端"和"项目端"两种方式，"出资人端"是指专门为某一个或某几个出资人（LP）成立、由 LP 来做投资决策的基金;"项目端"是指专门为一个投资额度比较大的项目或某几个项目,先把项目的投资权利和额度拿在手上,再去针对这些项目募集基金。这两种专项基金本质上投资机构只是充当一个投融资中介(FA)的角色。

- 子基金:投资机构通过自己目前管理的基金按照母基金方式运作(在行业发展不规范时期,基金协议约定不清晰,经常出现这种情况),然后到各地和地方政府及当地企业合资成立区域性子基金,借以增加基金的杠杆倍数,迅速扩大管理规模。
- 加盟连锁基金:投资机构把自身的品牌授权给某个人或某个团队,让他(们)打着这个投资机构的名号去募集成立的基金。这种方式类似于常见的商业连锁经营,投资机构对于加盟连锁机构的约束非常小。国内有好几家号称管理几十亿基金的民营投资管理机构,实际上采用的都是这种形式。

8. 投后管理:项目包装与运作

正常情况下,创业投资机构的投后管理能力可以由两个方面来扩展:对被投资企业而言,投后管理能力在于创业投资机构可以利用自己的经验和优势资源,提升公司在新产品开发、销售渠道管理、品牌管理、市场推广、采购/费用、生产创新等环节的竞争力,提升企业赢利能力;对于投资风险控制而言,投后管理能力在于创业投资机构实时跟踪及控管被投资项目的发展状况及进程,及时地进行项目风险预警,根据风险分析结果,结合风险发生的原因选择风险应对方案,维护自身作为股东的权益。

现实中,部分投资机构的投后管理演变成了教唆企业如何包装与运作。"包装"包括但不限于帮助企业采购专利、申请高新,打造企业"高精尖"形象,甚至教唆企业伪造运营数据和粉饰财务报表;"运作"则帮助企业对接各种利益关联人,通过股权代持等利益交换方式帮助企业打通未来发展甚至走向资本市场的相关环节。某资本市场著名造假上市案例,其实际控制人曾经忏悔:自己本是一个退伍军人,创业本就是为了更多和自己类似的退伍军人再就业,但在资本热潮中受到资本裹挟(当然其自身也被上市后的巨大财富效应诱惑)才一步步走上造假上市的路!

三、规范发展期:2018年至今

经过20年的发展,创业投资行业已经初具规模,但是行业"小、散、乱"现象比较突出,管理规模1亿元以下的小微型投资机构超过50%。随着一系列资管新规文件的发布,行业进入清理整顿和规范发展期。

(一)宏观环境

2018年3月,时任美国总统特朗普指示美国贸易代表对从中国进口的商品征收关税,中美贸易摩擦由此开始。之后,双方就此问题进行多次磋商,一直是中美经济关系中的一个非常重要的问题。

2018—2022年,促进数字经济发展连续5年写入政府工作报告,截至2021年底,全国各个省份都已经出台了数字经济发展规划。

2020年,新冠肺炎(现更名为"新冠病毒感染")疫情在国内暴发,全世界开始进入漫长的与新冠肺炎疫情的斗争。

2020年开始,中国人口出生率连续两年跌破1%,2021年净增人口创60年新低(国家统计局数据)。2022年3月,印度的人口规模达到了14.1565亿,印度超越中国成为世界第一人口大国,中国屈居第二名。

2021年3月15日,中央财经委员会第九次会议研究实现碳达峰、碳中和的基本思路和主要举措,会议指明了"十四五"期间要重点做好的7方面工作,明确了碳达峰、碳中和工作的定位,尤其是为今后5年做好碳达峰工作谋划了清晰的"施工图"。

（二）技术发展

5G技术开始大规模建设和商用，带动网络、基站、天线和基础元器件等细分领域的发展。5G技术加速从C端向B端扩展，VR/AR、车联网、智能制造、远程医疗等应用场景逐步落地。

为了解决上游核心技术受制于人，国家提出"2+8"安全可控体系，中国IT产业从基础硬件—基础软件—行业应用软件迎来国产替代潮。信创涉及的行业包括（1）IT基础设施：CPU芯片、服务器、存储、交换机、路由器、各种云和相关服务内容；（2）基础软件：数据库、操作系统、中间件；（3）应用软件：OA、ERP、办公软件、政务应用、流版签软件；（4）信息安全：边界安全产品、终端安全产品等。特别是电子半导体领域计算、存储、显示等关键芯片的设计、制造、封装等领域的发展更为迫切。

新能源与新能源汽车，是"碳达峰、碳中和"战略的重要支撑，也是我国打破能源瓶颈的重要手段。新能源和新能源汽车产业的发展带动了整车制造、汽车零部件、新能源电池、自动驾驶产业链的发展。

（三）资本市场

2018年4月，港交所发布《新兴及创新产业公司上市制度》，对三类改革对象提出差异化要求。一是允许未赢利生物科技公司上市；二是接受公司同股不同权的制度安排；三是允许大中华公司将中国香港作为第二上市地。

2019年，上海交易所设立科创板，并试点注册制，接纳符合国家战略、突出关键核心技术、市场认可度高的科创企业。上市条件引入市值指标，接纳未赢利企业、红筹企业和"同股不同权"企业上市。

2019年，深交所创业板有条件放开重组上市，允许符合国家战略的高技术产业和战略性新兴产业相关资产在创业板借壳上市。

2020年，创业板注册制改革，行业覆盖传统产业与新技术、新产业、新业态、新模式的深度融合；接纳未赢利企业、红筹企业、以及表决权差异安排企业，但未赢利企业上市窗口暂未开放。

2020年，受瑞幸咖啡财务造假及浑水做空事件影响，美国证监会发表声明《新兴市场投资涉及重大信息披露、财务报告和其他风险补救措施》，随后美国参议院通过《外国公司问责法》，美国上市中概股迎来私有化退市潮。

2021年9月，新三板深化改革，设立北京证券交易所，打造服务创新型中小企业主阵地。2021年11月15日，北京证券交易所正式开市。

2022年3月4日，沪深交易所发布北交所上市公司的转板规则，分别为《北京证券交易所上市公司向上海证券交易所科创板转板办法（试行）》和深圳证券交易所《关于北京证券交易所上市公司向创业板转板办法（试行）》。

（四）行业政策

2018年，以《关于规范金融机构资产管理业务的指导意见》为代表的一系列资管新规文件发布，统一了银行、证券、保险、基金、信托等各个行业的资产管理监管标准，防范金融风险，促进金融回归到服务实体经济的本源上来。

2019年，《私募产品备案须知（2019版）》《私募股权、创业投资基金管理人会员信用信息报告工作规则（试行）》等文件颁布，创业投资行业监管由相对宽松变为严格趋紧，对创业投资行业事中监测加强，自律规则体系逐步建立，引导行业健康可持续发展。

2020年7月，中国证监会原私募基金监管部（简称"私募部"）与打击非法证券期货活动局（简称"打非局"）合并成立市场监管二部。将私募部与打非局合并成立新部门，填补了对于借私募非法集资而造成的监管中间真空地带。

2020年12月，中央经济工作会议首次将"强化反垄断和防止资本无序扩张"列为重点任务之一。

2021年1月,中国证监会发布《关于加强私募投资基金监管的若干规定》,在总结市场典型问题和监管经验的基础上,进一步细化私募基金监管的底线要求。从稳妥化解私募基金存量风险和严控基金增量风险两个方面,力求保护投资者合法权益,严防历年来市场存在的各类违规违法行为,促进私募创业投资行业回归本源。

(五)行业发展

在这一阶段,创业投资行业集中度提高,马太效应明显。根据中国基金业数据,截至2020年底,行业排名前20的创业投资机构管理基金规模占全行业基金规模的12.7%;行业排名前20%的创业投资机构管理基金规模占全行业基金规模的90.31%(如图1.2)。[①]

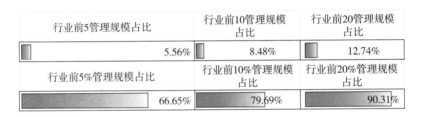

图1.2 创业投资机构管理规模集中度

在这一阶段,投资机构的行业格局逐渐发生变化。一方面,内外资创业投资机构相互学习,取长补短。外资机构的人民币基金管理规模逐渐扩大,境内资本市场退出案例日渐增多;内资机构投资阶段不再集中于Pre-IPO阶段投资,投资风格逐渐多元化。另一方面,经过20年的发展,行业首批投资人逐渐老去,投资人开始更新换代。老一代投资人慢慢退居二线,而在利益机制的刺激下,能力较强的年轻投资人选择自立门户,裂变出很多新锐投资机构。

在这一阶段,创业投资基金的出资人机构化程度提高。根据中国

---

① 中国基金业协会统计口径中,将私募股权和创业投资两类分别统计,此处数据已经合并计算。

基金业协会统计，截至2020年末，在存量私募股权基金中，机构投资者出资金额8.17万亿，出资占比达86.7%，其中企业出资者数量占比16.7%，出资金额占比达56.2%，各类资管产品（母基金及理财产品）出资者数量占比3.9%，出资金额占比达30.6%；在存量创业投资基金中，机构投资者出资金额1.11万亿，出资占比达74.11%，其中企业出资者数量占比为28.5%，出资金额占比达49.2%，各类资管产品（母基金及理财产品）出资者数量占比为6.7%，出资金额占比达24.9%。

在这一阶段，投资退出通道逐渐多元化。内地资本市场改革与香港创新板制度的推出为投资机构退出提供了更多的选择。另外，为了建设一级市场更加完善的"募投管退"生态圈，除了打通IPO端的退出路径之外，投资机构也在寻求新的方式，2020—2021年最热门的方式就是PE二级市场和S基金。S基金（Secondary fund）指的是一类专门从投资者手中收购另类资产基金份额、投资组合或出资承诺的基金产品。中国S基金的发展尚处于早期阶段，因本身还是一个新兴小众市场，又同时具备专业性强、信息高度不对称的特点，所以国内的S基金交易市场依然"雷声大、雨点小"。

在投资领域上，一方面，过去几年内最为热门的互联网、电信及增值业务（移动互联网）、娱乐传媒、金融（互联网金融）等模式创新类项目的投资数量与金额均出现了显著的下滑。这是由于2019年面向个人消费者（to C）的移动互联网业务触及的线上客户群规模到达历史最高点，线上获客的边际成本已被推高到与线下场景获客成本接近的水平。此外，在"互联网+"的"双创"热潮中，大量模式创新类企业经过激烈角逐，在社交、O2O、出行、直播、购物等多个细分领域已经产生头部垄断型企业，后续新兴企业面临的挑战和难度越来越大。2018—2019年大量互联网企业在境外市场上市后表现不佳，屡屡破发，令投资机构的信心受损。另一方面，国家遏制资本无序扩张的一系列举措，引导创业投资行业回到服务实体经济、服务科技成果转化的正轨。在资本助力创新方面，资本面临从野蛮生长到健康生长，从投资的短期主义到长期主义，从倾向追求服务性创新到真正推动硬核技术创新，解决国家"卡脖子"难题的三大转变。与科创板优先推荐"六大行业"重合度较高的生物技术/医疗健康、半导体及电子设备、机械制造、清洁技术等行业的投资金额大幅上升。

四、创业投资在中国的发展趋势

当前，我们正经历"世界百年未有之大变局"。世界百年未有之大变局，绝不是一时一事、一域一国之变，而是世界之变、时代之变、历史之变。新冠肺炎疫情全球蔓延加剧了大变局的演变，使得大国博弈更加激烈，国际经济、科技、文化、安全、政治等格局都在发生深刻调整，世界秩序加快从旧秩序向新秩序切换，世界已进入动荡变革期。

从经济形势上看，2016年英国脱欧，2018年中美贸易摩擦持续进行，2020年中国经济启动双循环发展战略，2022年俄乌战争，美欧对俄进行"脱钩式"经济制裁。2022年3月欧盟峰会决定减少粮食、芯片、药品、原材料和数字技术等领域对国际产业链的依赖。经济全球化遭遇逆流，并且呈现加剧趋势。

在技术发展上，第四次产业革命正在不断深入进行。正如习近平主席2018年11月30日在二十国集团领导人第十三次峰会发表题为《登高望远，牢牢把握世界经济正确方向》的主题演讲中说的："世界数字化转型是大势所趋，新的产业革命将深刻重塑人类社会。"

在资本市场建设上，2022年证监会年度系统工作会议明确未来重点工作任务，其中，在国内资本市场改革上，将全面推行股权发行注册制；在对外开放与合作上，进一步推动高水平对外开放，加强内地与香港资本市场的务实合作。继续加强与美方监管机构的沟通，争取尽快就中美审计监管合作达成协议。抓紧推动企业境外上市监管新规落地，支持各类符合条件的企业到境外上市，保持境外上市渠道畅通。然而现实中，2022年3月，美国上市的中概股再次遭遇集体做空，中概股赴美上市的"黄金时代"已经逐渐落下帷幕。

经过二十余年的野蛮发展与规范整顿，创业投资行业未来的发展将更加健康、稳健、有序。

募资：经历资管新规的整顿，募资行为更加规范，投资人也会更加理性，对创业投资行业的风险和收益具有更高的认知。未来包括大型社保基金、保险资金、市场化母基金以及家族基金（以企业或者家族信托的形式）等在内的机构投资者将成为未来基金出资人（LP）的主要力量。

退出：随着国内资本市场注册制改革不断深入进行，内地资本市场制度特征和微观结构未来逐渐与香港市场以及美国市场越来越接近。不同的资本市场之间差别越来越小，将主要体现在文化、资金等属性导致的投资者偏好方面。因此，未来创业投资的退出通道越来越多元化，而并购退出将会成为超越IPO的主要退出方式。

投资＋管理：随着中国经济由中高速增长转为中低速增长，第一，互联网/移动互联网用户已经基本覆盖居民，用户高速增长红利不再；第二，资本市场注册制改革不断深入，原有体制导致的一二级市场制度套利红利消失；第三，基于互联网/移动互联网的商业模式创新在资本助力下无序竞争，经过国家立法（《数据安全法》和《个人信息保护法》）整顿，以及上市后陆续被二级市场做空和证伪，所谓的"互联网＋"商业模式创新红利消失。投资机构的投资领域、投资行为、和投后管理方式将向更加专业化转变。随着产业链的细化发展，专业化能力的提升，投资机构将倾向于集中投资具有优势的细分领域。未来，各个行业的各个细分领域都将有专门的机构在发展，整个产业链的发展也将更加均衡。创业投资行业将具有"投资＋投行""投资＋产业赋能"、资产管理、财富管理等特征，因而各投资机构将结合自身实际，适当延伸赢利模式，形成差异化的生态闭环。

本土化与国际化：一方面，由于历史文化与国家治理方式的差异，中国的商业形态与国外具有差异，创业投资行业未来必定会认识到并立足于本土国情开展运作，而不是完全理想化地照抄西方的投资逻辑；另一方面，国外在前沿科技创新与产业化方面仍领先于国内，这是当前不争的事实。国内的创业投资机构在对生物医药、航天科技等领域的投资热点方向的掌握也有所落后。随着国内经济的发展，未来创业投资行业一定会走向国际化，放眼全球进行布局。

行业格局：由于行业发展的历史原因，国内创业投资行业存在内资和外资投资机构两个群体，在过去的发展中，这两个群体从泾渭分明，到相互学习，未来将进一步相互融合。这种融合不是趋同，而是风格融合下的差异化发展。另外，创业投资行业是一个依赖于人的行业，新人和新锐投资机构会不断涌现，正所谓"长江后浪推前浪，浮世新人换旧人"，只有那些放弃了个人狭隘利益的平台化投资机构才会基业长青。

第二节　内外资投资机构特征比较与分析

如前所述，由于历史形成原因，我国内外资创业投资机构各自独立发展，并在发展过程中相互学习、相互融合。不过内外资创业投资机构仍然具有鲜明的特征差异，理解这些差异及其背后的根源，有助于更加深刻地理解国内创业投资行业的发展。2008年，深圳证券交易所综合研究所曾经成立了创业投资课题组，通过数据分析和实地走访的方式对内外资创业投资机构进行研究。[①] 由于时间较早，该研究的定量数据已经过时，但相关的定性分析仍具借鉴意义。下面将整理该研究的部分内容与大家分享。

一、内外资投资机构行为特征比较

内外资投资机构的投资行为特征比较将从投资行业、投资阶段、投资规模、决策因素和风控机制、投资地域、增值服务等几个方面展开。

（一）投资行业比较

外资创业投资机构的投资行业更集中于广义IT，内资创业投资机构则相对均匀。

- 超过一半的外资创业投资机构项目集中于广义IT领域，远远超出了内资创业投资机构在同领域的项目占比；
- 内资创业投资机构投向广义IT的项目数虽排在首位，但在传统行业、生技/健康和清洁科技等领域投资的项目占比均超过10%，呈较为均匀的分布格局。

外资创业投资机构对中国产业方向的把握更为细致和具有预见性，对有潜力的新兴企业挖掘更为深入。"美国创新＋中国市场"（也称为Copy to China）成为外资创业投资机构在中国进行行业选择时的重要依据。

（二）投资阶段比较

外资创业投资机构更加集中于初创期阶段的投资，内资创业投资机构则偏好扩张期企业。

- 外资创业投资机构投资集中于初创期，占据其案例总数超过50%；

---

① 深交所综合研究所. 我国内外资创业投资比较研究[R]. 2008.

- 内资创业投资机构更偏好于投向扩张期的企业，超过 50%。

内外资创业投资机构的阶段差异主要体现在广义 IT 行业。

- 在广义 IT 行业，外资创业投资机构投资处于初创期的项目比例远高于内资创业投资机构的比例；
- 但在其他行业，如传统行业、服务业、生物医药大健康和清洁能源科技领域，内外资创业投资机构都更倾向于扩张期企业，差别并不明显。

外资创业投资机构的投资强度随轮次而递增，但内资创业投资机构第二轮投资强度最低，第三轮最高。

- 从投资强度看，外资创业投资机构依轮次递增，第四轮最高，其次是第三轮，首轮最少，外资创业投资机构往往采取逐次递增的投资策略；①
- 内资创业投资机构前两轮的投资强度差别不大。

（三）投资规模比较

外资创业投资机构管理资本的规模和单项目投资规模远高于内资创业投资机构。

- 内资创业投资机构发展迅速，管理资产总量已经超过外资创业投资机构，但是平均单只基金规模仍低于外资创业投资机构，外资创业投资机构平均单只基金规模约为内资创业投资机构平均单只基金规模的 8 倍；
- 就投资强度（即单笔投资金额）而言，外资创业投资机构的平均投资强度为内资创业投资机构的 3 倍；
- 即使是针对同行业标的，外资创业投资机构的投资强度依然远远高于内资创业投资机构：在传统行业，外资创业投资机构的投资强度是后者的 2.66 倍；而在清洁科技领域，外资创业投

---

① 这种策略类似于德州扑克的玩法，这是投资圈中流行玩德州扑克的原因。

资机构的投资强度是后者的 4.77 倍。

（四）投资决策和风控机制比较

内外资创业投资机构均会考虑管理团队和市场需求，但对创新因素的看法有所不同，外资创业投资机构看重赢利模式创新，而内资创业投资机构更看重技术创新。

- 投资决策时，都会综合考虑人（即管理团队）、市场（即市场需求）和创新（包括技术创新、赢利模式创新）这三方面的因素，其中，排在前两位的考虑因素基本一致，就是"管理团队"和"市场需求"；
- 但是，内外资创业投资机构对于创新的理解重点有所不同：外资创业投资机构将"赢利模式创新"排在第三位，而内资创业投资机构将"技术创新"放在了第三的位置。

在风控机制上，外资创业投资机构尤其重视所投企业的法律风险，倾向使用优先股等手段；内资创业投资机构则更多使用与创始人签订对赌协议的方式。

（五）投资区域比较

地域的高度集中是创业投资的显著特征。因为面临较强的信息不对称性和企业发展的高度不确定性，所以创业投资机构更倾向于投资熟悉地域的企业。一方面创业投资机构容易及时掌握所投企业的信息和随时提供管理支持；另一方面也促成了一个包括律师、会计师等专业机构在内的基础设施服务网，使创业投资机构的投资和管理活动更加完善和有效率。

数据显示，无论是投资案例数还是投资金额，外资创业投资机构多集中于北京和上海，而内资创业投资机构则多集中于深圳、江苏等地。

（六）增值服务比较

外资创业投资机构在产业整合方面更能提供有针对性的增值服务。根据企业不同的发展阶段，创业投资机构提供的增值服务也有所不同，早期主要是战术指导，包括法律结构、财务体系、内控机制的建立等，后期则是在战略上提供帮助。

由于外资创业投资机构往往对整个产业链的上下游同时进行投资，因此在产业整合等方面对企业帮助较多。不过，一些内资创业投资机构随着聚焦战略的深入，也开始发挥其在产业整合方面的作用。

二、内外资投资机构差异分析

外资创业投资机构大多是海外成熟投资机构的国内分支机构，或者是由已经拥有带领企业成功在海外上市的企业家创办。因此，外资创业投资机构是站在国外创业投资行业多年发展的肩膀之上的。而内资创业投资机构则更多是"摸着石头过河"，与市场机会、行业监管共同成长。内外资创业投资机构的行为特征差异源于中西方价值观与文化差异、中美资本市场偏好、基金募资来源、基金治理结构以及主要人员背景等几个方面。

（一）中美文化差异及资本市场价值观

资本市场的特征差异和价值选择决定了内外资投资机构的投资价值观。投资机构在行业选择和企业挖掘上，都是根据资本市场投资者的偏好来进行的，对于所投企业的股权结构也是根据资本市场的规则来设计的，退出方式决定了投资特征。

美国资本市场以信息披露为主，有比较成熟的注册制体系。二级市场对企业价值评估相对比较有效，企业本身的"卖"点最重要。因此企业本身内在的价值和未来成长潜力是创业投资的重点关注方向。

中国资本市场正在由原来的核准制向注册制过渡进程中，而且投资者以散户为主，投资者乐于"炒小炒新"。因此只要公司能上市就不愁"卖"，就可以赚取一二级市场利差。

随着注册制改革的深入进行，中国境内资本市场的特征逐渐向美国资本市场方向演进，这会对未来创业投资机构的行为产生较大影响。

创业投资机构的组织文化也体现了中美文化的差异。美国文化重在"精英主义"，因此外资创业投资机构中多为全球各个名校的毕业生，个人单兵作战能力比较突出，一线投资人员的个人价值观也比较西化；中国文化重在"实用主义"，前文描述的"县长儿子论"就是典型的代表，体现在投资行为特征上也相对比较保守。

（二）资金来源比较

创业投资机构资金来源的差异直接导致其组织形式、治理结构和投资强度的差异。外资创业投资机构资本多来自海外机构投资者和企业集团，而内资创业投资机构多来自企业和个人（政府资金除外）。资金来源的区别导致了其投资期限的区别。

- 对于外资创业投资机构而言，将近三分之二的资金来源于机构投资者，包括养老基金、捐赠基金、家族基金等，这些都是长期投资者，因此外资创业投资机构没有短期回报的压力，可以更多地投向早期项目，以获取长期高额收益。
- 内资创业投资机构的资金多来源于企业的闲置资金和个人资金，这两部分资金都希望能够获得短期收益，因此内资创业投资机构面临较大的短期回报压力而不得不更多地投向后期的短平快项目。

（三）基金治理结构

内资创业投资机构基金出资人（LP）和基金管理人（GP）的边界模糊不清，LP对GP的干预较多。从实践来看，在中国的有限合伙制下，LP对GP的干预程度较深。比如经常存在基金的LP具有一票否决权，或者基金对外形式上是有限合伙，对内实质上采取有限责任，GP仅仅是LP聘请的经理人，并无最终决策权。

外资创业投资机构的LP和GP在权责利方面的划分更加清晰，LP一般不干预GP的行为，GP仅需要定期（往往是半年或季度）提交一份报告给 LP。

（四）主要人员背景

外资创业投资机构的主要成员一般具有更加丰富的行业经验和明显的声誉优势，他们大多在美国著名高校受过良好的教育，而且有着较为资深的行业背景和长时间的从业经验，经历过创业投资的高潮和低谷，对于创业投资行业的发展规律有着更加理性的认识，也具有更强的应对系统性风险的技巧，提供增值服务的能力和更多的风险控制手段。

相对而言，内资创业投资机构的主要成员主要拥有财会或投资银行的背景，在资本运作和财务分析方面较为擅长，而在产业理解以及企业管理方面存在明显的短板。

第三节　创业投资基金回报分析与决定因素

在行业层面，创业投资被称为"高风险、高回报"业务。在社会层面，房地产行业高潮过后，全民掀起创业投资热，皆称"人无股权不富"。那么，创业投资风险与回报的真实情况如何，决定创业投资基金回报的因素有哪些呢？

一、国内主要投资机构的退出与回报情况

创业投资属于私募性质业务，一方面，每个投资机构的真实投资和退出数据属于投资机构及相关出资人的核心机密信息，外界很难获得真实情况数据；另一方面，基金业协会对于行业信息披露和数据报送规范仍在不断完善中，不可避免地导致过去数年行业数据缺失。因此，创业投资行业的真实退出与回报数据基本无法获得，特别是在基

金层面的数据。

然而，在投资项目层面，从项目的IPO、媒体宣传等层面可以获得部分相关数据，该数据不能作为创业投资行业的真实评价，但可以帮助读者建立关于创业投资行业的风险与回报的宏观概念。我们选择了两个数据来具体说明创业投资的退出与回报情况。

（一）创业投资机构退出情况统计[①]

2018年某互联网文章中，针对中国顶尖的投资机构投资及退出情况进行了系列统计研究，涉及国内最为知名的37家投资机构、8 522个项目、7 640亿资金。

再次强调，该部分数据不可避免地存在着各种问题与错误，但通过该数据仍有助于了解市场真实的投资与退出情况。正确清晰认识创业投资，对于投资人尤其是新进入行业的投资人制定合适的投资策略，形成投资竞争优势，形成正确的退出理念，提高投资成功率和收益率，十分重要。

统计结果显示，37家投资机构累计向8 522个项目投资了7 640亿资金，累计退出项目共计1 458个，包含784个IPO、335个并购、212个转让和140个回购项目。

从平均成绩来看，37家投资机构平均投资230个项目，投资金额为206.49亿元，单个项目平均投资金额为9 000万元；平均每个投资机构的IPO项目数量为21.19个，IPO比例为9.20%；平均每个投资机构并购项目数量为9.05个，并购比例为3.93%；平均每个投资机构的股权转让数量为5.73个，转让比例为2.49%；平均每个投资机构的回购项目数量为3.78个，回购比例为1.64%。平均每个投资机构综合退出率为17.11%，如不包含回购，则退出率为15.56%（见表1.1）。

[①] 该部分数据取自互联网文章《投资退出现状复盘 | 37家顶级投资机构、8 522个项目、7 640亿资金全统计》，https://www.iyiou.com/analysis/2018020665742。

第一章 国内创业投资行业概述

表 1.1 截至 2018 年 37 家主要投资机构的退出数据

指标	合计	平均
投资数量（个）	8 522	230
投资金额（亿）	7 640	206.49
IPO 项目的数量（个）	784	21.19
IPO 项目的比例	9.20%	9.20%
并购项目的数量（个）	335	9.05
并购项目的比例	3.93%	3.93%
股权转让的数量（个）	212	5.73
股权转让比例	2.49%	2.49%
回购数量（个）	140	3.78
回购比例	1.64%	1.64%
合计退出数量	1 458	39.41
合计退出比例	17.11%	17.11%
合计退出项目（不含回购）	1 326	35.84
合计退出比例（不含回购）	15.56%	15.56%

（二）创业投资机构退出项目回报统计[①]

2019 年，清科研究中心发布《2019 年中国 VC/PE 项目退出收益研究报告》，对国内创业投资市场退出现状及典型案例进行深入分析，清科研究中心数据显示，我国创业投资市场整体退出收益状况在 2012 年之前较高，之后市场整体退出内部回报率（IRR）中位数在 20% 的水平上下波动。

所谓内部回报率（IRR）是评价一项财务投资的重要指标，是指一项投资实际可以达到的最高回报率（年化复利指标）。通俗地讲，内部收益率越高，说明投入的成本越低，获得的收益越多。2009—2018 年国内创业投资市场（早期机构 /VC/PE）退出 IRR 中位数如图 1.3。

---

① 该部分数据取自清科研究中心 2019 年 9 月发布的《2019 年中国 VC/PE 项目退出收益研究报告》。

中国式现代化与科创投资

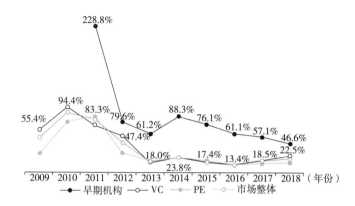

图1.3 2009—2018年国内创业投资项目退出收益图

来源：私募通。

再次强调，图中列出的IRR数据是根据公开信息整理的投资项目回报数据，而不是基金整体回报数据。

综合上述两个图表中的项目平均退出回报数据和投资机构的投资退出比例数据，可以帮助读者建立关于创业投资业务的风险与回报的整体概念和框架。

二、创业投资基金回报的决定因素

创业投资基金回报的决定因素究竟有哪些呢？参考美国创业投资行业的历史数据[①]可以揭示部分事实，给国内创业投资行业的发展提供参考和借鉴。

（一）投资存续时间

创业投资基金的平均回报率，长期可跑赢公开市场，但短期不突

---

① 该部分数据整理自中金公司2015年5月发布的研究报告《独角兽，本轮科技泡沫的重要特征及可能收场》，数据截至2014年9月30日，基于美国1 522家成立于1981—2014年的VC基金计算。

出。根据 Cambridge Associates 编制的美国 VC 回报率指数，20 年平均收益率为 34.09%，远超过年均收益率约 10% 的公开市场。其中，早期投资的平均 20 年回报率高达 54%。但是在近几年公开市场维持牛市的情况下，VC 短期回报率相比公开市场，并不突出。5 年年均回报 15%，与标普 500 等相当（如表 1.2）。

表 1.2 美国创业投资基金回报率与公开市场指数比较

对标的公开市场指净值数	一季度	截至最近一年	1 年	3 年	5 年	10 年	15 年	20 年	25 年	30 年
剑桥联合研究顾问公司美国创投指数	2.44	10.80	24.46	15.20	14.92	9.95	10.01	34.09	21.74	17.51
美国创业投资 – 早期阶段指致	2.75	11.18	27.27	15.69	15.51	9.34	13.36	53.92	28.92	21.09
美国创业投资 – 晚期和扩张阶段指数	1.75	4.28	15.98	13.73	17.54	13.23	7.95	11.45	13.52	12.65
美国创业投资 – 多阶段指数	2.17	12.33	22.96	14.95	13.30	10.00	6.95	13.42	12.88	11.99
巴克莱政府 / 信用债券指数	0.17	4.12	4.08	2.54	4.27	4.59	5.63	6.16	6.61	7.62
道琼斯工业平均指数	1.87	4.60	15.29	19.02	14.85	8.15	5.86	10.22	10.34	12.23
道琼斯美国小型股指数	-6.29	-0.07	8.53	22.42	15.63	9.63	9.89	10.76	NA	NA
道琼斯美国大型股指数	0.73	7.97	19.03	23.04	15.82	8.50	5.21	9.60	NA	NA
纳斯达克综合指数	1.93	7.59	19.14	22.99	16.18	9.01	3.34	9.26	9.42	10.11
罗素 1000 指数	0.65	7.97	19.01	23.23	15.90	8.46	5.33	9.76	9.66	11.30
罗素 2000 指数	-7.36	-4.41	3.93	21.26	14.29	8.19	7.93	9.03	9.12	9.82
标准普尔 500 指数	1.13	8.34	19.73	22.99	15.70	8.11	4.87	9.59	9.50	11.22
威尔希尔 5000 总市场指数	0.07	7.09	17.90	22.82	15.66	8.49	5.56	9.61	9.51	11.08

（二）基金成立时间

单只基金的回报率，最重要的决定因素还是成立及开始投资的时间（行业内称为 Vintage Year）。从美元基金来看，成立于 1999 年互联网泡沫高点的创业投资基金回报率最低，其平均内部收益率（IRR）为负。而表现最好的创业投资基金成立于 2010—2011 年，正是这一轮科技周期启动之时（如表 1.3）。

表1.3 成立于不同时间节点的基金回报数据对比

投资年份	集合收益(%)	算数平均值(%)	中位数(%)	加权平均值(%)	上四分位数(%)	下四分位数(%)	标准差(%)	DPI	RVPI	TVPI	基金数量
1981	8.47	9.01	7.87	9.03	13.24	5.94	5.59	1.76	0	1.76	9
1982	7.38	7.20	7.90	7.36	9.11	4.87	3.29	1.79	0	1.79	11
1983	10.23	9.55	8.72	10.09	1246	7.10	5.73	2.01	0	2.01	28
1984	8.65	7.76	6.27	8.11	12.92	3.78	8.82	1.77	0	1.77	32
1985	12.91	11.70	12.86	12.88	17.35	5.49	8.21	2.69	0	2.69	25
1986	14.52	8.81	9.43	9.11	12.90	5.27	5.13	2.89	0	2.90	30
1987	18.25	14.53	15.65	15.82	22.18	8.70	10.64	2.72	0	2.72	34
1988	18.88	14.30	11.87	14.70	21.65	6.58	13.77	2.41	0.09	2.50	25
1989	19.16	17.05	13.31	18.88	28.80	7.75	14.46	2.59	0	2.59	37
1990	33.11	24.07	21.54	26.28	31.19	14.28	19.60	3.15	0	3.15	17
1991	27.89	24.02	18.56	25.64	27.85	11.64	20.33	3.17	0	3.17	17
1992	32.60	28.23	19.65	37.29	35.85	10.85	30.55	3.09	0	3.09	2
1993	46.71	30.43	18.83	41.09	46.49	12.01	31.10	4.12	0	4.13	36
1994	59.26	34.24	26.45	44.87	46.45	6.73	47.15	5.39	0.01	5.40	42
1995	88.46	56.57	41.65	77.41	80.62	21.54	58.47	6.07	0.00	6.07	35
1996	100.73	60.48	37.06	87.55	81.49	7.18	77.99	4.89	0.02	4.91	42
1997	91.80	53.74	9.64	73.71	63.32	−2.60	102.06	3.08	0.02	3.10	71
1998	11.92	16.93	−0.31	15.74	15.70	−6.24	71.86	1.45	0.05	1.51	80
1999	−0.55	−3.00	−2.39	−1.03	3.24	−10.61	17.77	0.87	0.09	0.96	113
2000	0.76	−2.31	−1.33	0.32	4.22	−6.84	12.34	0.83	0.22	1.05	156
2001	2.80	0.26	1.40	3.57	6.98	−5.38	18.69	0.90	0.28	1.18	54
2002	0.41	1.12	−0.06	2.93	7.92	−5.22	9.06	0.73	0.29	1.02	33
2003	9.04	−1.15	1.57	6.38	8.35	−3.31	25.98	1.14	0.50	1.64	38
2004	8.77	3.04	1.57	9.37	8.39	−5.52	20.63	0.91	0.66	1.58	68
2005	7.05	2.94	4.89	6.55	9.53	−0.82	17.81	0.54	0.85	1.39	62
2006	9.49	4.85	6.89	7.52	13.39	−1.68	13.26	0.58	0.95	1.52	84
2007	16.77	15.25	1412	17.92	21.65	5.10	17.72	0.68	1.13	1.81	64
2008	16.76	12.80	1243	15.36	18.39	6.10	13.78	0.38	1.23	1.62	63
2009	20.51	14.68	14.93	17.73	25.68	5.64	17.24	0.33	1.35	1.68	22
2010	31.87	21.66	21.82	26.32	31.07	11.41	22.41	0.30	1.62	1.92	40
2011	30.42	14.06	7.80	17.61	39.44	−2.98	30.53	0.09	1.42	1.51	40
2012	26.53	10.68	8.37	16.12	26.79	−12.62	35.51	0.06	1.25	1.31	45

注：DPI=投资资金分配价值，RPI=投入资金残余价值，TVPI=投入资金总价值。

按照上述经验，反观国内人民币基金，成立于2005年的基金回报最好，正赶上中小板和创业板的资本市场制度创新周期；而成立于2011年的基金回报最差，正是创业投资行业野蛮发展、竞争激烈时期,项目投资价格虚高,而且 2012—2013 年 IPO 暂定发行。

(三)基金专注领域/行业

分行业看,软件、生物科技和金融服务,回报率最高。独角兽企业相对集中的行业、创业投资金额占比高的行业以及回报率高的行业,都是软件、生物科技和金融服务类(如表1.4)。

表1.4 不同行业创业投资回报数据对比

行业	1997年	1998年	1999年	2000年	2001年	2002年	2003年	2004年	2005年	2006年	2007年	2008年	2009年	2010年	2011年	2012年
化学/材料	5.67	12.79	-8.43	-57.31	-19.22	-19.83	0.47	-14.75	8.55	-3.99	16.51	-1.91	2.15	12.20	118.70	23.28
消费/零售业	-5.42	6.92	0.80	-1.16	11.46	4.31	11.70	13.47	3.34	1.22	0.31	15.23	-2.22	19.19	33.45	28.31
电子工业	58.55	183.47	4.55	-13.15	-2.39	0.24	-6.17	2.75	-3.65	-4.61	-1.91	4.88	1.50	28.44	16.24	53.42
能源业	10.33	6.50	-247	5.31	-4.06	12.69	34.29	-0.86	-5.02	-7.57	10.36	-7.33	-6.74	7.34	2.88	5.82
环境业	-100.00	NA	NA	NA	-27.39	21.63	-74.06	-46.45	-75.66	-99.55	-20.83	-2.42	-12.05	10.05	8.39	-14.48
金融服务业	9.57	32.22	5.64	12.37	21.51	18.76	19.46	28.65	9.47	18.41	1.40	11.33	16.82	20.84	20.67	56.43
硬件/系统	56.84	201.03	1.27	-7.99	14.36	6.71	4.20	16.73	-3.96	-2.09	45.91	18.90	60.67	47.23	59.15	27.09
生命健康/生物	7.71	17.52	13.03	2.40	8.75	6.85	14.23	8.53	10.52	5.56	13.22	16.07	22.10	26.00	33.19	53.89
工业	-99.89	16.32	10.89	-99.99	-100.00	NA	42.56	70.67	-1.70	13.73	-0.02	21.65	NA	-31.09	71.92	-100.00
信息科技	272.55	276.87	33.61	-2.92	-0.95	9.45	15.45	15.93	24.78	17.28	21.08	28.13	47.93	40.72	26.57	39.81
制造业	58.55	-14.76	8.42	-2.83	15.96	-13.52	21.26	-1.17	-12.28	15.44	7.34	11.55	21.89	8.26	37.34	3.86
媒体/通信	-0.99	206.60	13.37	-0.05	5.35	5.04	9.96	13.76	10.45	-8.87	3.70	21.19	28.43	40.85	18.84	24.03
软件/服务业	121.56	106.49	-3.70	-5.64	1.54	17.87	9.39	25.33	6.40	14.49	13.25	23.91	48.52	38.21	54.05	62.82
其他/母基金	32.54	4.37	-16.17	-9.03	1.64	-5.92	23.39	6.32	8.03	5.77	8.28	7.90	46.50	19.32	18.69	34.27
全部企业	137.13	153.64	17.34	-2.68	3.34	9.86	11.33	13.92	12.15	8.39	13.76	18.37	32.54	32.29	32.36	46.14
被投企业数量	1 067	1 541	2 369	3 083	1 544	1 323	1 315	1 565	1 490	1 695	1 803	1 606	1 025	1 388	1 700	1 475

(四)管理人专业能力

同年(Vintage Year)成立的基金,基金回报率的方差在加大,表现差的基金甚至是负回报(如表1.3)。这说明,除行业选择之外,基金管理人的专业能力成为基金的核心竞争力。另外,启动时点和行业选择也是管理人专业能力的体现和证明。

（五）单个项目的投资回报要求

单个基金的预期回报率不仅要考虑单个项目的回报率，还要考虑单个项目的失败概率。一般而言，美国市场要求创业投资基金的投资回报率是在标普 500 回报率之上加 5 个百分点，或者是标普 500 回报率的 1.5 倍，即 5—10 年的 IRR 为年化 15%~20% 作为整个基金的回报率要求。

考虑单个项目的收益要求时，假设 50% 的项目会颗粒无收，30% 的项目能赚回本金或略有回报，20% 的项目能有 5 年 10 倍以上的回报成功退出，这样的组合才能达到年均 15% 以上的回报率。因此在投资单个项目时，创业投资机构都希望这个项目就是 5 年 10 倍回报的项目，隐含的项目内在收益率要求就是 58%。

当然在现实中，创业投资机构除了努力寻找更高收益的项目外，还会努力采用各种手段降低项目失败的比例。通常采用在投资协议中使用优先清偿、业绩对赌等特殊保护条款，进而优化上述假设数据，提升整个基金的回报。

第二章
科技创业投资的理念与体系

自成思危先生提出"一号提案"开始,国内创业投资事业的发展就被赋予了促进科技成果转化、支持高新技术发展的历史使命。虽然,在行业发展过程中,不同投资风格、不同投资阶段、不同投资领域的投资机构层出不穷,但经过国家"防范资本无序扩张"的整顿治理,以及国内资本市场上市要求和投资行业税收优惠政策的引导,科技创业投资仍将长期占据国内创业投资行业的主导地位。

科技创业投资需要深刻理解科技创业的特征和发展规律,并针对性地制定科技创业投资的理念,搭建适合科创企业的投资和服务体系。

第一节 科技创新企业的特征与发展规律

一、科研与创业的思维框架

著名的科学哲学家卡尔·波普尔在其著作《科学发现的逻辑》中系统地提出了一种科学观。科学知识是通过下面的途径增长的:

$$P1 \rightarrow TS \rightarrow EE \rightarrow P2$$

其中 P1 是初始问题,TS 是试探性理论,EE 是对尝试性理论进行证实或者证伪的过程,P2 是结果,也即新问题的产生。

更通俗地讲,科研需要如下三个步骤:

A. 问题的辨识与表述

B. 假设的构成与测试

C. 实验数据的收集与反馈

并在上述"认知、假设、实践"无限循环过程中，实现科学知识的进化。

创业，从本质上讲，与科研具有类似的思维框架。创业需要在"发现痛点、思考机会、解决方案、落实执行、反馈调整"这个无限循环中，动态地发现和满足市场需求，把科技创新转化为真实的社会生产力（如图2.1）。

图 2.1 创业的思维框架

二、科技创业企业的发展路径

理解科技创业企业的发展路径有助于制定科技创业投资的投资策略。科技创业企业的发展路径可以从宏观和微观两个层面来理解。

（一）从科学研究到社会进步的宏观过程

从最初的科学研究到最终成为现实生产力促进社会进步，需要经历六个步骤（如图2.2）。科学问题研究、原始技术开发是属于科研领域范围的工作；产品成功、业务成功则更多是属于商业管理运营领域的工作；技术转移和产品发布则是连接科研和商业的关键过程，也就是最难的"技术成果转化"过程。对于科技创业投资而言，越早期的过程风险越大，潜在收益也越高；越晚期的过程风险越小，潜在收益也随之降低。

图2.2　从科学研究到社会进步的宏观过程

（二）从市场机会到科技创业的微观过程

具体到企业行为的微观过程上，无论是不是科技创业企业，都要遵循商业的基本规律。从市场机会到科技创业的微观循环过程如图2.3。

图2.3　从市场机会到科技创业的微观循环过程

一个成功的商业模式都源自一个未被满足的市场机会。因此，科技创业首先需要进行充分而细致的市场调研，根据市场调研结果抽象提取共性的问题和市场需求，并据此提供针对性的科技解决方案；同时，科技创业者需要认识到，我们处在一个多元化的社会体系中，因此需要对自身的产品进行客观的竞争分析，并据此设计未来可能的赢利模式；最后，科技创业者的规划和想法需要通过组建团队进行执行验证，并针对市场反馈修正发展规划，进入新一轮的迭代循环。

根据硅谷的经验，从技术转移开始，培养一个成功的公司（以企业 IPO 为标志）平均需要 5~7 年，[①] 在此过程中通常需要进行 3~4 轮融资。科技创业投资人在投资过程中需要了解和判断的一个关键问题是企业对资金的最大需求量，以及在什么时间节点上流入和流出的资金能否达到一个平衡。这也是决定企业未来生死存亡的关键点，对投资人判断投资价值及后续退出都有非常重要的影响，也是企业估值的一个重要依据。

三、"C 轮死"的原因分析与教训

虽然社会上充斥着各种创业神话，但实际上每一个成功的项目背后都需要一套强有力的逻辑支撑。这套逻辑就是通过上述科技创业微观循环过程验证、落实，任何科技创业微观循环的过程缺失都会导致失败。

2015—2016 年，创业和投资市场上出现了广泛的"C 轮死"现象。这里所说的"C 轮"并不具体指创业企业的某一次融资，而是创业投资行业对创业企业融资过程的抽象说法。一般而言，创业企业的融资过程可以进行如下的阶段划分：

- A 轮融资：是指产品已经初具雏形，这时企业融资的目标是继续完善产品，并进行产品的小规模验证与迭代升级；
- B 轮融资：是指产品已经正式上市，并开始大范围推广，这时企

[①] 中国资本市场上企业从创立到上市需要 7~10 年，但融资的轮次与美国相近。

业融资的目的是支撑产品推广的运营资金需求。这时虽然企业未能赢利，但是产品的运营和反馈数据能够证明产品的商业价值；

- C轮融资：是指随着客户对产品的接受度逐渐扩大，企业基于产品的赢利模式开始显现，并且企业现金流收支平衡点已经出现，或者可以准确预期。这时企业融资的目的是继续扩大产品覆盖面，增加企业收入和现金流入，随着规模效应的扩大，改善企业的财务数据，进而实现企业赢利；
- D轮融资：是指企业产品、商业模式、赢利手段等已经基本成型。这时企业融资的目的是借助资本的力量，加速将已经验证的成功经验推广和复制到更大的领域，实现财务指标迅速提升，为进入资本市场做准备。

2014年开始，在"互联网+"的创业热潮中，大量的互联网创业项目涌现出来，并在资本泡沫中迅速完成了A轮和B轮融资，但是在2015年开始的一段资本低潮中，近90%的项目无法获得C轮融资，进而走向死亡或者被迫转型。

2016年某互联网媒体对"C轮死"现象进行了盘点和总结，[①] 现将其整理如图2.4。

图中所示的创业企业"C轮死"的原因其实都可以与科技创业微观循环过程一一对应，现逐一说明如下。

（一）本源市场不够大

很多科技创业者聚焦并试图重塑某些细分行业市场，如果聚焦的本源市场在可预见的未来潜在规模不够大，则很难让创业投资人兴奋起来，因为创业投资业务有自己的回报要求。在C轮阶段才发现本源市场不够大，这说明在企业创立初期对市场的调研和分析过程存在严重的缺失或者错误。

---

① Doreen, 贾莎. 融资过亿也难逃"C轮死"魔咒：九大死亡惨案剖析 [EB/OL]. (2016-05-20) [2022-08-02]. https://www.sohu.com/a/76355864_212861.

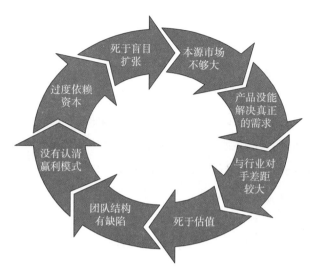

图2.4 "C轮死"原因盘点与总结

（二）产品没能解决真正的需求

创业者必须清楚的问题：产品为谁创造了价值？创造了哪部分价值？创造出来的究竟是不是真的价值？很多创业者就是没有想清楚这些问题，专注于自己的思维空间，"臆想"了一些伪需求，并自我强化而"扭曲"了市场的意愿。开发的产品不符合"普遍、显性、刚需"的原则，所以也就无法产生持续的价值创造。

（三）没有认清赢利模式

C轮的核心就是需要验证客户会为创业项目所提供的价值买单。在产品能够解决真正需求的前提下，要看创业项目的模式，是否能够低成本、高效率地生产以及这种模式是否能够持续带来回报。不同的产品或服务形态会有不同的赢利模式和成本结构，决定了其规模经济和范围经济效应的释放程度和这个项目能够走多远、做多大，从而也决定了其投资价值。

（四）死于估值

虽然每次企业融资时的价格是由市场形成的。但是企业创始人需要有清醒的认知：企业进入资本市场之前每次融资的估值，对企业创始人和主要负责人来说，不是财富，而是负债。

创业投资机构投资企业是希望企业未来能够有更好的发展，为投资机构创造理想的回报。企业更高的估值，意味着投资机构面临更高的风险，相应的投资机构也要采用更多的风险控制措施（比如对赌、优先股等）。如果企业在未来发展不能实现上一阶段融资时的承诺，那么企业不仅会陷入无法完成新融资的尴尬境地，还会面临一系列的司法纠纷。

因此，企业创始人需要在每一轮融资时确定符合企业发展情况的恰当估值，为企业发展塑造可持续发展空间。

（五）死于团队

创业企业的成功不在于一些"天才"的想法和技术，而在于有一个团结互补的团队能够将企业发展战略贯彻执行。团队的建设是需要动态调整的，在企业的每一个发展阶段对核心团队都有不同的能力要求，因此，需要企业创始人具有足够的战略能力和资源整合能力，随着企业的不断发展，不断补充、完善和培养企业的团队。

（六）与行业第一差距较大

创业需要认清自己的优势和劣势，并针对行业竞争情况进行周密地分析，进而设计打造自己的独特竞争优势，而不是与同行业对手进行无差别的同质化竞争。当一家企业在C轮阶段发现自己与行业第一存在较大的差距，那么一定是在最初的行业调研与竞争分析的时候存在比较大的疏漏。

（七）过度依赖资本

在"互联网+"创业热潮中，存在一批过度依赖资本的企业。企业在创立初期没有清晰的商业模式和赢利手段，仅是不停地通过各种推广手段提升产品数据，这类企业在国内互联网和移动互联网高速发展的阶段并不鲜见。当然，也确实存在部分创业项目作为战略项目成功出售给上市公司。这类创业公司把融资当成了持续发展的唯一目标,成为融资"击鼓传花"的游戏,行业内称之为"to VC"类项目,这类项目在资本低潮中一定是最先死亡的一批。

(八)死于盲目扩张

创业是一项工程,任何一项产品或者业务创新一定是先小规模验证,然后才大规模扩张。很多创业公司急于求成,未进行完整的执行验证时,便开始盲目扩张,当发现结果不尽如人意的时候,为时已晚。

第二节 科技创业投资的目标与理念

从宏观角度讲,科技创业投资的目标是能够促进科技成果转化,把更多的科技成果变成真实的社会生产力;从微观角度讲,科技创业投资的目标是"高成长、可退出"。

"高成长、可退出"这个简化的目标隐含了对投资项目的行业、技术/产品、团队等一系列的要求,[①] 其背后真实体现的是被投资项目"能够多大程度地为社会创造价值",以及"能够多大程度持久有效地提升社会生产力或者满足社会需求"。

由科技创新型企业的特征和发展规律可知,科技创新型企业的起点是一项科研或者技术成果,因此科技创新企业的创始人大多为技术背景的人员。但是,一个企业的成功,不仅需要技术,还需要管理、资本、人才等一系列要素,而这些要素需要科技创新企业在发展过程中逐渐完善和补充。

---

① "高成长、可退出"这个目标看似简单,但综合了科技创业投资的最高目标与底线要求,是很多科技创业投资项目的试金石。作者曾据此预判了某著名共享单车项目的最终结局。

第二章 科技创业投资的理念与体系

因此，科技创业投资作为一项金融服务，其本身不直接创造社会价值，科技创业投资的价值在于进行股权投资的业务过程中进行"价值观输出"和"资源综合配置"，帮助被投资的科技创新企业走向成功，即科技创业投资需要基于产业化的投资理念和投行化的资源配置方式开展工作（如图2.5）。

- 价值观输出：一方面，在宏观上，科技创业投资机构在投资业务过程中，事实上就已经在传导国家的产业政策和资本市场的价值观；另一方面，在微观上，相对于创业者，创业投资从业人员对企业经营的合规性更加敏感，也在引导企业经营运作的方式；最重要的一点，很多创业者聚焦于技术本身，与创业投资人员的产业理解/观点的碰撞可以激发他们更高的理想和更好的创意。

- 资源综合配置：一个成功项目的闭环需要理想/创意、先进技术、优秀人才、关键资源以及高效资本。任何一家科技创新企业都不可能先天就具有完备的资源闭环。科技创业投资的工作就是通过股权投资的方式与企业建立利益共同体，并通过投行化的资源配置方式帮助企业完善资源配置并快速成长。

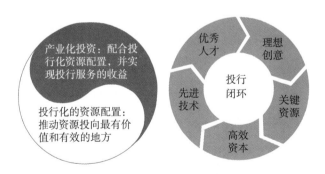

图2.5 科技创业投资：价值观输出与资源综合配置

简而言之，科技创业投资的目标和理念就是：找到有成功潜质的科技创新企业（而非生意），与之共同成长，陪它从企业创立初期走完十倍甚至百倍的增值全过程。

第三节　项目的评价标准与手段

如何找到具有成功潜质的科技创新企业呢？相信每一个从事科技创业投资的人都会有自己奉行的一套标准和体系。比如在"赛道论"的影响下，行业上曾经风行过的"赛道－赛车－赛手"三段式项目评价体系（如图2.6）。

图2.6　基于"赛道论"的三段式项目评价体系

在这里，我们围绕科技创业投资的目标——"高成长、可退出"——提出"三好学生"式的项目评价体系（如图2.7）。

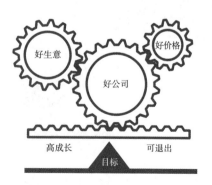

图2.7　"三好学生"式项目评价体系

"好生意"：用于评价项目所在的细分行业特征。首先，行业要符合国家产业政策扶持方向；其次，行业正处于高速增长期，最好可预见的未来能够持续双位数增长，市场前景广阔；最后，行业相关领域的管理和技术人才储备丰富。进行行业判断时，需要判断行业增长是否真实，属于持续增长行业还是周期性行业，增长的动力来自市场的驱动还是政策的扶持等。

"好公司"：用于评价项目本身的内在特征。对于项目本身的内在特征评价包括三个重要内容：产品、商业模式、团队。

- 产品：产品是否符合社会进步伦理？产品针对的需求真实吗？产品的竞争对手如何以及是否存在可替代性？产品潜在的成长率有多快？产品的利润率、护城河有多宽？
- 商业模式：商业模式是否稳定，是否拥有自主定价权，是否或者多大程度上依靠行业政策？赢利模式预期多长时间内可以稳定？商业模式成功的关键节点和资源是否容易达到？
- 团队：与创业团队价值观是否达成一致？创业团队是否稳定，最好相知多年；利益目标一致，激励机制到位；团队完整，关键领域都有经验丰富、业务能力强的人才；个别关键人士离职对企业的影响有限；团队中存在行业内的丰富资源，并拥有对行业发展趋势的高度敏感及持续感知能力的灵魂人物。

"好价格"：用于评价项目的价值与价格特征。好价格很重要有两方面的原因：一方面，创业投资对每一项投资都有相应的投资回报要求，低于价值的投资价格可以为投资带来更好的回报；另一方面，企业当前价值、融资价格以及不同融资价格下的融资金额会影响企业的未来发展。如前所述，"高估值"是企业"C轮死"的重要原因之一。因此，融资价格以及不同融资价格下的融资金额是对企业家和投资人的重要考验，需要企业家和投资人就项目的未来发展战略进行动态调整并进行取舍。

关于"三好学生"项目评价体系的详细论述本书后面会有专门的章节进行阐述,此处不再展开。在此,我们特别推荐一个项目评价过程中的使用工具,即"五力分析模型"。在实践中,由于知识背景局限,科技创业者对于企业和行业的思维经常是直线型的,即以自我为主来考虑行业发展和企业发展,并经常陷入思维的自我循环不可自拔。很多经验稍浅的投资人也常常被创业者带入思维陷阱,无法跳出来客观评价行业和企业。

五力分析模型是迈克尔·波特(Michael Porter)于20世纪80年代初提出,并产生全球性深远影响的企业竞争战略分析工具,其可以有效地分析企业的竞争环境。五力分别是:供应商的讨价还价能力、购买者的讨价还价能力、潜在竞争者进入的能力、替代品的替代能力、行业内竞争者现在的竞争能力。五种力量的不同组合变化最终影响行业利润潜力变化。如图2.8,五力分析模型提供了一种立体化的思维方式,帮助企业和投资人建立更加宽阔的视角。

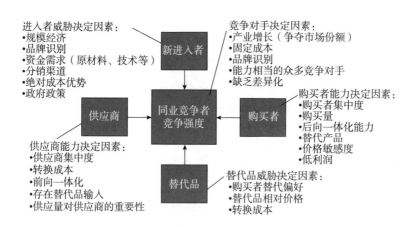

图2.8　五力分析模型提供了一种立体化思维方式

注:竞争力评估(在每个因素旁边用+号或者-号表示):
+ = 当前该行业中,该因素有利于竞争者。
- = 当前该行业中,该因素不利于竞争者。

第四节　投资后的社会资源配置

投资后，投资者既要作为企业家的朋友，理解和支持企业家，帮助企业家完善企业资源配置，推进企业快速成长；同时也要成为企业规范管理的教练，帮助企业规范治理结构、完善内部的管理和规章制度，规范财务系统，以及提升企业在资本层面的运作水平。

一、帮助企业规范发展

企业越规范，发展越持续，这是一个经验总结。对于高速发展的中小企业来说，业务是核心，完善的治理和管理结构则是适应业务发展的重要保障。因此，投资人需要帮助企业从建立董事会、战略委员会、审计委员会开始，帮助企业完善各项治理结构，包括规范关联交易、改善管理层激励制度、建立授权制度和分层级的决策制度等；改善企业内控制度，对企业业务流程进行梳理，识别关键风险，建立相应控制机制，进而发现并整改内部管理问题。通过帮助企业规范治理结构、完善内控制度，不仅为公司提供了更广阔的发展空间，也为企业未来走向资本市场提前扫清了障碍。

二、帮助企业后续融资

根据中国中小企业协会的数据，中国中小企业占中国企业总数的99.8%，而中小企业从银行获得的贷款比例仅占总额的28.2%，中小企业获得银行贷款相对较难。在国家政策的支持下，很多商业银行已经制定了"投保贷联动"机制，企业在引入股权投资的同时，往往能够获得银行的信用增级，获得原本难以取得的银行贷款，进而利用财务杠杆优化资本结构，避免单一使用股权融资造成股权过度稀释。在企业后续融资中，投资机构可以继续参与融资，或者为企业推荐、筛选优秀的战略投资者，从而为公司的可持续发展提供相应的资金支持。

三、帮助企业整合行业资源

投资机构接触的企业多、人脉广、信息多，可以利用自身积累的资源为企业提供帮助。比如，利用行业资源，投资团队可以帮助企业对接供应商、客户和战略合作伙伴，通过产业链的整合帮助企业拓展业务；通过行业内的人脉，针对企业团队的薄弱面，向企业推荐行业内的优秀人才；基于对行业的理解及行业特点的把握，投资团队可与创业团队探讨企业未来的发展战略，完善企业的业务流程。同时，投资机构的已投企业和有限合伙人群体也是一笔珍贵的资源，将其与企业对接，能为企业创造更多的业务合作机会。此外，对于小型品牌企业而言，知名投资机构的引入还能在一定程度上提升企业的品牌价值。

四、帮助企业利用资本市场

投资机构一般对资本市场理解更深，拥有比较丰富的资本运作经验。根据企业发展的情况以及他们对资本市场的理解，可以适时帮助企业和资本市场对接，比如指导企业做 IPO 的方案和规划，帮助企业选择 IPO 的时点和地点，帮助企业寻找 IPO 中介机构。投资机构也可以帮助企业制定并购计划等，使企业通过并购方式做大做强，更快发展。

第三章
科技创业投资的人才成长路径

创业投资是什么，创业投资可以教吗？这是行业内经常听到的一个问题。

作为一个新兴的行业，如第一章部分内容所述，国内创业投资业务向"神秘化"和"庸俗化"两个方向发展。但是作为能够长久健康存在的行业，科技创业投资最需要的是"专业化"。本章将从专业化的角度来解读科技创业投资的人才能力要求和成长路径。

如爱迪生所说："天才＝1%的灵感＋99%的汗水，但1%的灵感比99%的汗水还要重要。"那么，"成功投资人＝1%的价值观＋99%的（方法论＋勤奋）"。

第一节　投行化的人才体系要求

一、投行化的思维能力要求

在第二章《科技创业投资的理念与体系》中笔者提出：科技创业投资需要基于产业化的投资理念和投行化的资源配置方式开展工作。

投行化的工作方式需要具有如下四个方面的能力（如图3.1）：
- 画图能力：优秀的投行家，能够清晰地描述"目标＋路径＋时点"，这是其核心竞争力。通过描绘一幅远方美景，告诉人们哪里可以投资成功，如何操作可以实现，在什么时候出手。最终效果是，使人心向往之，甘愿出钱卖力。

- 协调能力：投行家作为项目总协调人，需要打理好与监管部门、地方政府、项目中介方等各方关系，确保万无一失；具备投行思维、操盘投资公司的人，对于每一步获取什么资源，相处到什么程度等，要能够做到掌控自如。
- 表达能力：如何把事讲得简单易懂，让对方乐于接受，是一门艺术。与政府打交道，需要站在官方的立场，使用公文式的规范语言表达；与大型外资公司打交道，需要使用国际标准和通用语言表达。总之，写文案，口头沟通，需要因人而异。
- 执行能力：投行思维最终要体现在行动上。系统的资本经营意识、娴熟的金融技术、扎实的财务及法律知识，是投资银行家践行投行思维的必备基础。

图 3.1　投行化思维的能力要求

二、科技创业投资的知识技能包

科技创业投资需要科技、法律、财务、管理等多方面的知识和技能，但本质上科技创业投资还是一项金融业务。因此科技创业投资的知识技能要求是"扎根金融、一专多能"。具体而言，知识包括金融知识和行业知识，技能包括自主技能和社交技能（如图3.2）。

- 知识要求：财务与审计、经济法规、税法、金融与资本市场、宏观及微观经济学；市场营销、公司战略、创业学、心理学、量化研究方法；行业专业知识、数字的敏感度、各种分析框架与方法等；
- 技能要求：学习研究能力、独立思考能力、开拓精神、商业敏感度；沟通技能、谈判技能、团队协作技能；阅人识人技能、领导力、影响力等。

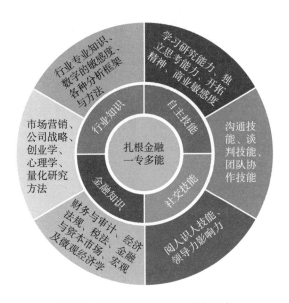

图 3.2 科技创业投资的知识技能要求

当然，上述知识和技能的获取不是一蹴而就的，而是在成长过程中逐步获取的。因此，科技创业投资是一种不断成长的生活方式，是一种不断扩展的人生历险。

第二节 人才培养与成长路径

科技创业投资的人才成长路径可以用四种哲学体系来类比（如图3.3）。

辩证唯物主义哲学

初级专业人员
- 高级经理（Senior Associate）
- 分析师（Analyst）

西方逻辑哲学

中级专业人员
- 业务董事（Director）
- 副总裁（Vice President）

科技哲学

高级专业人员
- 董事总经理（Managing Director）
- 执行董事（ExecutiveDirector）

东方哲学

合伙人
- 平台合伙人
- 投资合伙人

图3.3 科技创业投资的哲学层次

- 辩证唯物主义哲学（代表人物马克思）：能够客观真实地对行业和企业现状进行评价，不受个人感性和喜好的影响；
- 逻辑哲学（代表人物罗素）：从行业数据和企业数据中进行逻辑判断，发现企业逻辑与行业逻辑的冲突或者一致性；
- 科学哲学（代表人物波普尔）：理解科技发展的历史和哲学，从科技发展历史逻辑，对行业、企业、技术的发展进行预判，发现潜在的投资机会；
- 东方哲学（代表人物老子、庄子）：对人性和社会的发展具有深刻认知,在投资领域能够"有所为有所不为"。

对应不同人才成长阶段有不同的能力要求。从人的能力成长规律考虑,原则上每一成长阶段期限在三年左右,不能在这个时间内实现能力的提升,则证明该人未必适合科技创业投资这样一个需要不断学习、不断成长的业务。

下面将详细说明每一个成长阶段的能力要求和能力培养的建议。为了便于与投行业务横向对比,下面对每一阶段人员的职位称呼参照国际投行的职位体系。在现实中,不同投资机构的职位称呼千差万别。

一、初级人员的要求与培养

初级阶段的工作人员有两种:分析师(Analyst,为便于开展工作,有些时候也直接称为"投资经理")和高级经理(Senior Associate)。

(一)分析师(投资经理)

能力要求:掌握金融行业基础知识;掌握某特定行业专业背景知识,了解行业最新进展;可独立开展行业研究,撰写行业研究报告。

能力培养:参加并通过证券及基金从业资格考试;跟随指导人员开展特定行业的跟踪研究;

特别强调的是,科技创业投资是一项实践性很强的业务,除了一些必备的系统化知识学习之外,能力培养主要是在实践中学习。

(二)高级经理

能力要求:掌握金融领域高级知识;具有某一领域专长(行业、法律、财务);

可独立开展公司尽职调查和撰写分析报告。

能力培养:参加并通过CFA考试,系统掌握金融行业知识;跟随指导人员参加特定公司项目的尽职调查和分析。

初级人员的能力要求和培养方式如图3.4。

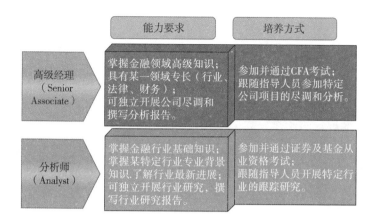

图 3.4 初级人员的能力要求和培养方式

二、中级人员的要求与培养

中级阶段的工作人员有两种：副总裁（Vice President）和业务董事（Director）。

（一）副总裁

能力要求：具备公司战略、市场营销、创业学等基础知识；能够协调团队开展行业研究和公司尽职调查；与市场其他金融机构建立广泛联系。

能力培养：参加在职 MBA 学习，建立不同行业的社会资源；协调团队开展行业研究和公司尽职调查。

科技创业投资职业发展的不同阶段需要拓展不同的社会关系，在职 MBA 的学习是一个能够短时间集中认识不同行业人士的好方式。

（二）业务董事

能力要求：与市场各类型金融机构建立广泛而深入的联系，能够合作为企业提供金融解决方案。

能力培养：带领团队开展行业研究和公司尽职调查；参与企业投后服务，为企业发展提供投行资源配置服务。

中级人员的能力要求和培养方式如图 3.5。

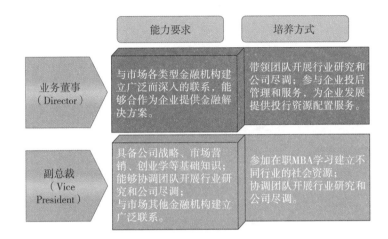

图 3.5　中级人员的能力要求和培养方式

三、高级人员的要求与培养

高级阶段的工作人员有两种：执行董事（Executive Director）和董事总经理（Managing Director）。

（一）执行董事

能力要求：具备某一特定行业的专家知识和社会资源；具备商业敏感度，能够独立进行项目源开发；具备较强的沟通谈判能力，可独立项目谈判和投后服务。

能力培养：跟随指导人员在某一特定行业独立开展投资工作；每年承担一定的投资任务，并根据成果获得业绩奖励。

（二）董事总经理

能力要求：能够覆盖两个或两个以上的特定行业并具备独立价值判断能力；能够承担投资业绩指标，并带领团队完成目标。

能力培养：参与公司投资决策委员会；负责特定行业的投资，并参与投资业绩分成。

高级人员的能力要求和培养方式如图 3.6。

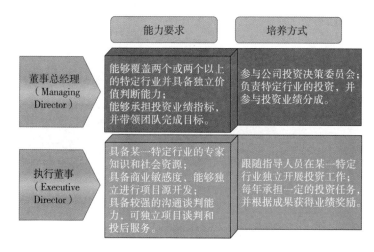

图 3.6　高级人员的能力要求和培养方式

四、合伙人与投资合伙人

在第一章关于科技创业投资的未来发展中笔者提出"只有那些放弃了个人狭隘利益的平台化投资机构才会基业长青"。如何构建具有长期价值理念的平台化投资机构，西方投资银行 100 多年的发展历史可以供我们参考和借鉴。

合伙人制度这种形式将最优秀也是流动性最高的业内精英集结在一起，形成了一种独特、稳定而有效的管理架构，并先后产生了诸如摩根、美林、高盛等优秀的投资银行。

合伙人制度是一种企业架构制度，采用该制度的企业由合伙人共同拥有，企业的经营所得由合伙人共享，经营风险也由合伙人共同承担。虽然西方各大投资银行为了上市，已经在法律上转变为股份公司，但是合伙人制度的精神依然保留了下来。《高盛文化》[1]一书详细

---

[1] 里莎·埃迪里奇.高盛文化[M].王智洁，等译.北京：华夏出版社，2001.

解读了高盛的合伙人制度。

高盛的合伙人制度包含完善的激励机制和约束机制，这造就了高盛集团追求长期价值的公司文化。在高盛的发展过程中，其采取的合伙人制度功不可没，这项制度的优势主要表现在以下几个方面：

- 吸引优秀人才并长期稳定。合伙人年薪高，拥有丰厚的福利待遇，并持有公司股份。因此，有利于吸纳优秀人才并保持长期稳定。
- 高风险意识与强责任意识。合伙制意味着合伙人承担了由于业务失误或是公司业绩下滑、业绩虚假带来的全部连带责任，这种沉重的压力使得合伙人更重视产品质量的控制和风险的把握。
- 避免薪酬攀比过高。长期稳定的合伙人队伍，将从公司利润中分享利益，所以不会带来薪酬的相互攀比过高。

（一）合伙人/平台合伙人（Platform Partner）

参照西方投行的合伙人制度，将科技创业投资机构平台化，设立平台合伙人制度需要明确如下几个问题：

1. 什么是平台合伙人

一方面公司的理念是搭建平台化的投资体系；另一方面，公司本身也是一个平台。因此，优秀的投资人将可以进一步成长为平台合伙人，并成为公司的股东。

2. 谁可以成为平台合伙人

价值观、投资理念与公司一致；投资业绩出色；具备某一特定行业的优质资源，并能为公司衍生新平台的优秀董事总经理人才。

3. 工作方式

平台合伙人将成为公司的股东，并进入公司治理委员会，共同成为公司的主人。平台合伙人治理结构参考高盛和金杜的合伙人治理结构制定。

4. 收益分配

平台合伙人的收益分配除正常按照规定参与项目投资收益分配

外，作为公司股东，也参与公司剩余利润分配。平台合伙人的分配权益定期根据工作贡献进行调整。

平台合伙人的制度设计如图3.7。

平台合伙人 Platform Partner

1. 什么是平台合伙人？	2. 谁可以成为平台合伙人？	3. 工作方式	4. 收益分配
一方面公司的理念是搭建平台化的投资体系；另一方面，公司本身也是一个平台。因此，优秀的投资人将可以进一步成长为平台合伙人，并成为公司的股东。	价值观、投资理念与公司一致；投资业绩出色；具备某一特定行业的优质资源，并能为公司衍生新平台的优秀董事总经理人才。	平台合伙人将成为公司的股东，并进入公司治理委员会，共同成为公司的主人。平台合伙人治理结构参考高盛和金杜的合伙人治理结构制定。	平台合伙人的收益分配除正常按照规定参与项目投资收益分配外，作为公司股东，也参与公司剩余利润分配。平台合伙人的分配权益定期根据工作贡献进行调整。

图 3.7 平台合伙人制度设计

（二）投资合伙人（Venture Partner）

作为一家平台化的科技创业投资机构，除了需要全职的平台合伙人，还需要非全职的投资合伙人。科技创业投资是一项可以从事一生的工作，投资合伙人可以是平台合伙人"退而不休"的一种选择。

1. 什么是投资合伙人

投资合伙人有丰富的创业经验、懂运营、懂管理、有资源，同时又对市场有深入了解。他们认同基金的理念和投资方向，愿意与基金共同发展。但是，由于工作和生活方式的原因，他们不能参与基金的日常运作和管理。

2. 谁可以成为投资合伙人

有三类人可以成为投资合伙人：一是有丰富项目资源的人，成功的企业家，或者某些特定行业的专家、学者；二是行业经验丰富，对特定的商业模式、行业经验有特别深入的了解；三是管理能力强，积累了丰富的管理经验以及处理"棘手"问题的能力，可担任被投项目董事或独立董事。

3. 工作方式

投资合伙人有两种工作方式：一是基金支付一定的工资，但需保证有一定时间（1/4 或 1/3）放在基金业务上；二是基金不付工资，根据实际情况支付项目费用，工作时间视具体项目情况确定。

4. 收益分配

投资合伙人参与的项目，与项目执行团队分享项目投资收益的分成。具体金额视投资合伙人项目参与程度而定。参考指标为项目投资收益分成的 25%。

投资合伙人的制度设计如图 3.8。

投资合伙人 Venture Partner			
1. 什么是投资合伙人？	2. 谁可以成为投资合伙人？	3. 工作方式	4. 收益分配
投资合伙人有丰富的创业经验、懂运营、懂管理、有资源，同时又对市场有深入了解。他们认同基金的理念和投资方向，愿意与基金共同发展。但是，由于工作和生活方式的原因，不能参与基金的日常运作和管理。	一、有丰富项目资源的人，成功的企业家，或者某些特定行业的专家、学者；二、行业经验丰富，对特定的商业模式、行业经验有特别深入的了解；三、管理能力强，积累了丰富的管理经验以及处理"棘手"问题的能力。可担任被投项目董事或独立董事。	两种工作方式：一、基金支付一定的工资，但需保证有一定时间（1/4或1/3）放在基金业务上；二、基金不付工资，根据实际情况支付项目费用，工作时间视具体项目情况确定。	投资合伙人参与的项目，与项目执行团队分享项目投资收益的分成。具体金额视投资合伙人项目参与程度而定。参考指标为项目投资收益分成的25%。

图 3.8　投资合伙人的制度设计

02

第二篇
科技创业投资的价值观

第四章

科技创业投资的行业选择

第一节　科技革命推动社会进步

人类社会的发展进程，与新技术的发明和应用有着密切关系。近代史上已经发生过三次产业革命，现在正迎来第四次产业革命。第一次产业革命跨越18世纪末期到20世纪初期，蒸汽机的发明使人类全面进入到机械化时代，开启了工业生产时代。第二次工业革命19世纪中期，电力的广泛应用催生了装配生产线和大规模生产方式，推动了钢铁、机械、化工等工业的崛起。第三次工业革命始于20世纪40年代，信息技术大大促进了通信与生产自动化，使生产力得到了进一步提高。而第四次工业革命，则是在21世纪以后发展起来的，这是以区块链、物联网、大数据、机器人及人工智能为代表的数字技术所驱动的划时代的社会生产方式变革（如图4.1）。

图 4.1　产业革命推动社会进步

产业革命极大地推动了社会生产力的发展，改变了世界政治格局，改变了社会经济结构，改变了人们的生活方式。第四次产业革命不但是生命科技、信息科技、材料科技、能源科技的交叉融合，更将是科学革命、技术革命和产业革命三大革命的交叉融合。

一、科技发展与需求满足

纵观科技发展的历史,科技发展一方面解放和发展社会生产力,另一方面提高人们的物质和精神生活水平,通俗地讲,人们利用科技手段推动商品生产手段和工具进步,创造出人类可以轻松、便利、高效地生产商品的能力,以便更好地满足人民的"衣、食、住、行、用、娱乐、安全"等的需要。

图 4.2 中粗略地列出了科技进步对生产力提高和人类生活水平提升的影响。蒸汽机技术及其在纺织产业的应用,解放了大量的传统纺织工人,并提供了大量的纺织品供应,满足了人们对"衣"的需求;钢铁冶炼技术及铁路的出现使人们摆脱了对马车的依赖,并可以更大规模地进行远程货物运输和人口迁移。化学工业的大规模发展和电力的应用创造了更多的替代性大宗消费品,使人类的生产力进一步释放,物资供应更加丰富;汽车的出现则大大增强人们出行的便捷性,扩大了人们的灵活出行范围;电子信息技术的出现和应用,把世界更加紧密地连接起来,并且通过自动控制提升了生产制造的效率。当前,生物、材料、能源、智能技术的发展正在进一步释放生产力和改变我们的生活。

图 4.2 科技发展与需求满足

理解社会科技发展与需求满足的历史逻辑,对于科技创业投资从业者,有助于自上而下选择聚焦的行业,有助于培养对行业发展的前瞻性视野,而不是盲目追逐投资热点和"风口"。

立足于国内的经济社会发展阶段，围绕"进一步解放生产力、进一步提高人民生活水平"，本章接下来将选择智能产业、碳中和、医疗健康、产业关键共性技术突破等几个方向来阐述科技创业投资的机会。①

二、技术成熟度曲线

从 1995 年起，国际咨询公司 Gartner 每年都会发布新兴技术成熟度曲线（Hype Cycle for Emerging Technologies）。② Gartner 技术成熟度曲线根据技术发展周期理论来分析新技术的发展周期，描述了一项技术从诞生到成熟，再到广泛应用的过程，以帮助人们判断某种新技术的发展情况。

每个技术成熟度曲线都将技术的生命周期划分为五个关键阶段。

- 技术萌芽期（Technology Trigger）：潜在的技术突破即将开始。早期的概念验证报道和媒体关注引发广泛宣传。通常不存在可用的产品，商业可行性未得到证明。

- 期望膨胀期（Peak of Inflated Expectations）：早期宣传产生了许多成功案例——通常也伴随着多次失败。某些公司会采取行动，但大多数不会。

- 泡沫破裂低谷期（Trough of Disillusionment）：随着实验和实施失败，人们的兴趣逐渐减弱。技术创造者失败或被抛弃。只有幸存的提供商改进产品，使早期采用者满意，投资才会继续。

- 稳步爬升复苏期（Slope of Enlightenment）：有关该技术如何使

---

① 当然，科技创业投资具有更广阔的行业选择，这里仅就几个行业提供一个思维逻辑框架和作者的个人见解。

② 简称 Gartner 技术成熟度曲线，参见 https://www.gartner.com/cn/research/methodologies/gartner-hype-cycle。

企业受益的更多实例开始具体化,并获得更广泛的认识。技术提供商推出第二代和第三代产品。更多企业投资试验;保守的公司依然很谨慎。
- 生产成熟期(Plateau of Productivity):主流应用开始激增。评估技术提供商生存能力的标准更加明确。该技术的广泛市场适用性和相关性明显得到回报。

Gartner 曲线描述了创新的典型进展,从过度热情到幻灭时期,再到最终理解创新在市场或领域的相关性和作用。Gartner 曲线说明:公众总是在短期内高估一项新技术,却在长期内低估(如图 4.3)。

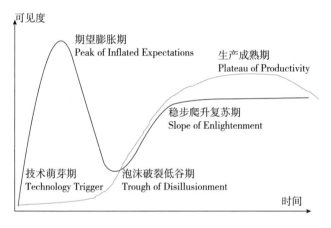

图 4.3　Gartner 技术成熟度曲线

作为科技创业投资从业人员,一方面,需要关注每年的技术成熟度曲线的变化,跟进技术发展的最新情况;另一方面,需要深刻理解技术的生命周期现象,将宣传炒作与技术商业前景的真正驱动因素区分开,不要被公众/媒体的热点炒作影响投资的思考逻辑。

2021 年 8 月,Gartner 发布了 2021 年新兴技术成熟度曲线(如图 4.4)。

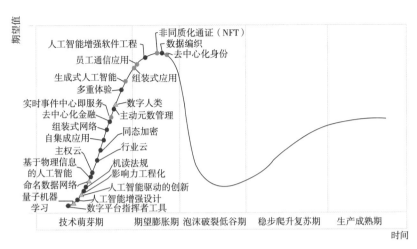

图 4.4　2021 年新兴技术成熟度曲线

来源：Gartner，2021 年 8 月。

第二节　智能产业革命正在进行

一、服务型经济与智能产业革命

2012 年，服务业成为中国经济中的第一大产业。2015 年，服务业在我国经济总量中的比重首次超过 50%，标志着我国进入了服务型经济时代。经济服务化趋势表现为以下三方面的特征：

首先是产业结构服务化。表现为服务产业的大规模发展引致产业结构的转变，服务产业在经济体系中的地位不断上升并成为产业结构的主体。

其次是生产型产业的服务化。表现为农业、工业等生产型产业（非服务性产业）内部服务性活动的发展与重要性增加，从而改变了这些产业的单纯生产特点，形成"生产—服务型"体系，反映了服务活动在经济领域的广泛渗透。

最后是服务型经济的形成。经济服务化发展的结果，是形成以服务活动为主导经济活动类型的服务型经济。

服务型经济与产品型经济的区别在于：产品型经济是以"产品"为核心，需要人在生产过程中适应规范化生产流程，在消费过程中适应标准化产品说明；而服务型经济则是以"人"为核心，一方面，在生产过程中需要提高智能化水平，把人从标准化生产线上释放出来；另一方面，在消费过程中提高精准化、定制化、智能化水平，能够直接针对人的本质性需求，进一步提升人在物质和精神消费过程中的获得感和满足感。

新技术的发展正在引领基于数据智能的产业发展和社会应用。一个基于数据智能的平行经济开始形成，与人类主导的经济活动相互补充，极大地丰富了人类社会经济内容与构成。以提出收益递增现代理论著称的经济学家布赖恩·阿瑟（Brian Arthur）曾提出了一个论点来描述这种现象，并称之为"自主经济（the autonomy economy）"。

数据智能的实现需要通过如下步骤：

（1）收集数据；

（2）利用前面的数据作为参考来处理数据；

（3）基于提炼的数据采取行动；

（4）接收反馈数据，从结果中学习，然后全部保存进记忆中。

这个过程是一个持续收集数据、处理数据、采取行动然后接收反馈的循环，经历这一过程的次数越多就会变得越智能。其中两个关键基础要素是尽可能多地接触到数据，以及形成无懈可击的模式识别技能。

服务型经济的到来和智能产业革命的发展正在深刻地影响着现代社会、生活的方方面面。

二、智能产业的内涵与外延

智能产业不仅是狭隘的人工智能技术及其相关应用。立足于服务型经济的本质特征要求，从解放社会生产力和满足人类社会需求的角度来看，智能产业具有更广泛的内涵和外延（如图 4.5）。

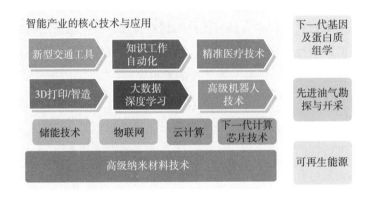

图 4.5 智能产业的内涵与外延

智能产业的内涵包括那些能够直接提升生产和生活智能化水平的技术和应用；智能产业的外延是指那些一旦发生技术突破，就会对全社会产生颠覆性影响的技术及其应用。因此，对于科技创业投资来说，智能产业的内涵是需要积极进行投资，正在高速发展和应用的行业；智能产业的外延则是需要重点关注其技术的进展，因为某些科研和技术的重大突破将重构产业发展的竞争格局和投资的逻辑。

高级纳米材料技术：纳米技术属于介于原子、分子等微观物理与宏观物理之间的中间领域，也称介观物理学领域。通常把组成相或者晶体结构控制在 1 到 100 纳米尺寸的材料称为纳米材料。纳米材料具有传统材料所不具有的特殊性能。纳米材料具有的特殊效应（小尺寸效应、表面效应、量子尺寸效应、宏观量子隧道效应）决定了纳米材料在力、热、磁、光方面具有特殊的性能表现。纳米技术的研究和应用主要在材料和制备、微电子和计算机技术、医学与健康、航天和航空、环境和能源、生物技术和农产品等方面。用纳米材料制作的器材重量更轻、硬度更强、寿命更长、维修费更低、设计更方便。利用纳米材料还可以制作出特定性质的材料或自然界不存在的材料，制作出生物材料和仿生材料。新材料是人类赖以生存的物质基础，每种新材料的出现及应用都将伴随着现代科学技术的巨大飞跃。碳纳米管、石墨烯等纳米材料不仅本身具有优异的材料特性，其广泛应用将会从物理学层面颠覆很多现有技术体系。纳米材料的可控低成本制备技术是制约其发展的瓶颈，也是行业关注的重点。

储能技术：智能产业的发展离不开能源，特别是需要移动化的能源供应。储能技术是指通过储能设备将能量以机械能、热能、电磁能等形式进行存储，是构建现代能源体系的关键支撑技术之一。按照技术类型大致可分为：机械储能（抽水蓄能、压缩空气储能、飞轮储能等）、电磁储能（超级电容器、超导电磁储能等）、电化学储能（铅蓄电池、锂离子电池、液流电池、钠硫电池等）、热储能和化学类储能（氢能、合成燃料等）五类。目前，液态金属电池、固态锂离子电池、金属空气电池等新一代高能量密度储能技术是储能技术的热点领域。此外，储能设备（电池）一旦出厂即成为"黑箱"，其使用情况、安全控制、回收利用等仍存在不确定性。因此，储能技术领域需要重点关注全过程安全技术，包括：电池本质安全控制、电化学储能系统安全预警、系统多级防护结构、高效灭火及防复燃、储能电站整体安全性设计、储能电池循环寿命快速检测和老化状态评价、退役电池健康评估、分选、修复等梯次利用等。

物联网：数据的大规模制造是智能时代的主要衍生品，这已经成为一种普遍认知，以至于大家开始谈"数据是新的石油"。然而，要想掌握迅速决策能力，必须能接触到实时数据。得益于传感器技术的一些重大创新，比如测量温度、位置、速度、加速、深度、压力、血液成分、空气质量、颜色、照片扫描、语音扫描、生物计量、电子以及磁场的传感器等，可以从环境里、机器内，甚至在人体内/上获得实时数据。物联网其实是人类感官的数字形式，物联网可以解决世界普遍存在的"黑箱"问题，让万事万物数字化。目前，物联网设备的稳定性、精准度、使用寿命、成本控制等方面仍存在较大的提升空间。在物联网领域，需要重点关注MEMS(微机电系统)技术的发展。MEMS可以把不同功能、不同敏感方向或致动方向的多个传感器或执行器集成于一体，或形成微传感器阵列、微执行器阵列，甚至把多种功能的器件集成在一起，形成复杂的微系统。MEMS可以完成大尺寸机电系统所不能完成的任务，也可嵌入大尺寸系统中，把自动化、智能化和可靠性水平提高到一个新的水平。MEMS的广泛应用，将对工农业、信息、环境、生物工程、医疗、空间技术、国防和科学发展产生重大影响。

云计算/移动计算：当云计算与移动计算相结合，才能真正做到随时随地、透明高效地利用各种信息资源和计算能力。云计算将复杂的IT架构和强大的计算能力隐藏起来，呈现给用户的是丰富的服务和灵活的利用方式。它为数据中心提高了资源利用率，有效地控制了运营、维护成本；为广大中小应用开发者提供了廉价却强大的弹性计算能力，降低了终端开发、运行的门槛，为IT服务提供商拓展了服务创新的机会和业务模式的升级，而企业的业务信息化架构也会变得灵活，并节省了IT投入。移动计算使得"任何时间，任何地点"访问IT服务成为现实。这很好地满足了人们想要及时进行信息获取、反馈与传播的愿望。移动设备自身的硬件资源特性也决定了它只适合于访问和消费服务，大规模的存储和复杂的计算都是应用后端所考虑的问题，而这恰恰是云计算所擅长的。所以，云计算所具有的内部实现的弹性和外部访问的灵活性，与移动互联网带来的连接和访问的随时随地性珠联璧合，无论对 IT 服务的构建、运行、交付、维护、消费，还是对业务合作和应用开发生态圈，都将产生互相补充，互相促进的推动力。这种结合是技术进化与服务创新的自然结果，也是企业服务和个人应用的发展趋势。云计算/移动计算领域基础设施建设领域，已经存在了若干行业巨头。但是，云计算/移动计算模式的广泛应用，改变了中国市场传统上的软件产品模式，未来细分软件应用 SaaS 领域将蓬勃发展，需要重点关注。

下一代计算芯片技术：作为智能产业的计算能力提供者，芯片作用极其重要。芯片技术需要重点关注三个方面：一是细分场景下的专用芯片（ASIC），特别是与高性能计算有关的专用芯片。随着智能产业革命的深入推进，未来芯片的应用将无所不在，现有通用计算芯片无法满足细分场景的高性能计算要求，因此只要该细分场景的计算需求足够大，就需要专用的计算芯片来提供计算能力支撑。二是更高性能的集成系统芯片（MCU 微控制器/GPP 通用芯片/SoC 系统芯片）。集成系统芯片将中央处理器（CPU）、内存（memory）、计数器（Timer）、模数信号转换等周边接口，甚至显示驱动电路都整合在单一芯片上，形成芯片级的计算机，为不同的应用场合做不同组合控制。诸如手机、电脑外围、遥控器，至汽车电子、工业上的步进马达、机器手臂的控制等，都可见到集成系统芯片的身影。三是新一代芯片技术的突破。一方面，随着晶体管尺寸的减小，硅这种半导体材料的均匀掺杂遇到了问题，半导体材料的掺杂出现了问题，必定会严重影响晶体管电学性质的性能和稳定性。当微电子工业走到 7 纳米甚至更小的技术节点时，将不得不放弃使用硅作为支撑材料，非硅基纳电子技术将会兴起。电子学中的碳基材料主要有碳纳米管、石墨烯、富勒烯。另一方面，现有冯·诺依曼计算系统采用存储和运算分离的架构，存在"存储墙"与"功耗墙"瓶颈，严重制约着系统算力和能效的提升。存算一体化技术路线是新一代芯片技术的研究热点。

大数据深度学习：数据是智能的燃料，人工智能则是吸收数据的引擎，将其与之前数据进行交叉引用，按照分类整理，做出判断，在现实世界触发行动。最近的进展来自用于深度学习的神经网络，神经网络是模仿人类大脑（尤其是通过比较已知信息进行模式识别及信息分类）的算法为核心的机器学习子集。深度学习是一种基于相关概念或者决策树分层的神经网络，某个问题的答案会导致更深层次的相关问题，直到数据被正确识别出来。得益于丰富的数据和智能算法，智能计算的商品化已具备可能性。然而，大数据深度学习面临两个问题：一是随着《数据安全法》和《个人信息保护法》的发布，获取和使用数据将不再容易。在这方面，同态加密、多方安全计算（MPC）、联邦学习等隐私计算技术正在兴起，用以解决数据隐私与计算之间的矛盾；另一方面，针对大数据深度学习的各类欺骗和反制技术也逐步出现，因此需要重点关注人工智能技术的其他分支，如符号智能、计算智能，与大数据深度学习之间的协作，以及通过迁移学习实现网络驱动的群体智能等技术的进展。

3D打印与智能制造：3D打印，又称"增材制造"，是一种以数字模型文件为基础，运用粉末状金属或塑料等可黏合材料，通过逐层增加材料、快速成型的方式来构造物体的技术。它颠覆传统制造模式，实现了制造从等材、减材到增材的重大转变，是未来智能制造产业发展的基础。3D打印之于制造业的价值主要体现在以下几个方面：小规模定制、供应链/库存管理、自由设计、灵活化制造等。从技术上看，3D打印已经能够满足大部分工业应用场景需求；可以实现金属和塑料等零件以及成品的制造，性能与传统制造工艺相当；已经解决了原材料制备，所有可焊接的金属均可使用3D打印技术。从成本角度看，3D打印已经在航空、航天、军工、医疗等高价值及高附加值产业中具备了较高的经济效益；从普及程度看，3D 打印目前广泛用于原型制造，而其他方面的应用前景非常广阔。大量领导企业已率先利用 3D 打印技术创造出可观的效益，也已经充分挖掘出了 3D 打印技术的价值，而更大的生产型 3D 打印解决方案市场亟待开发；随着移动互联网等信息技术、纳米技术和新材料、新能源等科技的迅速发展和推广应用，人工智能、数字制造、工业机器人使得 3D 打印现代制造技术不断突破。以现代基础制造技术对大规模生产流水线和柔性制造系统的改造为主要内容，以基于可重构生产系统的个性化制造和快速市场反应为特点，将从根本上解决传统制造系统下新产品开发周期、产能利用率、生产成本、产品质量、个性化需求等主要产业竞争要素之间的冲突，实现生产制造的综合优化和运营效率的大幅提升。跟物联网一样，3D 打印作为最为重要的高新技术之一，具有鲜明的工具属性。然而 3D 打印自身又难以形成产业，只有与传统产业结合或与其他智能制造产业相融，助其提质增速，才能真正发挥出自己的威力。国内 3D 打印企业由于生产效率、材料短缺、缺乏核心技术等问题，产品精度和生产时长等生产效率上都有一定的局限性。

高级机器人：机器人（Robot）是自动执行工作的机器装置。它既可以接受人类指挥，又可以运行预先编排的程序，也可以根据以人工智能技术制定的原则纲领行动。它的任务是协助或取代人类工作的工作，例如生产业、建筑业，或是危险的工作。机器人是高级整合控制论、机械电子、计算机、材料和仿生学的产物。目前在工业、医学、农业甚至军事等领域中均有重要用途。在过去 50 多年中，工业机器人一直被用于自动化的物理性、重复性任务，主要依靠其一致性和蛮力来产生价值。这些传统机器人价格昂贵，能力不足，大大地限制了少数重工业的应用。然而，最新一代的高级机器人结合了完整的技术堆栈，将物理自动化与数字效率相结合。因此，高级机器人能够产生传统机器人无法产生的价值。未来 5 年，预计工业机器人的前期单位成本将低于中国制造业年平均工资。因此，中国在全球制造业中的竞争优势将可能下降，推动全球生产向更便宜的市场转移。为了应对这一趋势，中国正在大力投资于机器人自动化。硬件设计的改进在扩大机器人整体灵巧性方面发挥了关键作用，但真正在精确运动方面取得的进步可以归功于机器学习和传感器技术的创新。这一点在专门为拣选和分拣设计的机器人所取得的进步中尤为明显。2015年，分拣机器人每小时可以拣选和放置大约25件物品，然而如今这些机器人每小时可以拣选和放置物品远超过200件，在未来三年到五年内，应该会看到机器人的拣选速度超越人类的能力。未来发展上，新型高级智能机器人不但具有第二代机器人的感觉功能和简单的自适应能力，而且能充分识别工作对象和工作环境，并能根据人发出的指令和它自身的判断结果，自动确定与之相适应的动作。这类机器人目前尚处于实验室研究、探索阶段，虽然已经出现了不少原型产品，但仍有大量复杂的技术难题尚待解决。目前，国内在机器人技术发展上仍比较偏重于控制算法和集成应用，尚未掌握机器人的核心技术，包括机器人三大核心部件：伺服、控制器、减速机。一方面，核心部件的技术门槛非常高，它在材料科学、装配技术和高精度检测技术等环节都提出了更严格的要求，而国内企业接触不到核心技术，面临诸多研发难点；另一方面，进口加工制造减速机零部件的设备昂贵，单价折合人民币就接近千万元，国内企业很难实现规模效应。因此，国产核心部件的精度和寿命都不如进口产品，只能应用于中低端机器人，无法满足高端机器人的要求。

知识工作自动化：数字化时代和知识时代瞬息万变的快节奏对人类的智力也提出了更高的要求，人们需要借助知识工作自动化来弥补智力上的不足，进而去更好地完成复杂而多变的任务。知识工作自动化除了包含传统的规则、推理和显性表达式之外，也对隐含知识、模式识别、群体经验等进行模型化，并借助软件化的方式，形成可执行的知识软件系统。这将大大解放知识工作者的重复性劳动。根据麦肯锡的报告，目前各领域有超过2.3亿的知识工作者，占据了全球雇员的9%，但雇佣成本却是相应全球成本的27%。然而，在知识工作中，有80%是较为初级的体力与脑力劳动，只有20%是创新工作。知识工作自动化的目的不是把白领职业人士替换掉，而是对他们的技能水平、知识水平和体能水平的有效补充，由软件替白领人士自动化完成80%的初级体力与脑力工作，让职业人士把更多精力投入到更有创造性的工作上。知识工作自动化是智能化、人机化、自动化的有机融合，是虚拟空间的自动化，而不是物理空间的自动化。实现知识工作自动化的主要技术有大数据、人工智能、机器学习、人机接口等，其核心是信息处理的自动化。知识工作自动化服务大致可以分为四类：基于信息的服务（Information-Based Service）、基于任务的服务（Task-Based Service）、基于智慧的服务（Intelligence-Based Service）以及基于决策的服务（Decision-Based Service）。知识工作自动化已经应用在航空、航天、电子等行业复杂产品的研制过程，以及会计、法律、金融、医疗等知识人才密集型行业。知识工作自动化重点关注的领域包括行为感知与行为大数据、知识行为智能化引导、知识资产管理与分析等。

新型交通工具：飞机、高铁、汽车、轮船已经大大扩展了人类的活动范围，提升了出行的便利性。然而，针对越来越多元化的出行需求，这些技术远远不够。人类对新兴交通工具的探索永无止境。飞行汽车、单人飞行器、电动摩托、电动平衡车、地效翼船等新兴交通工具层出不穷。其中，新能源汽车和自动驾驶无疑是当前新兴交通工具的领导力量。

在当今提倡全球环保的前提下，新能源汽车产业必将成为未来汽车产业发展的导向与目标。新能源汽车发展不是简单的替代过去的传统汽车，而是技术创新和跨越，它在很多方面都有待原始创新，对这种先进性和替代效应，甚至是颠覆性要有正确认识。新能源汽车的发展将带动相关产品和产业形成新的产业链。比如，动力电池系统、动态感知系统以及电子控制系统。新能源汽车可使我国实现从汽车大国到汽车强国的转变。国内在新能源汽车相关技术上，并不像传统内燃机技术一样与国外先进技术存在20年的巨大差距，在商用化和产业化等方面甚至还有一定优势。在未来相当长一段时间，新能源汽车的发展仍将呈现多元化格局发展。一方面是产品多元化，特别需要关注不同应用场景的新能源车的发展，不同场景对能源的要求不同，核心技术要求和赢利模式也有很大差别；另一方面是能源来源多元化，无论是混合动力汽车、纯电池驱动汽车，还是燃料电池汽车，不同的企业根据具体服务对象，在不同的发展阶段，采取适宜的技术路线，将会成为一种常态。

自动驾驶汽车作为一种数字技术，需要有不同的系统帮助实现自动驾驶汽车的控制，因此其已经带动了汽车导航系统、定位系统、电子地图、地图匹配、全球路径规划、环境感知、激光感知、雷达感知、视觉感知、车辆控制、车速和方向感知、车辆控制方法的各个领域的发展。无人驾驶汽车设计者面临的挑战是生产能够分析感官数据的控制系统，以便准确检测其他车辆和前方道路。由于计算机视觉难以识别刹车灯、转向信号、公共汽车和类似的东西，车辆联网技术成为另一种备选方案，即单个车辆从附近其他车辆获取信息，特别是与交通状况和安全隐患相关的信息。车辆通信系统使用车辆和路边单元作为通信节点，在对等网络中互相提供信息。作为一种协作方法，车辆通信系统可以使所有协作车辆更加有效。

新能源汽车和自动驾驶技术是协同发展的，其发展受到国家政策、交通法律、公众舆论等各方面的影响。但是在专用场景下，比如自动卡车、场内运输系统等领域，新能源车和自动驾驶的商用价值非常明确，需要重点关注。

精准医疗技术：精准医疗是在基因测序技术快速进步以及生物信

息与大数据科学交叉应用背景下发展起来的新型医学概念和医疗模式。精准医疗作为下一代诊疗技术，较传统诊疗方法有很大的技术优势。相比传统诊疗手段，精准医疗具有精准性和便捷性，发展潜力大。精准医疗与个体化医疗相比，更重视"病"的深度特征和"药"的高度精准性；是在对人、病、药深度认识基础上，形成的高水平医疗技术。从不同层次看，精准医疗有着独特的优势。精准医疗的本质是通过基因组、蛋白质组等组学技术和医学前沿技术，对于大样本人群与特定疾病类型进行生物标记物的分析与鉴定、验证与应用，从而精确寻找到疾病的原因和治疗的靶点，并对一种疾病的不同状态和过程进行精确分类，最终实现对于疾病和特定患者进行个性化精准治疗的目的，提高疾病诊治与预防的效益。精准医疗的核心技术是利用高性能计算、大数据分析和云计算技术，对基于个体基因、分子、细胞、行为等差异获取生物信息学数据进行精准分析，提供疾病的精确诊断结果。在精准医疗技术中，基因检测及分析服务领域相对成熟，仍将是精准医疗近期发展最为稳定的领域。基因检测作为精准医疗产业的基础，细分产业链相对成熟，发展方向比较明确，未来该领域预计将在稳固肿瘤检测、产前筛查两大传统应用领域基础上，逐步扩大在药物研发、遗传病治疗等应用领域的拓展。在精准医疗技术方向上，一方面，除基因检测之外的疾病精准检测手段仍需要不断地提升，需要重点关注新型超敏检测试剂的研发进展；另一方面，目前精准靶向治疗研究主要集中在癌症领域，其他领域的研究进展需要重点关注，比如最近几届诺贝尔奖热点的肠道菌群理论在精准医疗方面的应用。

上述智能产业的各个领域并不是独立发展的，而是相互关联、相互促进的。当然，上述列出的技术及其应用并不代表智能产业的全部。新兴技术及其应用不断涌现，但是，智能产业定义中"立足于服务型经济的本质特征要求，解放社会生产力和满足人类社会需求"的核心逻辑是不变的。

三、智能产业各领域的价值分布

麦肯锡2013年曾经发布了一项报告,[①] 里面研究了技术对未来经济的影响程度。报告中公布了到2025年将引领生活、商业和全球经济变革的12项颠覆性技术,按照经济效益排序依次为:移动互联网、知识工作自动化、物联网、云计算、先进机器人、智能驾驶、下一代基因组学、储能技术、3D打印、先进材料、先进油气勘探及回填和可再生能源。预计到2025年,这12项技术每年将产生14万亿至33万亿美元的经济效益。这些技术的发展将帮助发达国家完成产品升级,也为发展中国家实现成本节约、直接从传统技术越级到颠覆性技术带来难得机遇。由于该预测数据时间较早,这里只能作为这些技术潜在价值空间的一个参考(如图4.6)。

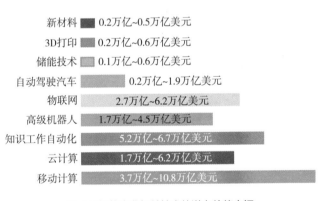

图4.6 智能产业相关技术的潜在价值空间

来源:麦肯锡研究报告。

另一方面,从我国对于数字经济产业的发展规划中,也可以看出智能产业发展的巨大空间。在2021年12月12日,国务院印发

---

① McKinsey Global Institute. Disruptive technologies: Advances that will transform life, business, and the global economy [R]. [S.l. : s.n.], 2013.5.

《"十四五"数字经济发展规划》中,将数字经济定义为以数据资源为关键要素,以现代信息网络为主要载体,以信息通信技术融合应用、全要素数字化转型为重要推动力,促进公平与效率更加统一的新经济形态。这个数字经济的定义与我们对于智能产业范围的理解相近。

自2016年起,在国家的重点支持下,我国的数字经济发展取得了良好成绩。数字经济总规模于2020年达到39.2万亿;数字用户2020年规模已破10亿。预计到2025年,数字经济迈向全面扩展期,数字经济核心产业增加值占GDP比重达到10%,数字化创新引领发展能力大幅提升,智能化水平明显增强,数字技术与实体经济融合取得显著成效,数字经济治理体系更加完善,我国数字经济竞争力和影响力稳步提升。数字经济发展的各项指标性要求如图4.7。

图4.7 "十四五"数字经济发展规划的发展指标要求

需要特别强调的是,我国数字经济发展的方向是"促进数字经济和实体经济深度融合",[①] 与国内外很多技术主义者吹捧的"去中

---

① 参见2018年11月30日习近平主席在二十国峰会论坛发表题为《登高望远,牢牢把握世界经济正确方向》的主题演讲。

化""虚拟货币"等是不同的发展方向,这是从事科技创业投资业务过程中需要特别注意的问题。

第三节　碳中和带来的结构性机会

一、碳中和的经济逻辑及国家政策

碳中和是指企业、团体或个人测算在一定时间内直接或间接产生的温室气体排放总量,通过植树造林、节能减排等形式,以抵消自身产生的二氧化碳排放量,实现二氧化碳"零排放"。其作为一种新型环保衡量方式,被越来越广泛地用来推动绿色生活和生产,实现全社会绿色发展。

(一)碳中和的经济逻辑及经验

改革开放40多年来,中国建立全球最全工业体系,经济增长宛如奇迹。近20年经济高速发展,又与超大规模的基础建设分不开。大基建所影响的上游产业又多是重工业,规模的投资建设也形成了粗犷的发展模式,等到经济增速降下来,很多重工业的产能却还在加速,这就造成供大于求,资源大量浪费。最明显的就是钢铁、水泥、化工等行业。比尔·盖茨在其倡导"零排放"的《气候经济与人类未来》一书中,将造成温室气体排放的人类活动进行了分类,并计算出了排放量的占比,其中水泥、钢铁、化工等生产制造部门的碳排放量高达31%(如表4.1)。我国目前是全球最大的碳排放国,碳排放占全球碳排放总量的30%。[①]

[①] 引自马骏《碳中和目标下绿色金融面临的机遇和挑战》一文中数据。

表 4.1 源于人类活动的温室气体排放量的占比

分类	占比
生产和制造（水泥、钢、塑料）	31%
电力生产与储存（电力）	27%
种植与养殖（植物、动物）	19%
交通运输（飞机、卡车、货船）	16%
取暖和制冷	7%

因此，碳中和不仅是国际气候变化下的大趋势，也是我国产业转型升级的内在要求。

那么如何实现碳中和呢？2018年诺贝尔经济学奖获得者保罗·罗默和威廉·诺德豪斯提出了"碳定价+技术创新"的经济学框架。保罗·罗默提出了"技术进步作为内生因素来考虑"的内生增长经济学模型：当实物投资推动生产力增长变为技术创新推动生产力增长，碳排放就会迎来拐点。威廉·诺德豪斯的 DICE 和 RICE 模型，则要将自然环境的变化和人类经济活动的内生性关系量化测度（即碳定价），在自然环境的约束下，实现经济可持续增长。因此，在经济学角度审视之下，只有坚持合理的动态调整的碳定价，以及技术创新，才能实现兼顾经济增长的碳中和发展模式。

综合国际情况来看，主要国家实现碳中和的方式分为四种：一是征收碳税，二是碳排放权交易，三是产业政策，四是绿色金融。

1. 碳税

碳税顾名思义就是对排放二氧化碳等温室气体征税。目前大约有30个国家实施了碳税政策，占全球二氧化碳排放的5.5%。

碳税的优点主要是直接增加了碳排放成本，因此减排效果快；可以依赖现有的税政体系实施；价格预期稳定，有助于企业安排中长期的减排计划；碳税政策还有一定的灵活度，不断来适应减排的需求。

碳税也存在着一定的缺点：如果税率定得过低，那么对碳排放总量的控制力度会有所不足；碳税的成本将被转嫁给消费者，跨国公司可能会将高碳业务转移到低税负或者零税负的国家，不利于全球减排的联动。

2. 碳排放权交易

除了碳税和产业政策外，碳排放权交易也是主流方式之一。碳排放权交易（ETS）是指政府确定每年的碳排放总额上限，向企业分配配额，配额可以在企业间交易。全球已运行的 ETS 有 21 个，二氧化碳年排放量约占全球总量的 9%。

设置碳排放权的初衷，是考虑到政府可以确定每年碳排放总额的上限，减排成果比较直观和明确；不同的 ETS 之间互联互通，可以促进国际联动。不过，它也存在明显的弱点。第一，政府科学分配配额难度比较大，设置普遍比较宽松，导致交易市场不活跃。第二，与碳税类似，碳排放权交易也存在碳泄露的风险，即高耗能的企业可能会迁往排放成本比较低的地区。

碳税和碳排放权交易是碳定价的主要手段。截至 2021 年，各国碳定价机制所覆盖的碳排放在全球总量中占 64%（如图 4.8）。

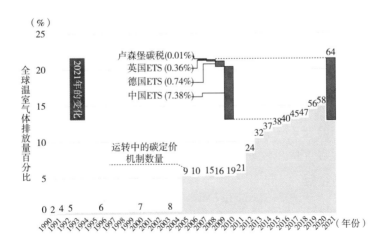

图 4.8　历年碳定价覆盖的碳排放总量

来源：世界银行。

3. 产业政策

从产业政策来看，一些国家碳中和的路线图也颇为相似，主要围绕以下几点来支持技术创新的产业化应用：

- 发展清洁能源，降低煤电的供应。比如2017年，英国和加拿大共同成立了"弃用煤炭发电联盟"，如今已有30多个国家参加；瑞典和奥地利也在2020年4月同时宣布实现无煤化，提前淘汰了燃煤发电。

- 减少建筑物的碳排放，打造绿色建筑。英国在这一方面做得比较好，早在1990年，英国就出台了全球首个绿色建筑评估方法BREEAM，如今全球已有超过27万栋建筑完成了BREEAM认证。欧盟计划在2030年，即十年后，实现所有建筑近零能耗。

- 布局新能源交通工具，减少交通运输业碳排放。在这条路径上，各国采取了不同的政策。比如德国为购置电动汽车提供每辆车6 000欧元的补贴；美国对新能源汽车的研发提供优惠的低息贷款；欧盟通过交通系统数字化发展减少交通的碳排放。同时，欧盟也计划实现40个机场的互联互通，使用无人机来进行货运，既降低运输时间和成本，又能降低高达80%的碳排放。

- 发展碳捕获、碳储存（CCS）技术，减少工业碳排放。2018年英国启动了一个CCS试点的工厂，初步测算如果要在2050年实现碳中和，全球需要有6 000个此类项目。

4. 绿色金融

新技术新产业的发展需要大量的资金支持。根据估算，每年环保节能、清洁能源、绿色交通、绿色建筑等领域需要的绿色投融资在4万亿元左右，因此各个国家大力支持绿色金融体系建设，为绿色发展提供融资渠道。

(二)我国"碳达峰、碳中和"及相关措施

2020年9月22日,中国国家主席习近平在第75届联合国大会上提出:"中国将提高国家自主贡献力度,采取更加有力的政策和措施,二氧化碳排放力争于2030年前达到峰值,努力争取2060年前实现碳中和。"

2021年3月15日,习近平总书记主持召开中央财经委员会第九次会议,研究了实现碳达峰、碳中和的基本思路和主要举措,会议指明了"十四五"期间要重点做好七方面工作,明确了碳达峰、碳中和工作的定位,尤其是为今后5年做好碳达峰工作谋划了清晰的"施工图"。

2021年9月22日,中共中央、国务院发布《中共中央 国务院关于完整准确全面贯彻新发展理念做好碳达峰碳中和工作的意见》(以下简称"意见")指出,大力发展绿色低碳产业,加快发展新一代信息技术、生物技术、新能源、新材料、高端装备、新能源汽车、绿色环保以及航空航天、海洋装备等战略性新兴产业。建设绿色制造体系,推动互联网、大数据、人工智能、5G等新兴技术与绿色低碳产业深度融合。在完善政策机制方面,意见强调,完善投资政策,充分发挥政府投资引导作用,构建与碳达峰、碳中和相适应的投融资体系。完善支持社会资本参与政策,激发市场主体绿色低碳投资活力。积极发展绿色金融,有序推进绿色低碳金融产品和服务开发。鼓励开发性政策性金融机构按照市场化法治化原则为实现碳达峰、碳中和提供长期稳定融资支持。鼓励社会资本设立绿色低碳产业投资基金,建立健全绿色金融标准体系等。

国内碳中和实施的"碳定价+技术创新"框架如下:

2021年7月,全国碳排放权交易市场启动上线交易。发电行业成为首个纳入全国碳市场的行业,纳入重点排放单位超过2 000家。

自2013年以来,中国已有北京、上海、天津、重庆、湖北、广

东、福建和深圳八省市开展碳交易试点。部分试点地区除了纳入火电企业外，还纳入了交通、航空等领域的企业。

碳市场本身也是一个金融市场，具备一定的金融属性。碳市场可以利用未来的碳配额收入，以及未来碳配额的期货价格，通过金融市场转变成当前的投资，即用未来的碳减排或碳沉降所能达到的收入支持当期的投资。

目前中国试点碳市场已成长为配额成交量规模全球第二大的碳市场，七个试点碳市场从2013年陆续启动运行以来，逐步发展壮大。初步统计，目前共有2 837家重点排放单位、1 082家非履约机构和11 169个自然人参与试点碳市场，截至2020年8月末，七个试点碳市场配额累计成交量为4.06亿吨，累计成交额约为92.8亿元。

在碳定价之外，中央"十四五"规划建议也提出了"推进排污权、用能权、用水权市场化交易"。

（三）产业政策促进技术创新

国内"十四五"时期趋向碳达峰和碳中和愿景的主要思路是：大力推动经济结构、能源结构、产业结构转型升级，推动构建绿色低碳循环发展的经济体系，倒逼经济高质量发展和生态环境高水平保护。

1. 经济体系变革

构建绿色低碳循环发展的经济体系。在应对气候变化、全球低碳转型的大趋势下，低碳的核心技术和发展能力，以及低碳的产业结构是现代化的标志和核心竞争力的体现。中国是制造业大国，工业部门的能源消费占总的终端能源消费的三分之二。短期内，实现工业快速转型并减少碳排放，限制能耗高、污染严重的行业发展；长期看，促进产业结构调整和转型升级，激励数字经济、高新科技产业和现代服务业的发展。

2. 能源体系变革

建成以新能源和可再生能源为主体的近零排放的能源体系。随着节能减排和治污等终端治理措施的空间越来越小，从根本上减少化石能源消费才是提升环境质量、保护生态环境的最根本措施。煤炭、石油、天然气等化石能源的消费量要控制在极低水平，从根本上减少化石能源消费中产生的常规污染物的排放。大力发展新能源和可再生能源，减少化石能源特别是煤炭的消费。形成清洁低碳的能源结构，减少二氧化碳的排放，减少环境污染。工业、交通、建筑等终端用能部门，要用电力取代煤炭、石油等化石能源的直接燃烧和利用，而且主要发展可再生能源电力。在终端大量用电取代化石能源的消费，减少二氧化碳排放，并且有助于推进智能化和数字化发展。

3. 地方发展导向变革

引导各地方自主探索碳中和方案。碳中和愿景指引下的发展需要各地结合各自的资源禀赋、发展阶段、产业结构等方面特点探索合适的转型路径。开展碳中和行动，有利于地方因地制宜推动能源生产和消费革命、经济高质量发展和生态环境高水平保护。鼓励碳达峰积极的省份率先自主探索碳中和路径，通过制定地方战略、规划等方式将未来40年的碳中和目标纳入未来10年的碳达峰行动中，从而实现碳达峰目标与碳中和路径的协调一致。地方需要研究并提出实现碳中和的重大政策与行动，包括经济结构、产业结构、能源结构如何实现低碳化转型，建筑、交通、农业等部门如何实现低碳发展等。此外，地方还需要探索实施碳排放总量控制、行业碳排放标准、项目碳排放评价、碳排放准入与退出等相关制度、标准和机制。

碳中和将从根本上改变地方政府的价值观，地方政府考核不再以经济增速为唯一标准，而是把碳减排和GDP增速放在同样重要的位置上。

4. 企业竞争变革

低碳/零碳将成为企业的关键竞争力。2021年8月，国家市场监管总局成立碳达峰碳中和工作领导小组及办公室。对于企业而言，碳中和路径意味着越来越严格的碳排放标准，或者越来越高昂的碳排放成本。能否成功实现脱碳跨越，将成为决定企业未来市场竞争力的重要因素。因此，碳中和将通过产品市场的竞争，实质性地构成行业标准。消费者的低碳偏好、商业伙伴的碳中和行动将改变商业格局，通过消费市场和生产链将碳中和的行动传递至更多行业、企业。碳中和愿景将对高排放、长寿命期的投资建设项目带来政策性风险，降低这类项目的商业吸引力和融资能力，间接为低碳技术的研发和推广创造有利条件。

二、碳中和下的科技创业投资机会

依据碳中和的经济学框架，科技创业投资的结构性机会也将从"碳定价 + 技术创新"两个维度展开。碳定价，不管是碳税还是碳排放权交易，其能够正常运转的基础是碳排放的核定真实、及时、有效，因此碳排放核定的数字化、智能化是碳定价的基础。技术创新及其应用则主要从三个方面展开，一是能源生产和消费领域的低碳新能源技术创造性替代；二是使用新技术对原有高碳排放行业做存量改造；三是固碳技术以及国内区域发展不平衡导致的碳泄露（即区域之间套利）。

（一）数字化助力碳中和

在数字化时代，基于物联网、大数据、人工智能、区块链、云计算等一套完整的数字体系实现能源、信息与物理相融合，为碳中和实现率的核算、监控、预测等提供全方位解决方案，进而为产业转型升级、能源系统革命、构建绿色生产生活方式开辟新的路径。

1. 碳核算方面

碳足迹计算是针对企业所有可能产生温室气体的来源，进行排放源清查与数据搜集，以了解企业温室气体排放源及量化所搜集的数据信息，是迈向碳管理的第一步。应用数字化技术在政府类监管的应用场景中全方位、跨时空、多维度打通设备、数据与算力，建立及时立体、按需定制的数据统计和预测方法，实时测量和监管区域及企业碳排放和污染，支撑政府部门精准掌握区域和企业层面的能耗与排放情况，并进行科学目标拆解和决策。

2. 能源绿色低碳生产方面

传统能源领域，数字化技术可以有效辅助化石能源和可再生能源的稳定生产，进一步提高能源利用效率，优化交易策略，促进化石能源企业转型和零碳能源布局。在新能源领域，利用数字化技术监控清洁能源电力供应的波动，并调控电池、抽水蓄能或电转气等储能技术，在创建适应可变电力和灵活需求的先进电力市场的同时，减少备用发电机的排放，推动零碳电力系统实现。

3. 能源安全高效输送方面

在能源输送环节，工业物联网、大数据、深度学习及机器人等数字化技术将在电力系统的供需预测、电网的实时状态监测与调度及电网设备的运行维护管理等多个方面发挥关键性的作用。利用数字化技术可提供更安全、智能的输配电服务，支撑集中式清洁能源大规模、远距离传输，满足分布式清洁能源的规模化、经济化发展需求。

4. 能源降碳增效消费方面

对于能源消费企业，利用工业互联网、物联网、大数据技术采集、存储、处理能耗信息，提高合规能力及碳资产管理水平，实现全面、实时监测系统内能源的供给和消耗情况，开展综合能效分析和多环节协调管控优化，并基于人工智能技术监测及优化能源消耗行为，提升用能效率，减少碳排放。

5. 绿色金融领域

大数据技术和人工智能的结合可以通过信息捕获存储、透明验证、继承融合、分析决策来助力绿色金融决策，实现资本的高效分配和利用。

（二）低碳清洁能源技术

为实现碳中和目标，中国的能源结构未来将实现颠覆性的调整，包括水电、风电、太阳能、核电、氢能、生物质能、地热、海洋能等在内的清洁能源生产领域和消费领域，将有巨大的成长空间。

从资源禀赋和技术条件看，以光伏为主，风电、氢能等清洁能源为辅替代化石能源发电已经是行业共识。在光伏方面，主要关注下游巨量需求驱动的产业链销量增长和技术进步、并购整合带来的降本增效机遇，以及由于集中式光伏存在场地局限性和发电上网等问题，带来的分布式光伏的快速增长机遇等；在风电方面，主要关注风机核心部件的国产化以及分布式风电增长机遇；在氢能方面，主要关注具备一定成熟度的氢能储存、运输设备和技术，以及加氢站设备等。

在能源使用端，新能源汽车爆发式增长已经是确定性机会，重点关注新能源汽车产业链核心部件，以及5G、大数据、物联网、人工智能等新一代信息技术在新能源汽车领域的应用机遇。此外，生活部门脱碳也是碳中和的重要组成部分，如最近兴起的"人造肉"食品等。

（三）传统行业节能减排

在碳排放交易覆盖的石化、化工、建材、有色、钢铁、造纸、电力、航空等八大行业的节能减排需求最为迫切。根据华夏基金的测算，2020年全国碳排放总量约为100亿吨，其中，电力部门碳排放约占40%，以钢铁冶炼、水泥反应、化工反应为主的工业生产部门碳排放约占38%，交通运输约占10%，其他行业共占约12%。因此，为2060年前实现碳中和目标，主要减排贡献将由电力部门提供，工业部门和交通运输次之。到2060年，中国的碳排放预计将减少到30亿吨，碳减排相关投资将接近100万亿元。

电力、交通、工业等重点行业的脱碳，会催生颠覆性与突破性的低碳、零碳、负碳技术研发及应用，战略性新兴产业的发展也将与绿色低碳深度融合。

工业节能减排有三方面机遇：一是传统制造业的绿色改造，推动绿色设计产品、绿色工厂、绿色园区、绿色供应链；二是污染防治、清洁生产技术、环保监测技术等；三是再生资源利用，再制造、再利用产业的发展。

交通领域节能除了如前所述的新能源汽车的发展，主要关注推动交通运输提升效率的信息化、智能化建设，例如高速公路ETC系统、互联网+物流配送、互联网+公共交通等。

在上述八个行业之外，特别需要关注建筑节能。建筑产业涉及范围广，按照建筑产业链独立估算，建筑产业链碳排放量占全国40%，未来碳减排市场大有可为。根据中国建筑研究院的北京零碳示范建筑案例，通过合理的设计和改造就能够使建筑的碳排放下降80%。建筑领域节能贯穿建筑的整个生命周期，包括节能建筑设计、新型建筑材料的研发和生产、可再生能源使用、建筑用能系统开放、建筑废料的综合利用等方面。装配式建筑以及建筑工业化、信息化、智能化将是未来的重要发展方向，也是零碳建筑与零碳生态城市的重要基础。

（四）固碳技术与区域套利

固碳技术包括技术固碳和生态固碳。在技术固碳领域，碳捕集、利用与储存（CCUS）技术大有可为，但目前中国的CCUS项目集中在捕集阶段，后续的利用与储存则需要政府给予相关企业包括直接投资、碳税、新能源补贴等在内的激励政策。在生态固碳领域，碳汇对于拉动区域间的产业建设具有积极的促进作用，尤其中西部碳汇丰富的地区，可以通过碳汇买卖帮助农民创收，探索推广碳汇扶贫、生态扶贫等新机制。

随着碳中和的推进，中国的区域经济版图也将发生改变。我国的区域发展非常不平衡,能源供给和能源消耗也完全不匹配。东部沿海5.2%的国土面积贡献了全国40%的GDP,但这里可开发的能源只占全国的0.4%。中国绝大部分的风能在内蒙,绝大部分的水电在西南,绝大部分的太阳能在西北。西部地区将会成为最重要的能源输出地。这必然导致东西部的能源价格差异。在不同区域之间,利用输电、储能等技术,高效、低损耗地实现不同区域的能源输送以达到区域套利的机会值得重点关注。

第四节 医疗健康产业快速发展

一、社会老龄化与医疗体制改革

(一)社会老龄化程度不断加深

根据第七次全国人口普查结果,截至2020年11月1日我国人口年龄构成情况如下:全国人口中,0—14岁人口为253 383 938人,占17.95%;15—59岁人口为894 376 020人,占63.35%;60岁及以上人口为264 018 766人,占18.70%,其中65岁及以上人口为190 635 280人,占13.50%(如表4.2)。与2010年第六次全国人口普查相比,0—14岁人口的比重上升1.35个百分点,15—59岁人口的比重下降6.79个百分点,60岁及以上人口的比重上升5.44个百分点,65岁及以上人口的比重上升4.63个百分点。

表4.2 第七次人口普查年龄结构数据　　　　　单位:人、%

年龄	人口数	比重
总计	1 411 778 724	100.00
0—14岁	253 383 938	17.95

续表

年龄	人口数	比重
15—59 岁	894 376 020	63.35
60 岁及以上	264 018 766	18.70
其中：65 岁及以上	190 635 280	13.50

早在七普数据发布之前，央行曾发表工作论文《关于我国人口转型的认识和应对之策》。文章关注：我国的人口结构正在发生根本性的改变。这体现在人口老龄化迅速到来并急速发酵和人口出生率持续断崖式下跌。2005—2019 年，我国 60 岁以上的老年人口总量增加了 10 048 万，这一数字也超过了西欧的德国、英国、法国等国人口数量，我国老龄化水平从 11.6% 增长至 18.1%，增加了 6.5 个百分点，中国以前所未有的速度加快进入到老龄化社会。国务院 2017 年 1 月印发的《国家人口发展规划（2016—2030 年）》提到，2030 年 60 岁以上老人占比将达 25% 左右。

我国快速进入老龄化社会的原因，既有人口年龄结构的问题，又有人口自然增长率持续偏低的问题。不可回避的是根据趋势来看，在不久的将来，我国将会进入类似日本、意大利和德国那样的深度老龄化社会，需要做好各方面的准备。若我国没有把握住时机，很有可能会"重蹈发达国家的覆辙"。

随着老龄化的加剧，2020—2050 年全国卫生费用支出规模将不断提升，医疗卫生市场需求明显扩大。预计到 2030 年，我国医疗卫生市场需求将达到 15 万亿元，2040 年达到 29 万亿元，2050 年达到 37 万亿元。

（二）医疗卫生体制改革

医疗卫生事业直接关系到人民的健康福祉，是满足人民对美好生活向往的最基础前提。2016 年，习近平总书记出席全国卫生与健康大会，从实现中华民族伟大复兴中国梦的战略高度，强调把健康放在优先发展的战略地位，确定了新时代党的卫生健康工作方针，提出"实施健康中国战略"，明确新形势下我国卫生与健康工作方针是"以基层为重点，以改革创新为动力，预防为主，中西医并重，把健康融入所有政策，人民共建共享"，将深化医改纳入全面深化改革统筹谋划、全面推进。

总的来说，我国新阶段的医疗卫生体制机制改革主要从三方面展开：

第一，加强公共卫生体系建设

在新冠肺炎疫情防控中，多年来建立的公共卫生体系发挥了重要的作用，但也暴露出一些短板和问题。特别是与疫情初期暴发式需求相比，发热门诊的收治、传染病救治的床位、重要医疗设备以及医疗物资等在短期内都出现一定的短缺。我国的公共卫生体系依然薄弱，重大突发公共卫生事件应急管理能力依然不足，体制机制改革存在短板。

加强公共卫生体系建设要按照"平战结合"原则，以提升传染病防治能力，健全分级、分层、分流的重大疫情救治机制为重点，优化重大疫情救治体系。同时，围绕提高评估监测敏感性准确性、加强疫情分析研判、健全应对预案体系、强化人员能力储备等，提高突发重大公共卫生事件的发现和处置能力。

第二，"三医联动"深入推进传统医疗卫生体制改革

"三医联动"就是医保体制改革、卫生体制改革与药品流通体制改革联动，通俗地说，医疗、医保、医药改革联动即"三医联动"。国内探索了多种"三医联动"的医改模式。福建省三明市的综合改革模式、安徽的新农合大病保险模式以及上海的家庭医生签约模式有较突出的代表性。

"三医联动"围绕分级诊疗、现代医院管理、全民医保、药品供应保障、综合监管五项制度建设和建立优质高效的医疗卫生服务

体系，着力解决"看病难、看病贵"问题，推动深化医疗卫生体制改革。

（1）有序推进分级诊疗制度建设。医联体建设稳步实施，按照"规划发展、分区包段、防治结合、行业监管"原则，推进医联体网格化布局，组建各类医联体，推动形成服务共同体、责任共同体、利益共同体、管理共同体。家庭医生签约服务质量进一步提高，推动基层将间断性医疗卫生服务模式转变为连续性、责任式的健康管理，逐步由"重服务数量"向"重服务质量"转变。远程医疗服务规范推进，逐步形成"国家、省、地市、县、乡"五级远程医疗服务体系，重点覆盖国家级贫困县和边远地区。基层医疗卫生服务能力不断强化，加强基层医疗卫生服务体系建设，实施基层中医药服务能力提升工程，推进国家医学中心和区域医疗中心建设，促进优质医疗资源逐步下沉，按照"县强、乡活、村稳、上下联、信息通、模式新"的思路，推进县域综合医改，深化基层医疗卫生机构综合改革，激发基层机构活力。

（2）逐步建立现代医院管理制度。全面推进公立医院综合改革，2017年全国所有公立医院取消了实行60多年的药品加成政策。逐步完善补偿机制，按照"腾空间、调结构、保衔接"的路径，积极推进医疗服务价格改革，诊疗费、护理费、手术费等收入占医疗收入比重持续提升。现代医院管理制度试点稳步推进，遴选148家医院开展建立健全现代医院管理制度试点，积极推进医院章程试点。医疗卫生机构考核管理持续强化，搭建考核信息系统，在全国启动三级公立医院绩效考核工作。医疗服务进一步改善，推行优质护理服务和同级检查检验结果互认，实施改善医疗服务行动计划，启动优质服务基层行活动，公布《医疗纠纷预防和处理条例》。

（3）逐步完善全民医保制度。用较短的时间建立起世界上规模最大的基本医疗保障网，居民参保率稳固在95%以上。全面建立城乡居民大病保险制度，覆盖10亿多居民。医保管理体制更加完善，组建国家医疗保障局,整合管理职能。医疗保障水平进一步提高,城乡居民基本医保制度基本整合。全面实施医疗救助制度,开创性建立疾病应急救助制度,加快发展商业健康保险,开展工会医疗互助活动,各类保障制度逐步衔接互动。健康扶贫深入实施,大病专项救治病种范围扩大至21种,1 212.7万人得到分类救治,覆盖95.26%的大病和慢性病患者,贫困县基本实现先诊疗后付费和"一站式"结算。医保支付方式改革持续推进,开展按疾病诊断相关分组付费,推进多元复合式支付方式改革。跨省异地就医费用实现直接结算。

(4)完善药品供应保障制度。取消"以药代医"、逐步建立起公益性的药品保障制度,树立起医疗救人而非牟利的新风尚。实施药品生产、流通、使用全流程改革。推进药品价格改革,取消除麻醉和第一类精神药品之外绝大部分药品的政府定价,实际价格主要由市场竞争形成。深化药品医疗器械审评审批制度改革,鼓励新药和仿制药研发创新。国家基本药物制度更加完善,发布国家基本药物目录,基本药物数量由原来的520种增加到685种。短缺药品供应得到保障,提高监测预警能力,采取强化储备、统一采购、定点生产等方式保障供应。仿制药政策不断完善,推进仿制药质量和疗效一致性评价,促进仿制药替代使用。实行进口药品零关税,通过价格谈判,大幅降低抗癌药等药品价格。开展国家药品集中采购和使用,挤出在流通领域长期存在的不合理费用。到2025年,各省份通过国家和省级药品集中带量采购的品种达500个以上,高值耗材的品种达5个大类以上。药品销售规范发展,推行药品购销"两票制",减少流通环节,推进追溯信息互联互通,发展现代化仓储物流。药品使用逐步规范,开展遏制细菌耐药行动,落实处方点评制度,重点监控辅助性、营养性等高价药品,规范用药行为。

(5)加快建立综合监管制度。深化卫生健康领域"放管服"改革,逐步健全医疗卫生行业综合监管制度,建立部际联系机制,完善协调机制和督察机制。监管力度不断加强,完善综合监管"双随机、一公开"机制。打击欺诈骗保工作有力推进,出台欺诈骗取医保基金行为举报奖励暂行办法,逐步实现医保智能监控。药品全流程监管持续强化,推动药品监管全品种、全过程覆盖,抓好药品抽检和不良反应监测,保证安全有效。医药领域价格监管和反垄断执法持续深化,对价格涨幅较大、社会反映强烈的原料药开展核查。涉医违法犯罪联合惩戒制度建立完善,对破坏、扰乱医院正常诊疗秩序的涉医违法犯罪活动,跨部门实施联合惩戒。

第三,深入实施健康中国行动

深入实施健康中国行动是从根本上降低人民群众疾病负担和医疗费用负担、维护人民健康的必由之路。具体内容包括:

(1)社会办医加快发展。2015年6月11日,国务院办公厅印发《关于促进社会办医加快发展的若干政策措施》,要求进一步放宽准入、拓宽投融资渠道、促进资源流动和共享、优化发展环境,加快推进社会办医疗机构成规模、上水平发展。2015年民营医院数量反超公立医院,此后公立医院同民营医院数量差距拉大,2019年民营医院数量达到22 424个,比公立医院多10 494个。民营医院目前发展规模逐渐扩大,运营方式呈多样化的发展趋势。但社会上对民营医院认可度没有相应提高,医疗质量成为民营医院与公立医院存在差距的主要因素。因此,民营医院只有全面、准确地把握整个市场的走向和发展趋势,才能在竞争中赢得先机,在政府政策的扶持下,最终在医疗市场上与公立医院平分秋色。

(2)推进全民健康信息平台建设。在信息化技术高速发展的今天,国家大力推动"互联网+医疗健康"的医疗模式,健康医疗信息化和健康医疗大数据将出现有序整合,个体碎片化的健康医疗数据将被整合为人体全生命周期健康数据库,健康管理服务也必将出现创新性变化。随着健康医疗数据的高度集中,健康保险将会主动参与到健康医疗数据的开发和应用中,设立新型保险项目,通过主动促进人群健康管理来提高保险收益。人群健康管理服务的模式将被重塑,健康管理将以健康医疗大数据为指导,由健康保险来推动和促进,健康保险驱动的预防式健康管理将成为主流模式。

(3)稳步实施中医药传承创新工作。2015年4月,国务院发布《中医药健康服务发展规划(2015—2020年)》,这是我国第一个关于中医药健康服务发展的国家级规划,对于全面发展中医药事业、构建中国特色健康服务体系具有十分重要的意义。文件提出大力发展中医养生保健服务,支持中医养生保健机构发展;加快发展中医医疗服务,鼓励社会力量提供中医医疗服务;支持中医医院与基层医疗卫生机构组建医疗联合体;加强中医重点专科体系建设等。

(4)推进慢性病防治结合。2019年《国务院关于实施健康中国行动的意见》指出:心脑血管疾病、癌症、慢性呼吸系统疾病、糖尿病等慢性非传染性疾病导致的死亡人数占总死亡人数的88%,导致的疾病负担占疾病总负担的70%以上。慢性病严重威胁居民健康,给患者带来巨大的经济负担,已成为影响国家经济社会发展的重大公共卫生问题。政府出台了一系列相关政策文件,对慢性病防控做出全面部署,积极应对慢性病带来的严峻挑战,促进人民健康。

(5)稳步推进医养结合。开展全国养老院服务质量建设专项行动,提升医养结合机构医疗卫生服务质量。着力推进医疗卫生机构与养老机构相结合,关注老年人健康,缓解人口老龄化给社会带来的压力,形成全民健康的大格局。2015年《关于推进医疗卫生与养老服务相结合的指导意见》(国办发〔2015〕84号)提出基本建立"符合国情的医养结合体制机制和政策法规体系"的发展目标,我国医养结合政策开始进入深化发展阶段。2016年国家卫生和计划生育委员会联合民政部启动国家级医养结合试点工作,颁布了"国家级医养结合试点单位"名单;随后《关于印发"十三五"健康老龄化规划的通知》

（国卫家庭发〔2017〕12号）进一步促进了全国多地对医养结合健康服务体系的实践探索。2019年国务院《关于推进养老服务发展的意见》（国办发〔2019〕5号）提出打造"居家为基础、社区为依托、机构为补充、医养相结合"的养老服务体系。

（6）加强全科医学人才培养力度。我国先后出台《国务院关于建立全科医生制度的指导意见》（国发〔2011〕23号）、《国务院办公厅关于推进分级诊疗制度建设的指导意见》（国办发〔2015〕70号）、《关于印发推进家庭医生签约服务指导意见的通知》（国医改办发〔2016〕1号）、《关于规范家庭医生签约服务管理的指导意见》（国卫基层发〔2018〕35号）4个政策指导文件，促进慢性病防治逐渐从医疗卫生服务模式转向以"家庭医生签约服务"为载体的医防融合管理模式。该模式基于全科医学理念，整合基本医疗和公共卫生服务，由全科医生、公卫医生、护士等组成服务团队。团队依托"签约"形式与居民建立长期稳定的服务关系，以老年人群及慢性病患者为突破口，提供基本医疗服务，对健康进行全过程维护，有效实现基层医防融合。

二、医疗健康产业的技术创新

随着人们生活水平的提高、生活方式的转变、生命年龄的延长，医疗健康产业逐渐从传统的治病为主，演变为传统的医疗服务领域与现代健康管理领域两大分支。医疗服务领域又可以细分为直接为人提供服务的医疗服务机构，以及为医疗机构提供支持的医药、医疗器械和医疗耗材生产商；健康管理领域又可以细分为直接为人提供服务的健康服务机构，以及为健康服务机构提供支持的产品提供商和保险金融机构等（如图4.9）。

医疗健康行业的投资比较复杂，主要的投资机会都受到医疗体制改革的影响，比如民营专科医院、高端医疗机构、医药流通行业整合等。此处，我们主要关注与科技进步有关的投资机会。

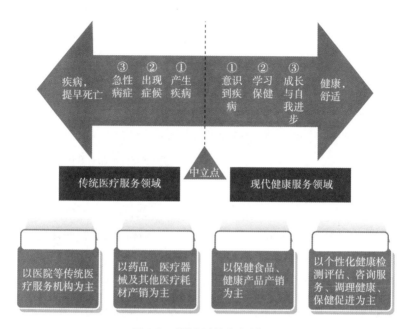

图4.9 现代医疗健康产业划分

（一）数字化推进医疗健康行业变革

随着数字化技术的不断迭代发展，医疗健康产业将发生重大的结构性变化。应用数字化技术拓展医疗服务空间和内容，构建覆盖诊前、诊中、诊后的线上线下一体化医疗服务模式，这是医疗健康服务的一次重大转变机遇，服务完善、优先构建标准的机构将获得极大的发展红利。具体应用方向包括：

1. 互联网医院与远程医疗

2018年，国家卫健委连续颁布《互联网诊疗管理办法（试行）》《互联网医院管理办法（试行）》《远程医疗服务管理规范（试行）》三大文件，互联网医院正式进入审批、监管等规范化发展的阶段。互联网医院从主体来看，主要有两种发展模式。一种是以互联网医疗企业为主体，另一种是以实体医疗机构为主体。企业建互联网医院，意在搭建自身业务闭环。例如，众安保险推进的互联网医院建设，以互联网医院为桥梁，连接医疗机构、合作药店、就诊患者与众安保险，通过保险直赔支付吸引患者流量。早期主导互联网医院的企业，以互联网医疗、医疗信息化、医药电商企业为主。随着时间的推移，各个细分领域参与企业越来越多样化，包括上游的医药、医疗器械以及下游的保险企业等；实体医院开展互联网医院业务，在于创新诊疗模式。基于互联网医院实现了在线预约挂号、查询健康档案、就医反馈、健康资讯、线上咨询、在线图文视频问诊、患者管理、随访管理等功能，构建了"线上预诊—线下面诊与治疗—线上复诊—药品配送到家"的新型医疗模式。

互联网医疗的发展势头已慢慢铺开，截至 2022 年 3 月，现有互联网医院 1 100 多家，二级以上实体医院 7 700 多家提供网上服务。全国卫健委公布的数据显示，三甲医院网上预约诊查率已达 50% 以上，3 300 家医院分时段预约诊疗精确到 30 分钟。超过 90% 的三级公立医院实现了医院内部信息互通。

互联网医疗的逐步成熟，早已成为分级诊疗推广的重要手段。在医疗行业中，新一代信息技术的快速融合和应用，有效缩小了医疗服务的时间和空间距离，在促进医疗资源下沉、医疗信息共享、协同医疗服务等方面发挥了积极作用，推动了"基层首诊、双向转诊、急慢分治、上下联动"的分级诊疗模式，促使"小病在基层，大病进医院，康复回基层"的就医格局初步形成。

2. 数字化健康管理

国家《"健康中国 2030"规划纲要》指出，到 2030 年，健康服务业总规模将达到 16 万亿。2020 年我国健康服务业总规模超过 8 万亿元，十年间 8 万亿的巨大增量市场，也将吸引更多数字化技术的介入，健康服务将诞生更多创新机会。

《中国居民营养与慢性病状况报告（2020）年》指出：城乡各年龄组居民超重肥胖率继续上升，有超过一半的成年居民超重或肥胖，6—17岁、6岁以下儿童青少年超重肥胖率分别达到19%和10.4%。高血压、糖尿病、高胆固醇血症、慢性阻塞性肺疾病患病率和癌症发病率与2015年相比有所上升。18岁及以上居民高血压患病率为27.5%，糖尿病患病率为11.9%，高胆固醇血症患病率为8.2%。

世界银行针对中国慢性病做的调查数据称：脑血管病、癌症和慢性呼吸系统疾病三大慢性病的死亡总人数，占到了总死亡人数的71.4%。在今后的20年，40岁以上人群，慢性病的发病人数将会增长三倍。

在互联网健康管理领域中创业项目很多，按内容及发展定位不同，大致可以分为健康派和生活派两大派系。健康派应用以健康领域垂直化内容为主；生活派则以健康领域内容吸引用户，健康以外的电商、生活、工具等方面内容比重较大。其中，市场中的健康管理类移动应用主要为用户提供慢性病管理监测、预约挂号、诊前导医、诊后回访、咨询问诊等服务，应用类型包括医生工具类、单科疾病应用、自诊问诊平台、患者平台和医生点评、医联平台、医药电商平台、健康数据记录、健康指导等。

总的来说，目前健康管理应用仍然是以医疗为中心。这也与我国国情密切相关。一方面，国内医疗资源特别是优质资源供不应求，难以覆盖到健康管理的各个领域；另一方面，社会老龄化的加剧以及慢性病群体规模的不断增长，又对医疗健康服务资源有着更多需求。目前，互联网健康管理行业发展格局依然是分片渗透，难成闭环，赢利难度大，行业发展慢。

未来的健康管理要以服务对象（患者）为中心，借力数字化技术促进健康管理医学模式和路径的创新，实现线上线下健康管理协调服务和智慧健康管理；与信息、金融、保险业融合发展，探索建立常态化的市场需求研判和联动机制,共同打造"优势互动、互惠互赢"的良好合作平台;打破健康管理服务机构信息孤岛、建立大范围、大人群的健康管理医学服务大数据,指导慢性病的有效防控,建设健康管理的闭环生态圈。

智能可穿戴产品,是收集精确数据并进行科学分析以及健康管理实现自我闭环的一个重要手段。目前智能可穿戴设备能实现医疗级数据收集的产品少、成本高,要在国内进行"量化自我"的广泛应用,可能需要一段很长的时间。随着技术的发展,在心脑血管疾病(中国高血压患者 3.5 亿)、糖尿病(中国 1.4 亿患者)、肾病(中国成人慢性肾脏发病率高达 10.8%)等领域的健康监测与管理领域的技术进展特别值得关注。

3. 数字化医药流通

随着两票制、带量采购等政策的持续推进,近年来医药流通市场洗牌加剧,行业集中度开始不断提高。值得注意的是,在此大背景下,受数字经济和医疗体制改革的推动影响,医药流通数字化创新发展也开始迎来了更多新机遇。

医药流通在整个产业链中起到了承上启下的作用,负责医药和器械等产品的流通环节,让药品能够顺利从厂商到医疗服务机构再到消费者手中。在医药流通产业链中,根据流通环节,可以分为近药端、近医端、流通端和监管端。

医药流通行业的价值增长主要靠两大途径:规模增长和提升毛利,这两大途径下,又可得出四种方式,即延伸生态链、提升市场份额、提升营运效率、降低资金成本。目前更多的企业将重点放在了提升市场份额和提升营运效率上。

对于近药端而言,需要通过药品流向分析、竞品分析、核心医院追踪,及时掌握医药市场需求变动和分销动向,迅速调整经营战略,同时能够为上游厂商提供数据服务,增加产业链黏性;加强证照管理，做好预警风险，做到事前更新提示。

医药流通公司，重点负责了库存和流通环节，是一个重资产行业，需要关注实物从端到端的运营和流通过程中的风险控制，以及在这个流通过程中的价值管理。以及时的信息支撑透明化管理，通过对订单进度管控、物流信息追踪、订单完成效率分析，实现对货物的掌控与风险管理。通过库管大屏监控整个流通的过程，通过货位管理、区域作业监控，提高流通效率，降低库存成本，降低流通环节中的消耗。效期管理是降低库存损耗的重点。对于临近效期的药品进行主动预警，结合客户的订货需求，提前部署药品配货措施，降低损耗。

国药打造的智能机器人仓，以基于人工智能算法的软件系统为核心，来完成上架、拣选、补货、退货、盘点等全部作业流程，同时与AS/RS、各式流线+滑道、升降机等自动化设备进行高效联动。相比传统人工仓，国药智能机器人仓效率提升了2~3倍，节省了5~7成人工，货架到人系统拣选300箱每小时。

在近医端，基于数据分析的价值，不仅对管理层有效，对于一线员工也需要提供数据。流通企业能看到医院的订单状况、订单执行情况，协助高效推进订单的完成。基于数据驱动、自动化实现客户订单需求和库存药品的匹配，实现精准的配货数据预测，合理消化临近效期的药品，解决了配货不科学、配货不及时等问题，尽可能减少了损失，使药品能够及时、有效、安全到达客户手中。

在监管端，全场景的数字化智控应用，就像是常驻在药店的监督员，紧盯药品从购入到售出的全流程，是针对药品流通领域的全链条、全自动监测，既无时不在，又无事不扰。通过对零售药店的数据采集和监测仪器安装，最终将所有数据和监测画面统一接入零售药店全场景智控平台，由系统中枢进行风险监测和分析结果的实时反馈，对药品购销存智控、温湿度智控、处方药和药师管理、质量智控等进行数字化监管。

目前，医药流通行业的全场景数字化仍在不断地进行。

4. AI 影像与诊断辅助

AI 医学影像是医疗行业创新发展最重要的应用场景之一，据咨询公司弗若斯特沙利文数据显示，预计到 2030 年市场规模将达到 923 亿元。AI 医学影像辅助诊断的应用，可为医院和医生带来"省人、省时、省力、精准"四大价值，从而有效辅助提高医生诊疗能力、诊疗效率，在助力解决我国医疗资源不足以及分布不均衡等问题上发挥积极作用。

临床常用医学影像设备主要有 X 射线设备（DR）、CT、核磁共振、超声、核医学等。医疗影像数据每年的增长率约为 30%，而放射科医师数量的年增长率仅约为 4.1%。一个合格的放射科医生在能够给病人独立诊断之前，要经过长期大量的专业训练。在中国医疗培训体系下，本硕博连读 8 年，顺利的话 2 年晋升主治医生，再过至少 5 年升为副主任医师，加起来就是至少 15 年才能成为一名合格的影像学专家。因此，放射科医生在中国严重不足。

目前 AI 影像技术已经取得很大进步，在深度学习算法的加持下，对常见病症的诊断准确率已经超过 95%。但是 AI 影像技术的商业模式和赢利模式仍无法确定。医疗服务是一个强监管的行业，无法实现类似互联网的指数级增长。而大部分医疗影像 AI 技术公司在行业狂热期的融资估值已经透支了未来的所有发展空间，因此这些公司未来的融资和生存面临比较大的问题。

除 AI 影像外，人工智能在医疗领域的另外一个重要领域是医疗诊断辅助。医疗是一个强知识、强经验的行业，相信每个人都遇到过误诊的经历。如何通过人工智能技术把优秀医生的知识、经验、案例变成可以复制的产品，用以提升基层医生的诊断能力，是一个极具前景的领域，值得科技创业投资的重点关注。

5. 数字化医联体

2017年4月26日，国务院办公厅发布《关于推进医疗联合体建设和发展的指导意见》，明确要求全面启动多种形式的医联体建设试点。所谓医联体，是旨在整合区域内医疗资源，促进优质医疗资源下沉，提升基层医疗服务能力，完善医疗服务体系的重要举措，是推动构建"分级诊疗、急慢分治、双向转诊、资源共享诊疗"模式的重要内容，能有效解决群众看病就医问题。

"医联体"共有四大模式，分别是"城市医疗集团""县域医共体""跨区域专科联盟""远程医疗协作网"。

数字化医联体的创新实践，以连接、数据、人工智能为枢纽，促进医疗资源去中心化，提高数据的互联互通和医疗服务效率，推进医疗资源下沉，从而降低医疗服务的整体成本，为分级诊疗的实现提供了一种数字化的解决方案。

数字化医联体在助力医改落地的探索中，还拓展出了一条极具想象空间的价值通路和现实进路：其在深度打通了医疗、医药以及医保、商保的基础上，容纳进足够数量、足够多元的产业链主体，形成"支付+履约"双轮驱动的闭环生态。

在支付侧，数字化医联体通过推进医保支付改革，开展医保总额管理、按病种/人头付费，实现从"价差模式"到"效差模式"的转变；另一方面，通过推动医保向商保开放赋能，提升事前精算能力、事中风控能力、事后理赔结算能力，开发长护险、惠民保等医保商保一体化产品。在履约侧，数字化医联体实现了上下级医疗机构的协同和联动，为患者提供高效、有序的医疗健保服务；依托数字化的药械交易平台，搭建区域药事服务中心、智慧（中）药房，大幅提升供应链的效率；基于数据智能平台提供数字疗法和全面精准的健保服务。

作为医联体的重要组成部分，远程会诊平台的开启，打破了时间、地域限制，实现了高效、便捷的优质医疗资源延伸和医疗技术帮扶，节省了患者就诊的时间、精力及费用。特别是医联（共）体内成员单位之间、上下级医院之间，通过互联网进行连接，优势专家资源和患者之间建立快捷通道。形成基地医院与上级医院之间远程会诊中心的双向联动，有效实现区域内医疗资源的对接和优化。

以互联网培训模式赋能，助力基层医生培养。依托互联网、人工智能等数字化技术，推进优质医疗资源向基层延伸，加强基层医务人员特别是村医的培训，探索建立线上线下相结合的数字化基层医生培训平台，实现医疗领域的教育培训、医学科普等模块的共享，为县域和乡村的基层医生量身打造数字化培训服务体系，把先进成熟的诊疗方案和技术向基层推广，助力基层医疗队伍建设。

数字化医联体的模式仍在探索，但未来的空间无限。

6. 医疗健康数据交易中心

2018年7月12日，为加强健康医疗大数据服务管理，促进"互联网+医疗健康"发展，充分发挥健康医疗大数据作为国家重要基础性战略资源的作用，根据相关法律法规，国家卫生健康委员会发布了《国家健康医疗大数据标准、安全和服务管理办法（试行）》。

从数据要素的特征可以看出，医疗健康行业会成为数据要素市场化受益最大的行业之一，因为医疗健康数据交易中心能够解决困扰医疗领域多年的痛点：医疗健康数据的隐私性与安全性。

首先，病人的医疗记录和个人隐私信息在任何时候都是需要被保密的。这需要医疗机构具有安全到足以令人信任的保密机制，尤其涉及特殊敏感的治疗记录，如艾滋病、乙型肝炎、癌症，或是整容、心理疾病等。而这些医疗记录和信息如果只是被单纯放进机构运营的信息数据库里，已不再是稳妥可行的选择。因为在互联网时代往往由于网络安全等问题，"泄密"与"爆料"变得简单到不需要花费任何代价。

其次，健康人群的身体数据也是现代社会的重要隐私情报。特别是像指纹或虹膜这种"身体密码"，它们不同于身高体重、血糖血压之类的传统数据，是绝对不能泄露的。如果这些涉及唯一性的资料出现大规模泄露，将会引发金融灾难。此外，随着基因检测的发展，现在只要几百元和一点唾液，检测机构就能生成一份检测报告，包括个人基因数据、健康风险、遗传性疾病、药物指南等，所有的个人隐私信息均被保存在该检测机构的数据库中。这种毫无保障的中心化数据库里存储的用户健康信息，一旦出现泄露，很难想象会带来多少不可控事件的发生。

医疗健康数据交易中心为医疗行业提供了一个可行的"数据隐私"解决方案，这是一个能做到完全透明却又能尊重用户隐私的方案，其应用领域如下。

- 电子病历：医疗健康数据交易中心基于区块链自主权管理医疗电子病历，就有了个人医疗的完整历史数据。个人看病也好，健康规划也好，有历史数据可供使用，对于精准治疗和疾病预防有宝贵价值。而且这个数据真正的掌握者是患者自己，并不是某个医院或第三方机构，这对于消除医疗信息安全隐患（包括信息不完善、信息风险和信息无法访问等）以及保护数据的隐私性和安全性有重要意义。

- 健康管理：医疗健康数据交易中心基于区块链技术搭建的健康管理平台，可在智能家居/办公环境中运作，让用户能够安全地跟踪并收集个人健康数据。这些数据多来自联网的可穿戴设备和其他家庭监控设备。在这个应用场景下，智能合约将被用于医疗健康识别，如遇紧急情况，还能触发潜在紧急健康状况的警报，并将适当的信息传递给临床医生和家庭成员。

- DNA钱包：基因和医疗数据基于区块链自主权管理，将形成一个DNA钱包。这使得医疗健康服务商能够安全地分享和统计病人数据，帮助药企更有效率地研发药物。服务商在使用个人数据时，要征得个人授权同意，并为个人提供相应补偿或回报。
- 医疗支付与理赔：基于医疗健康数据交易中心，在数据智能分析的帮助下，可以帮助患者在接受治疗前，提前确定自付费用金额，也能提供预付款等服务，避免造成患者意料之外的成本，而医疗机构也能减少应收款项的坏账。

医疗健康数据交易中心可以显著地促进医疗信息的共享，创造安全、可信和便捷的医疗记录，具有高度的完整性和可信性。区块链保证了数据的有效性和安全性，使得医院、保险公司和新药试验能够实现连接并且及时无缝分享信息，而无须担心信息被泄露或者被篡改。通过在区块链上编写智能合约，可以对患者数据进行访问控制，保证患者对自己数据的所有权，保护患者隐私。医疗健康数据交易中心可为医疗行业带来的另一大变革是促进医疗服务向以患者为中心转变，在物联网及认知分析等技术的协同作用下，全新的远程医疗护理、按需服务和精准医疗将成为可能。

（二）精准医疗与新药研发

持续的疫情防控进一步加大对医药器械行业的投入和创新的支持力度。体外诊断产品（IVD）、生命信息的监护设备以及家用医疗器械的快速增长从2020年疫情期间就开始显现，随着疫情防控的常态化，新型冠状病毒核酸检测收入扩大，常规检测业务（非新冠肺炎）恢复良好，收入规模大幅上升，固定成本费用的摊薄效应明显，由此带来了利润的进一步增长。

2019年，《柳叶刀》发布了近40年来影响中国人疾病负担以及风险因素的大型分析结果。其中，中风、缺血性心脏病、肝癌、肺癌和慢性阻塞性肺病（COPD）是中国人过早死亡的五大因素。因此针对这些种类疾病的新一代基因测序、肿瘤免疫治疗、干细胞与再生医学、生物医学大数据分析等精准医疗关键技术研究和转化应持续关注。

在精准医疗和新药研发领域，数字化技术也在发挥着越来越重要的作用。以癌症为例，癌症有非常多亚型，即使患有相同的癌症，每个病人基因变异或者癌症亚型可能都不太一样。在数字化技术的帮助下，可以快速设计并生产出个体化的靶向药物，加快药物研发的周期，并针对个体的基因序列设计出对应的药物精准治疗，实现个性化的免疫疗法，整个生物制药会更精准、更安全、更经济、更普惠。针对新冠病毒这类不停变异的研发抗体也是一样，利用大数据和人工智能技术可以帮助设计出一种抗体，展示出高效又广谱的中和效果。数字化技术驱动的新药发现和生物学实验（行业通常称为"AI制药"）一旦形成闭环，将在快速设计出有效抗体方面发挥巨大的作用。

但是，制药是个系统性工程，包括靶点发现、化合物筛选和确认，临床前研究，临床研究，申报上市等等。对于 AI 制药来说，当下主要还是在化合物筛选和确认环节赋能比较明显。目前 AI 制药助力新药研发主要通过三种基本模式：

- 一是搭建 AI 技术平台，授权药企使用，定期收取授权费用；
- 二是向药企或 CRO 企业接单，帮助其完成研发任务，如根据既定靶点筛选出合适的化合物；
- 三是布局自研管线，自行推动管线进展，从而实现商业化。

药物从临床到上市还有其他考验，临床试验、申报 IND 等均会影响到上市进度。因而在 AI 药物研发中，不能单纯以参与管线能否上市来评价 AI 制药公司的优劣。总体来说，AI 制药旨在改变药物发现过程，从而降低财务成本和上市时间。

此外，在精准医疗和新药研发领域，还要特别关注最新的科学研究进展，比如最近接连获得诺贝尔奖的肠道菌群理论，该研究的进一步发展可能会改变医疗的手段和创新药的研发方向。

（三）高端医疗器械进口替代

当前，我国医学影像相关政策红利持续释放，市场需求不断增长，行业发展正当时。《中国制造 2025》提出，提高医疗器械的创新能力和产业化水平，重点发展影像设备等高性能诊疗设备。到 2025 年，县级医院国产中高端医疗器械份额达到 70%。市场需求方面，分级诊疗带来医疗资源下沉，包括 DR、彩超、CT 等医学影像设备在内的一大批医疗器械出现需求缺口。此外，随着我国人口老龄化加速，医学影像设备的市场需求量将加速增长。

总体来看，全球市场呈现"三足鼎立"格局，西门子、通用、飞利浦三大跨国巨头占据全球医学影像市场 65% 以上的份额。与全球格局类似，我国高端医学影像市场超过 80% 的份额被外资品牌占据，但随着本土医学影像企业自主研发实力的逐步增强，创新技术不断取得突破，国产医学影像设备市场话语权将逐步提高。

在本土医学影像企业研发技术水平提升、国产医疗器械政策扶持等多重因素推动下，越来越多的本土创新型医学影像企业在高端设备上取得技术突破。未来，国产医学影像设备进口替代潜力很大。此外，新医改后医院赢利模式发生变化，医院更加重视医疗服务的输出。我国公立医院成本效益报告数据显示，影像科是医院收入水平和收益率最高的科室之一。在新赢利模式带动下，影像科科室地位有望得到提升，我国医学影像市场将实现加速发展，国产医学影像设备将凭借性价比优势迎来发展机遇。

（四）中医药现代化

2022 年 3 月 29 日，国务院办公厅印发《"十四五"中医药发展规划》，明确了"十四五"期间中医药发展的指导思想、基本原则、发展目标、主要任务和重点措施。提出到 2025 年，中医药健康服务能力明显增强，中医药高质量发展政策和体系进一步完善，中医药振兴发展取得积极成效，在健康中国建设中的独特优势得到充分发挥。这是首个以国务院办公厅名义印发的中医药五年规划。

中医药现代化领域，重点关注数字化技术、先进制造促进中医药标准化方面的科技创新，如诊断、针灸、中药成药、中药与西药结合（如青蒿素）等领域的创新。

第五节　产业关键共性技术突破

逆全球化（Deglobalization），就是与全球化过程相反，是指把全世界各国及地区因为全球化而导致的相互依赖及整合回退的一个过程。俄乌冲突和新冠肺炎疫情正在加速逆全球化。

2020年10月15日，美国白宫发布《关键与新兴技术国家战略》（National Strategy for Critical and Emerging Technology）。文中详细介绍了美国为保持全球领导力而强调发展"关键与新兴技术"，并提出两大战略支柱，明确了20项关键与新兴技术的清单。在这20个技术领域，美国将加强技术保护，其中特别将中国列为技术竞争对手。

在当前的国际环境与经济发展形势下，安全可控显得尤为重要，在关键领域坚持安全可控，是增强自主创新能力，解决关键核心技术短板的前提。所谓安全可控，就是产业在发展上可以做到自己做主、不受制于人。这就要求，在产业的关键技术方面，有自己的核心技术；在参与全球产业的竞争过程当中，有自己独特的竞争力。

工业和信息化部围绕制造业创新发展的重大需求，组织研究了对行业有重要影响和瓶颈制约、短期内亟待解决并能够取得突破的产业关键共性技术，通过研判国内外产业发展现状和趋势，在广泛征求意见的基础上，研究提出了《产业关键共性技术发展指南（2017年）》，共提出优先发展的产业关键共性技术174项，其中，原材料工业53项、装备制造业 33 项、电子信息与通信业 36 项、消费品工业 27 项、节能环保与资源综合利用 25 项。这些领域的技术自主可控技术创新值得重点关注。

#　第五章

资本市场与投资价值观

资本市场 IPO 是创业投资退出的主要目标，因此资本市场的要求和偏好会传递到创业投资，影响创业投资的价值观和投资策略。国内创业投资行业的 IPO 退出主要是通过美国以及中国香港、内地资本市场完成的。因此了解这三个区域的资本市场发展与 IPO 要求，并进行对比与差异分析，有助于创业投资树立更加明确的、"以终为始"的投资价值观并优化投资策略。

第一节　美国资本市场与中概股

一、美国资本市场与上市条件

美国资本市场以其深度、成熟度、灵活度和丰富的层次性，成为全球资本市场的领军旗帜。美国证券资本市场层次丰富，每个交易市场内部设置了不同层次的交易板块，各板块有不同的上市标准，为不同规模和要求的企业提供上市和融资机会。处于不同发展阶段的企业可结合企业自身条件灵活选择适合的板块申请上市。

从整体来看，美国的全国性证券资本市场由纽约证券交易所集团和纳斯达克集团两家大的资本集团控制。其中纽交所集团下属两家全国性证券交易所：纽约证券交易所（NYSE）和全美证券交易所（AMEX）；纳斯达克集团下属纳斯达克交易所（NASDAQ）和场外交易集团（OTC Markets Group），如图 5.1。

图 5.1　美国的全国性资本市场

美国的几个全国性资本市场的特点如下：

- 纽约证券交易所：具有组织结构健全，设施最完善，管理最严格，以及上市标准高等特点。上市公司主要是全世界最大的公司。中国电信等公司在此交易所上市。
- 全美证券交易所：运行成熟与规范，股票和衍生证券交易突出。上市条件比纽约交易所低，但也有上百年的历史。许多传统行业及国外公司在此股市上市，2009 年被纽交所收购后，成为 NYSE MKT，主要服务中小成长企业。
- 纳斯达克证券交易所：完全的电子证券交易市场。全球第二大证券市场。证券交易活跃。采用证券公司代理交易制，按上市公司大小分为纳斯达克全球精选市场（NASDAQ GS）、纳斯达克全球市场（NASDAQ GM）和纳斯达克资本市场（NASDAQ CM）。纳斯达克面向的企业多是具有高成长潜力的大中型公司，而不只是科技股。
- 场外交易集团：是纳斯达克直接监管的市场，与纳斯达克具有相同的交易手段和方式。它对企业的上市要求比较宽松，并且上市和费用相对较低，主要满足成长型的中小企业的上市融资需要。

其中中国企业在美国上市（俗称"中概股"，因为这些企业法律层面上已经不是中国企业，只是主要业务在中国，具有中国概念）主要在纽交所、纳斯达克和OTC市场。下面将主要介绍这三个市场的上市要求。

（一）纽约证券交易所上市要求

纽约证券交易所因为历史较为悠久，因此市场较成熟，上市条件也较为严格。纽交所的声望和认可度较高，许多"蓝筹"公司都在纽交所上市，而且纽交所交易市场比较集中，公司股票的流通性更好。2006年纽交所上市之后，为了更好地与纳斯达克争夺成长型上市企业资源，不断降低对拟上市企业的上市门槛。从上市标准的演变历程来看，纽交所从重点关注企业赢利能力，逐渐向允许未赢利企业上市的多元化标准转变。中国互联网公司包括优酷、人人、奇虎、搜房、当当等都是在纽交所上市的。

纽交所共有三个板块：NYSE、NYSE MKT（又称为NYSE American）和NYSE Arca（高增长板）。与国内交易所进行对照的话，NYSE相当于主板市场，主要服务大中型企业，提供股票上市和交易服务；NYSE MKT相当于中小板市场，主要服务市值规模较小、处于初创阶段的高成长企业，提供股票上市和交易服务；NYSE Arca相当于高增长板市场，主要提供股票交易服务、ETPs（交易所交易产品）的上市和交易服务。但是NYSE Arca并不提供股票IPO服务，是因为NYSE Arca和NYSE MKT市场的股票上市条件类似，出于优化内部结构的考虑，纽交所于2008年10月终止了NYSE Arca的股票上市服务。因此，纽交所IPO上市的标准，仅针对NYSE和NYSE MKT

两个市场而言。①

1. NYSE 上市标准

NYSE 上市标准分为两类，国内标准（Domestic Listing Criteria）和全球标准（Alternate Listing Standards）。全球标准比国内标准要求高一些，高在其相关指标的统计范围不局限于在美股 IPO 的发行，而是拓展至全球范围内进行统计。举个例子，全球标准要求拟上市公司在世界范围内要有 250 万名股东，而美国国内标准只要求 110 万股东。之所以存在 140 万股的差距，是因为全球标准强调的股东数不仅包括拟向美股 IPO 募资的股东，还包括之前已经在全球其他交易所进行股票交易的股东。因此，全球标准主要适用于在世界其他地区已经存在上市发行股票的拟发行人，比如中国电信、中国石油等。值得注意的是，美国公司 IPO 必须符合美国国内公司上市标准，而为了更好地吸引全球优质资产登陆，纽交所允许非美国公司在两套标准中任选其一（如表 5.1）。

表 5.1 纽交所 NYSE 上市标准

指标	要求	全球标准	美国国内标准
发行指标	整手（Round lot）股东	≥5 000 名	≥400 名
	公众持股	≥250 万股	≥110 万股
	公众持股市值	其他形式上市≥1 亿美元 关联公司上市≥6 000 万美元	≥4 000 万美元
	发行价格	≥4 美元	≥4 美元
财务指标	利润标准（经调整税前净利润）	最近三个会计年度均为正，且累计≥1 亿美元；且最近两个会计年度均≥2 500 万美元	最近三个会计年度均为正，且累计≥1 000 万美元；且最近两个会计年度均≥200 万美元
	市值 + 收入标准	上市时市值≥7.5 亿美元 最近 1 个会计年度总收入≥7 500 万美元	上市时市值≥2 亿美元

---

① 上海证券交易所宏观与战略组.纽交所、纳斯达克和上交所对标分析及启示［R］.上证研报［2017］002 号.

续表

指标	要求	全球标准	美国国内标准
财务指标	市值+现金流标准	最近三个会计年度经调整现金流≥1亿美元,最近两个会计经调整现金流均≥2 500万美元	—
		上市时市值≥5亿美元	
		最近1个会计年度总收入≥1亿美元	
	关联公司上市标准	适用于纽交所已上市的关联公司市价总值≥5亿美元	—
		公司经营年限≥12月	

2. NYSE MKT 上市标准

NYSE MKT 是纽交所中小板市场,其前身为纽交所于2009年收购的美国证券交易所(AMEX)。NYSE MKT 市场同样包括财务标准和发行标准。其中财务标准共有四套供选择,除赢利能力外,还有现金流、收入、股东权益等其他财务衡量标准(如表5.2)。发行标准共有三套供拟上市企业任选其一(如表5.3)。

表5.2 NYSE MKT 市场财务标准

分类	标准1	标准2	标准3	标准4a	标准4b
税前利润	75万美元	—	—	—	—
市值	—	—	5 000万美元	7 500万美元	—
总资产&总收入	—	—	—	—	7 500万美元
公众流通股市值	300万美元	1 500万美元	1 500万美元	2 000万美元	2 000万美元
股东权益	400万美元	400万美元	400万美元	—	—
最低发行价	3美元	3美元	2美元	2美元	2美元
经营历史	—	2年	—	—	—

表 5.3 NYSE MKT 市场发行标准

分类	标准 1	标准 2	标准 3
公众持股股东数量	800	400	400
公众持股量	50 万股	100 万股	50 万股
日均交易量(前6个月)	—	—	2 000 股

（二）纳斯达克上市条件及公司治理标准

美国纳斯达克市场内部共划分为三个层次：最高层是全球精选市场（Nasdaq Global Select Market），上市标准为世界最严，这是纳斯达克挑战纽交所和争夺蓝筹公司的主阵地；第二层是全球市场（Nasdaq Global Market），由之前的纳斯达克全国市场升级而来；第三层是资本市场（Nasdaq Capital Market），前身为纳斯达克小型资本市场。三个市场分层的财务标准和流动性标准要求不同，但公司治理标准相同。

1. 纳斯达克全球精选市场（NGSM）

纳斯达克全球精选市场拥有全球最严格的上市标准（这是相对于纽交所和纳斯达克其他板块来比较的）。纳斯达克全球精选板块大约有 1 200 家公司，这些公司符合该板块的标准——严格的财务和流动资产方面的要求，并且会持续地对这两项标准进行评估以确定是否符合要求。

财务标准：需满足表 5.4 中四个标准其中之一。

表 5.4 纳斯达克全球精选市场财务标准

财务标准	收入标准	市值 + 现金流标准	市值 + 收益标准	资产和股权标准
税前收入（缴纳所得税之前基于持续经营而产生的收入）	前三个会计年度累计 ≥1 100 万美元，且每年税前收入为正；且最近两个会计年度税前总收入 ≥220 万美元	—	—	—

续表

财务标准	收入标准	市值+现金流标准	市值+收益标准	资产和股权标准
现金流	—	前三个会计年度累计≥2 750万美元且每年现金流为正	—	—
公司市值	—	前12个月平均≥55 000万美元	前12个月平均≥85 000万美元	1亿6 000万美元
收益	—	前一个会计年度≥11 000万美元	前一个会计年度≥9 000万美元	—
总资产	—	—	—	8 000万美元
股东权益	—	—	—	5 500万美元
发行价	4美元	4美元	4美元	4美元

流动性标准：公司必须满足表5.5中所列流动性标准。

表5.5 纳斯达克全球精选市场流动性标准

项目	具体内容
售出价	如果企业不是在NASDAQ全球市场上市，则要求每股不低于4美元
做市商	如果企业满足NASDAQ全球市场的"收入标准"和"权益标准"，则须至少拥有3名已注册的活跃做市商；如果企业不能满足上述两个标准，则须至少拥有4名已注册的活跃做市商
所有者要求（至少满足其一）	①至少450名持股数100股以上的股东 ②至少拥有550名所有者，或者之前12个月的平均月度成交量不低于1 100万股 ③至少2 200名所有者

2. 纳斯达克全球市场（NGM）

纳斯达克全球市场已经有超过1 450家公司挂牌上市，这些公司在财务和流动资产方面能够持续地符合该板块的要求，并且同意符合特定的公司管理标准。这个板块之前叫纳斯达克全国市场，但是在

2016年进行了更名,以反映出在该板块的公司在国际和全球的领导地位和影响力。

该板块上市,公司的财务和流动性标准分为四种,申请人只需满足表5.6中所列四个标准其中任意一个。

表5.6 纳斯达克全球市场上市财务和流动性标准

上市要求	收入标准	权益标准	市值标准	总资产/总收益标准
缴纳所得税前基于持续经营而产生的收入(最近一个会计年度或最近三个会计年度中的两年)	100万美元	—	—	—
股东权益	1 500万美元	3 000万美元	—	—
上市证券市值	—	—	7 500万美元	—
总资产和总收益(最近一个会计年度或最近三个会计年度中的两年)	—	—	—	7 500万美元总资产和7 500万美元总收益
公众持股数	1 100万	1 100万	1 100万	1 100万
公众持股股票市值	800万美元	1 800万美元	2 000万美元	2 000万美元
发行价	4美元	4美元	4美元	4美元
股东数(持有100股以上股份的股东)	400	400	400	400
做市商数量	3	3	4	4
运营历史	—	2年	—	—

3. 纳斯达克资本市场(NCM)上市条件

纳斯达克资本市场板块有超过550家公司挂牌上市。这些公司能够持续地符合该板块在财务、流动资产和公司管理方面的标准。这个市场,之前是叫纳斯达克小板市场,但是在2005年进行了更名,以反映出该板块的核心目标和价值,就是主要为小公司进行筹资。

在该板块上市,公司的财务和流动性要求分为权益标准、已发行证券市值标准和净收入标准三种，申请人只需满足表5.7所列三个标准中的其中一个。

表5.7 纳斯达克资本市场上市标准

上市要求	权益标准	已发行证券市值标准	净收入标准
股东权益	500万美元	400万美元	400万美元
公众持股股票市值	1 500万美元	1 500万美元	500万美元
经营历史	2年	—	—
上市证券市值	—	5 000万美元	—
基于持续经营而产生的净收入（最近一个会计年度或最近三个会计年度中的两年）	—	—	75万美元
公众持股数	100万	100万	100万
股东数（持有100股以上股份的，股东）	300	300	300
做市商数量	3	3	3
发行价或收盘价	4美元或3美元	4美元或2美元	4美元或3美元

4. 纳斯达克上市的公司治理标准

纳斯达克市场上市，除了需要满足不同市场分层下的不同财务和流动性标准外，还需要满足公司治理标准。该标准对三个市场（全球精选市场、全球市场和资本市场）通用，具体如下。

- 年报和中期报告披露要求：公司必须通过电子邮件或公司网站向股东披露中期报告和年度报告。
- 独立董事：公司董事会必须设立独立董事。
- 审计委员会：公司需要设立一个完全由独立董事构成的审计委员会，独董要能阅读和理解基本的财务报表。审计委员会至少由三名成员组成，且其中一人必须具有财务行业的丰富经验。

- 高管补贴：公司需要设立一个完全由独立董事构成的、两名成员以上的薪酬委员会，薪酬委员会必须独立决定董事会决议和 CEO 及其他高管的薪酬补贴。
- 董事提名：董事的提名必须由独立董事选择和推荐。
- 行为准则：公司必须制定适用于所有董事、高管和员工的行为准则。
- 年度股东会：公司必须于上一个财政年度结束一年内召开股东大会。
- 代理要求：公司被要求为所有的股东会议寻求代理，防止股东不参加会议导致利益被侵害。
- 法定人数：对任何普通股股票持有人召开的会议，有投票权的人数必须超过 33%，即最低 1/3 的法定投票权。
- 利益冲突：公司必须对可能引起利益冲突的所有关联方交易进行适当的审查和监督。
- 股东权利：公司发行特殊证券需要获得股东的批准，包括以下四种：收购，当发行的股份达到 20% 或以上，或持股 5% 以上的关联方交易达 5% 以上的；发行导致公司控制权发生变更的；权益补贴；私募发行的股票发行量达到 20% 以上且流通股市值低于市场价值的。
- 投票表决权：公司行为不能减少或限制现有股东的投票权。

（三）场外交易市场（OTC Markets）

OTC Markets 是专门针对中小企业及创业企业设立的电子柜台市场，这一市场对企业基本没有规模或赢利上的要求，只要有 3 名以上的做市商愿意为证券做市，企业股票就可以在 OTC Markets 上流通。OTC Markets 的设立是为初具规模又急需资金发展却不能在纳斯达克和纽交所上市的高技术小公司提供的一条便捷的融资渠道。通常，规模小的企业会通过 OTC Markets 获得一定的发展资金，通过一段时间的扩张积累后再升板到纳斯达克或纽交所。

OTC Markets 前身为粉单市场（PinkSheets Market）。粉单市场于 20 世纪初创设，已有 100 多年的历史了，其间三次易主三次易名。2010 年 1 月更名为 OTC Markets，是目前美国最大的场外交易市场。目前有超过 1 万家公司通过 OTC Markets 进行报价。

2007 年，美国 OTC 市场开始了自身的多层次体系的建设，将数千家在市场上挂牌的公司按其信息披露程度区分为三个层次，这三个层次从上至下依次是 OTCQX（分为国际和美国板）、OTCQB 和 OTC Pink（如图 5.3）。

OTCQX	精选市场	OTCQX THE BEST MARKET
OTCQB	创投市场	OTCQB THE VENTURE MARKET
OTC Pink	开放市场	Pink THE OPEN MARKET

图 5.3 美国 OTC 市场的层次结构

1. OTCQX

OTCQX 的建立是为投资者较为关注的挂牌公司（包括美国公司和全球公司）提供服务。为了能在 OTCQX 上有交易资格，公司必须满足较高的财务标准，证明公司的股票符合美国证券法律标准，持续做好信息披露，同时接受了专业的第三方服务。区别于其他市场的公司，OTCQX 上的公司是通过运营的完整性来表达它们的资质。OTCQX 主要为已在境内外交易所上市或符合上市条件但不愿履行

SEC 报告义务的公司服务。

2. OTCQB

OTCQB 的建立是为创业期和发展期的企业提供服务，这些企业通常是无法满足 OTCQX 交易资格的美国公司和国际公司。为了在 OTCQB 获得挂牌资格，公司必须进行持续的报告信息披露并且进行每年的审计和管理资格认证。这些标准提供了一个强力的透明度基准，包括技术方面和管理方面，为投资者提升了信息价值和交易体验。

在 OTCQB 上交易的公司必须满足最低 0.01 美元成交价格且不能破产的规定。OTCQB 的公司为向 SEC 注册并履行持续信息披露要求的公司，该层次的公司基本就是曾经在或者正在 OTCBB（即场外柜台交易系统）报价的公司。

3. OTC Pink

OTC Pink 的建立是可以通过任何股票经纪人广泛交易的股票。这个市场是为了给那些由于违约、危难或者有意图的任何类型的公司来交易股票的，这也就是为什么这个市场需要通过这些公司提供不同级别的信息来进一步细分归类。

OTC Pink，即为最初的粉单市场（Pink Sheets），该层按照报价公司信息披露的程度再分为正常信息（Current Information）、有限信息（Limited Information）、无信息（No Information）三个层次。

挂牌公司在 OTC Markets 的三级板之间，建立有完善的转板机制，可以自觉、自动地进行上下转层，在市场认可时，OTCQX 的挂牌公司也可升级到纳斯达克等市场上市。

二、美国市场上市方式与流程

企业在美国上市主要有 6 种方式：首次公开募集上市（IPO）、美国存托股证上市（ADR）、直接上市（DPO）、私募资金 QIB 上市

（144A 条例）、反向并购上市（RTO）、特殊目的收购上市（SPAC）。

其中，中国企业采用的主要方式是 IPO 和 ADR。近年 SPAC 方式虽然很火，但是 SPAC 本质上属于基金及并购行为，在本章不做详细介绍。

（一）普通股的首次公开发行（Initial Public Offerings，IPOs）

美国证券法对境外公司在美国的普通股首次公开发行的监管与本土公司别无二致。毫无例外，该公司必须进行注册。根据公司的规模以及以前在美国的披露情况，美国证监会还制定了不同的表格，以供外国公司注册使用。境外公司与美国公司一样，必须以同样的格式向美国证券委员会（SEC）和投资人披露同等的信息。美国的财务披露和会计准则比其他许多国家的更加详细和严格，例如，其要求对公司的市场竞争性地位和管理阶层对前景预测强制性披露。为了适应不同国家地域的公司上市，美国证监会许可境外公司将其财务报表调节至符合美国的会计原则，并不一定要实际地按照美国标准来制作。

（二）中国公司赴美上市的程序

首次公开发行的过程是富有挑战性、激动人心的过程，主要过程如下：

1. 组建上市顾问团队

公司得以在美国最终上市，往往是一个有效的上市顾问团队成功运作的结果。除了公司本身，尤其是公司的管理高层，需要投入大量的时间和精力外，公司须组成一个包括投资银行、法律顾问、会计师在内的上市顾问团队。其中，投资银行将牵头领导整个交易和承销的过程。在考虑投资银行的人选时，公司应充分了解投资银行是否具有曾经协助过该行业的其他公司上市的经验以及其销售能力。公司选择的法律顾问必须具有美国的执业资格，同样，公司应考虑其是否有证券业务方面的丰富经验。会计师事务所应根据美国一般会计准则独立审查公司的财务状况。会计师事务所也应对中国的会计准则有全面的了解，以便调节若干数据以符合美国会计准则的报表要求。

2. 尽职调查

公司将在上市顾问团队的协助下进行公司的管理运营、财务和法务方面的全方位、深入的尽职调查。尽职调查将为公司起草注册说明书、招股书、路演促销等奠定基础。为了更好地把握和了解发行公司的经营业务状况，以便于起草精确和有吸引力的招股书，主承销商、主承销商的法律顾问以及发行公司的法律顾问将对发行公司的财产和有关合同协议做广泛地审查，包括所有的贷款协议、重要的合同以及政府的许可，等等。此外，他们还将与公司的高级管理人员、财务人员和审计人员等进行讨论。同时，主承销商往往要求公司的法律顾问和会计师提供注册说明书中事件的意见。承销协议书将约定由公司的法律顾问出具有关公司合法成立及运营、发行证券的有效性、其他法律事件的法律意见。此外，承销协议还将要求公司法律顾问出具关于注册说明书是否充分披露的意见。最后，发行公司还要被要求提供一封"告慰信"，即由其独立的注册会计师确认注册说明书中的各种财务数据。

3. 注册和审批

美国证券法要求，证券在公开发行之前必须向美国证监会注册登记，并且向大众投资人提供一份详尽的招股书。注册审批是上市的核心阶段。公司、公司选任的法律顾问和独立审计师将共同准备注册说明书的初稿，因此，法律顾问的能力和经验在此阶段会得到淋漓尽致的发挥。注册说明书应包括两个部分：第一部分包含招股书，第二部分包含补充信息、签字和附件。招股书具有以下特征：第一，必须符合美国证监会的要求，以及必须真实地披露相关表格要求的信息。通常，对境外公司的披露要求与美国本土公司是一致的，包括公司过去3年的业务、风险因素、财务状况、管理层的薪酬和持股、主要股东、关联交易、资金用途和财务审计报告等。此外，招股书也是促销手册，招股书必须描述发行公司的"亮点"，以吸引投资人。

承销商及其法律顾问将对初稿进行认真的审查，并作出评论。当注册说明书准备好后，将递交到美国证监会。在注册说明书递交证监会后、该文件尚未被宣告有效之前，包含在说明书中的初步招股书将由投资银行递送给潜在投资人传阅。在此期间，可以书面招股，但是不能承诺出售股份，承销银行将安排路演。

美国证监会在30天内审查注册说明书。审查完毕后，证监会向公司发出一封信，要求提供补充信息或更详尽的披露，主要涉及披露和会计问题。公司即按照该意见进行修改并将修改意见递交证监会。证监会再次进行审查。如是首次注册的公司，证监会往往会要求多次修改。美国证监会审查批准注册说明书的最后一稿后，将宣布注册说明书生效。对第一次的注册人来说，从第一次递交到宣布生效，需花4~8周的时间。

4. 促销和路演

注册登记之后，公司便可以在投资银行的协助下进行促销，其中包括巡回路演。路演是指证券发行公司通过一系列的对潜在投资人、分析师或资金管理人所作的报告会，激发投资兴趣，通常持续1~2周。届时公司管理层在投资银行的安排下，到各地巡回演说，展示其商业计划。管理层在路演上的表现对证券发行的成功与否也有至关重要的作用。在美国，重要的路演城市包括纽约、旧金山、波士顿、芝加哥和洛杉矶。作为国际金融中心的伦敦和中国香港也往往会包括在路演的行程中。

一旦路演结束，最终的招股书将印发给投资人，公司的管理层将在投资银行的协助下确定最终的发行价格和数量。投资银行往往会基于投资者的需求和市场状况，提出一个建议价格。一旦发行价确定，投资者收到正式招股书两天后，首次公开发行便可宣告生效，上市交易便拉开了序幕。主承销商将负责保障公司股票上市交易最初的关键几天的顺利交易。至此，首次公开发行即告成功。

（三）美国存托凭证挂牌（American Depositary Receipts，ADRs）

美国投行创造了一种将外国证券移植到美国的机制，存托凭证交易提供了把境外证券转换为以美元为支付手段的证券。中国人寿保险股份有限公司于 2003 年 12 月 17 日、18 日分别在纽约证券交易所和香港联交所正式挂牌交易。作为第一家两地同步上市的中国国有金融企业，其获得了 25 倍的超额认购倍数，共发行 65 亿股，募集资金 35 亿美元，创该年度全球资本市场 IPO 筹资额最高纪录，取得了海外上市的成功。中国人寿保险就是中国企业通过 ADR 成功上市的例证。中国联通、中国移动、中石化等公司都是通过 ADR 方式在美国上市。

典型的 ADR 运作如下：

- 美国银行与境外公司签订协议，约定由美国银行担任境外公司证券的存托人。
- 美国的存托人签发存托凭证给美国的投资人。每一张存托凭证代表一定数目的境外公司的证券，该凭证可自由交易。
- 美国存托人收购相应数量的境外公司的证券，一般该证券由境外的托管银行保管。
- 发行存托凭证后，美国存托银行作为该凭证持有人的付款代理人。该银行收取股利并转化为美元，然后将其分配给凭证持有人。
- 存托银行作为存托凭证的转让代理人，对该凭证在美国的投资人的交易进行记录。该银行也时刻准备着把该凭证转换为相应的境外证券。

美国证监会把 ADR 以及其所代表的境外证券区别对待。同时，ADR 的发行也涉及证券的公开发行。因此，发行 ADR 的美国银行也需要注册，而该境外公司则须履行定期报告的义务。但是，履行全面的注册和报告是特别昂贵和复杂的。鉴于此，美国证监会根据境外公司在美国证券市场的状况，制定了不同的 ADR 计划和相应的不同披露要求，具体如下。

- 一级 ADR：SEC 对一级 ADR 的监管是最轻的。美国银行通过注册 F-6 表格，并附具存托协议和 ADR 凭证，便可建立一级 ADR。如果境外公司每年向美国证监会提交其在自己的国家所披露和公开的资料清单，其在美国的定期报告义务可免除。一级 ADR 可以在代理商和批发商的粉红单上报价，但是不能在证券交易市场交易或纳斯达克上报价。一级 ADR 主要是为美国投资人提供对现成的境外公司的股票的通道，但是，不能用于筹集资金。建立一级 ADR 的成本比较小，平均为 25 000 美元，境外公司的获益是很大的，通常股价会上升 4%~6%。

- 二级 ADR：二级 ADR 可以在美国证券市场交易。美国银行须利用 F-6 表格注册，境外公司须定期报告。为能在证券交易市场或纳斯达克交易，境外公司还需要进行 20-F 表格注册。但如一级 ADR 一样，二级 ADR 不能作为筹集资金的手段。适用二级 ADR 的境外公司无一例外地发现，美国证券交易法所要求的披露要求比自己国家的法律规定更细节、更深入。最重要的是，境外公司的财务必须符合美国的一般会计准则，例如：美国一般会计准则要求分类披露公司的运营情况，还有一些敏感的资料，包括主要财产、任何重大的正在进行的诉讼或政府对公司的调查、10% 股东的身份、管理层薪酬总和、公司及子公司或执行官之间的交易，等等。建立二级 ADR 的成本是巨大的，平均超过 100 万美元。但是带来的成效也是巨大的，其为境外发行公司所铺设的通向美国投资人的通道以及以美国一般会计准则为标准的披露，通常会促使公司股价上升 10%~15%。

- 三级 ADR：境外发行公司将自己的证券向美国投资人作公开发行。这一级 ADR 的注册书必须本质上包括二级 ADR 的 20-F 年度报告所要求的内容。三级 ADR 是唯一允许境外公司在美国融资的 ADR 形式，建立三级 ADR 必须按照类似于普通股首次公开发行的程序来进行。在美国的普通股公开发行一般成本超过 150 万美元。但是对于许多需要大量资金的境外公司来说，即使成本很高，三级 ADR 也是值得一试的，因为美国的公众资本市场提供了一个无可比拟的融资基地。

- 全球存托凭证（GDRs）：境外发行人也可以通过发行以美元为计价单位、全球发行的存托凭证来促进其证券的交易。全球存托凭证与美国存托凭证的原理是一样的，唯一的区别在于全球存托凭证是部分或全部在美国以外的区域运作。

三、监管制度差异与中概股的未来

从 2020 年开始，中概股们便陷入一系列风波之中，多家中国互联网企业遭遇做空者的猎杀，瑞幸咖啡、爱奇艺、跟谁学、YY 都相继成为做空机构的目标，其中跟谁学更是遭遇 4 家机构的 12 次猎杀。实际上，自 2010 年开始，就不停地有国外机构做空中概股，大部分中概股被做空后，或退市，或苟活，或反杀。因此，一定要充分理解美国资本市场的特性，才能正确看待中概股的未来。

（一）美国资本市场的全民监管体系

不同于国内资本市场，美国证监会只负责监管信息披露。其他监管，是由律师事务所、会计师事务所、投资机构、个人投资者、媒体等市场力量共同完成的，这是一个全民监管体系。

从美国法律角度，收入造假如果属实，一般会构成会计造假、披露文件虚假以及欺诈等，违反美国《1933 年证券法》第 6 条到第 8 条等关于上市公司注册文件的要求，《1934 年证券交易法》第 12 条、第 13 条等关于公司财报的要求，以及《1933 年证券法》关于禁止操纵和欺诈手段的条款等。《1933 年证券法》和《1934 年证券交易法》都有刑事处罚的规定，对于违反有关法律条款或者故意不实申报、漏报，可能会被处以罚金或监禁，后果很严重。

美国法律具体涉及的责任大概有五个层次：一是对公司的集体民事诉讼索赔，投资者可以通过提起或加入集体诉讼索赔；二是对公司的罚金，如果最终认定有证券虚假陈述并导致的罚金，这个罚金原则上也是用于弥补投资者损失的；三是公司可能会在民事诉讼和处罚之后，因为财务状况进一步恶化，逐步资不抵债甚至破产，受到破产法的管制；四是公司的董事、高管可能也要承担责任，可能会成为被告，当然董事高管责任险有可能覆盖未来赔偿支出的一部分，但不大可能全部覆盖；五是中介机构的责任，包括上市的承销商、会计师事务所等，通常承担的是过错责任。

因此，SEC对美国上市公司严格约束，上市公司的合规成本是很高的。但是，为了吸引全球资本，美国证券法律又为外国私人发行人（Foreign Private Issuer，简称FPI）提供了诸多特殊的豁免政策，包括减少披露义务、降低财务报表要求等，这对很多中概股是实实在在的好处。中概股之所以被认为财务不规范、信息披露不规范，很大程度上来源于此，因为只要被定位为FPI，就能够允许这些公司使用其他会计、管理和报告方法。作为FPI的中概股，既可以使用美国通用会计准则（US GAAP）、国际会计准则，也可以使用中国会计准则（公司本地会计准则）。

一方面，中美两国的会计制度存在差异，另一方面，不可否认存在不少中国公司利用FPI进行财务造假，中概股成了做空机构的主要目标。中概股被做空还有两个规律性：一是对中概股的指控集中在财务欺诈问题上。二是被做空的过程很相似，大概会经过几个重要节点：（1）做空机构发布报告；（2）股价大幅下跌；（3）股东利益受损后提出集体诉讼并进入法律流程，随后和解或判决赔偿；（4）公司被停牌或退市；（5）SEC起诉，公司支付违法所得和额外罚金。

（二）VIE 架构及其风险

"VIE 架构"，即可变利益实体（Variable Interest Entities），也称为"协议控制"，即不通过股权控制实际运营公司而通过签订各种协议的方式实现对实际运营公司的控制及财务的合并。VIE 架构现主要用于中国企业实现海外上市、融资及外国投资者为规避国内监管对外资产业准入的限制。VIE 架构存在已久，但其一直处于"灰色"地带，虽然在一些部门规章中已有关于 VIE 架构相关内容的规定，但目前的中国法律并未对 VIE 架构做出定性。

VIE 架构的诞生有其特定的历史背景。中国政府出于主权或意识形态管制的考虑，禁止或限制境外投资者投资很多领域，比如电信、媒体和科技（TMT）产业的很多项目，但这些领域企业的发展需要外国的资本、技术、管理经验。于是，这些领域的创业者、创业投资家和专业服务人员（会计师、律师）共同开拓了一种并行的企业结构规避政府管制，其具体操作步骤如下（如图 5.4）：

- 资本先在中国国内找到可信赖的中国公民，以其为股东成立一家内资企业，这家企业可经营外资不被获准进入的领域，比如互联网经营领域、办理互联网出版许可证、网络文化经营许可证、网络传播视听节目许可证等都要求内资企业。
- 同步地，资本在开曼或者英属维尔京群岛等地注册设立母公司，母公司在香港设立全资子公司，香港子公司再在中国国内设立一家外商独资公司（香港公司设立这个环节主要为了税收优惠考虑）。
- 独资公司和内资公司及其股东签订一组协议，具体包括：《股权质押协议》《业务经营协议》《股权处置协议》《独家咨询和服务协议》《借款协议》《配偶声明》，等等。
- 通过这些协议，注册在开曼或者英属维尔京群岛的母公司最终控制中国的内资公司及其股东，使其可以按照外资母公司的意志经营内资企业，分配、转移利润，最终在完税后将经营利润转移至境外母公司。

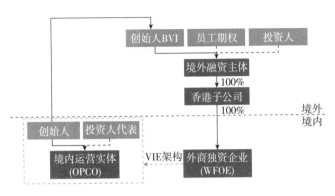

图 5.4　VIE 架构示意图

在新浪公司走通 VIE 架构这条路并成功在美国上市后，VIE 架构几乎成为中国蓬勃发展的互联网企业在海外上市的唯一方式。在互联网技术高速发展的大背景下，VIE 协议使外国资本、技术、管理经验源源不断进入中国，使中国有了自身独立的互联网产业，在很多领域推动中国快速变革，从政府到整个产业的国内外资本、创业者以及网民都获益匪浅，VIE 架构创造了一个多赢的格局。在这个背景下，中国政府对于 VIE 架构的态度一直比较暧昧，既不认可 VIE 架构的合法性，也不愿意将 VIE 架构一概斥之违法。

实际上，政府默许 VIE 架构存在的原因主要包括以下两方面：

- 一方面，由于互联网发展需要大量资金投入，这是政府及国内众多创业投资基金在当下环境中，无法承担的巨大投入。因此，默许 VIE 架构存在，让这些互联网企业到海外去上市，拿海外投资者的资金来发展中国互联网事业，成为必然选择。
- 另一方面，政府又深刻意识到媒体、文化、出版、互联网等属于牵扯国家意识形态的领域，如果不加以引导和监管，久而久之可能丧失国家的舆论话语权。因此，一直以来，政府对 VIE

架构的态度较为纠结和暧昧。

1. VIE 架构下利润如何转移

VIE 架构下，利润一般产生在境内的运营实体，境外的控股公司、香港公司及外商独资企业（WFOE）往往没有实质性的资产及业务运营，因此一般也不产生利润。总的来讲，VIE 架构下利润转移的路径是：境内运营实体 → WFOE → 香港公司 → 境外控股公司。由于 WFOE 是股权上 100% 受控于香港公司，香港公司股权上又 100% 受控于境外控股公司。因此，利润从 WFOE 到香港公司，并进一步从香港公司到境外控制公司，都是以"子公司向母公司"进行红利分配的形式完成。

VIE 结构下，由于境内公司与 WFOE 不存在股权控制关系，是通过 VIE 协议实现控制的。因此，境内运营实体产生的利润也是通过 VIE 协议转移到 WFOE，具体表现在以下两方面：

- WFOE 向境内运营实体独家提供技术咨询服务、企业管理等服务，并向境内运营实体收取咨询服务费；
- 在 VIE 架构下，往往将法律上可以由 WFOE 持有的 IP 都转让给 WFOE，而后 WFOE 再许可给境内运营实体使用，并向境内运营实体收取知识产权许可使用费。WFOE 通过上述一种或多种方式从境内运营实体收取的费用往往能占到境内运营实体利润的全部，由此实现利润从境内运营实体到 WFOE 的转移。

一旦 VIE 架构形成，根据美国通用会计准则或者国际会计报告准则，境外控制公司就能直接合并境内运营实体、WFOE 及香港公司的财务报表。而实践中，VIE 架构的公司鲜有真正将利润实质性转移到境外控股公司的。

2. VIE 存在的风险

第一，合同签订过程中的违约风险，即境内公司违反其合同义务的风险。外部上市壳公司与国内签署的利润转移协议完全出自合同签订双方的自愿原则，即使境外企业采取一些风险应对措施，但是并不能从根本上消除此项风险。

第二，政策监管漏洞存在的法律风险，这种风险主要来源于中国法律即政府监管政策的变化。所有采用合同控制模式的境外间接上市，其所涉及的行业根据中国法律都限制和禁止外资进入，作为变通做法的 VIE 结构的合法性，完全取决于中国政府的立场和态度。一旦国家相关部委出台相应的规定，可能会对采取 VIE 结构的公司造成影响。

第三，对外投资过程中存在的外汇管制风险。例如，2009 年世纪佳缘境外上市案例中，其在中国境内开展实体业务的两大子公司未能如期取得国家外汇管理局审批的外汇登记证，由此导致外商投资企业批准证书也失效。这就使投资者对世纪佳缘的投资具有不确定性，为公司的发展蒙上了一层阴影。

第四，税务风险。VIE 结构公司涉及大量的关联交易以及反避税问题，因此在股息分配上存在潜在的税收风险。上市壳公司在中国内地没有任何业务，一旦需要现金只能依赖于 VIE 向其协议控制方及境内注册公司分配的股息。

第五，控制风险。因为协议控制关系，上市公司对 VIE 制度下的企业没有控股权，可能存在经营商无法参与或公司控制经营管理的问题。由协议而形成的债权在法律效力上只具有一般的对抗效力，远不及所有权的排他效力。

（三）中美监管合作与中概股的未来

随着中美贸易摩擦的进展以及中概股遭遇集体做空，中国公司赴美上市遇到了寒流。很多已上市公司也纷纷退市回归内地资本市场，或者在香港资本市场二次上市。

2022 年 4 月 9 日，中国证监会主席易会满表示，将按照"尊重国际惯例、遵守国内法规"的原则，推动中美审计监管合作取得成果，为资本市场高水平开放构建可预期的国际监管环境。为中国企业赴美上市再次开辟了通道。

美国资本市场仍然是世界上最成熟、最开放的市场，只要解决了一些信息披露的监管差异问题，美国资本市场不会对中国企业关闭大门。做空机制是资本市场自身发展出来的一个自律性机制，是证券市场自身特点决定的，本身是市场机制的一部分，做空者完善了市场的平衡力量，有助于市场健康。经历之前的若干次做空事件，中概股对于做空机制的手段和套路越来越熟悉。应对和防御做空者，重中之重还是信息披露的真实、准确、完整、及时和公平。

未来寻求在美国上市的中国公司，一定要更重视公共关系问题，特别是与美国财经媒体建立畅通的沟通关系，在遭遇做空打击时，能够第一时间连线，传递公司的正面信息。美国上市公司中有财经公关这一专业角色，与投资者甚至是律师、投行人士的不少职能都有重合，对于塑造公司形象、传递公司投资价值、处理负面报道和舆论风暴都很重要。

中国企业要转型升级，国有企业要混合所有制改革，中国经济要保持中长期高质量发展，依然需要外资投入，特别是在最近几年境内出现资本项目下净流出，外汇储备有所下降的情况下，中国企业股票无疑是吸引国际资本进入中国的重要途径，是抵制逆全球化声音的非常正面而积极的力量。总之，美国资本市场在可预见的未来，仍将会是中国企业上市的重要地点之一。

第二节　香港资本市场与上市路径

一、香港资本市场与制度创新

1986 年香港联合交易所（联交所）开始运作，见证香港资本市场由区域性资本市场向国际金融中心升级。在全球投资人眼中，香港资本市场是全球金融体系中最重要的枢纽之一,多年来一直是中国内地企业赴境外上市的主选地。境内企业在香港资本市场中已有50.7%的上市家数,占有73.3%的总市值。

2018年,港交所也敢于正视存在的问题,从全球金融中心视野出发,意识到发行人过于集中于内地,行业集中于金融和房地产业,新经济和其他高增长行业占比较低,推出多项改革措施:

- 允许无赢利的生物科技公司上市;
- 允许不同投票权企业上市(一股最高可达20股投票权);
- 为创新企业在香港二次上市提供便利。

据港交所统计,自2018年4月上市新规生效起至2021年8月31日,内地已有165家新经济企业(包括医疗健康及生物科技公司)加入香港市场,首次公开招股融资总额达7 810亿港元。未来港股有望迎来更多中国新经济板块公司,包括TMT、新消费、生物科技、先进制造业等,这些"新经济"将驱动港股整体估值进一步提升。

随着中国政府对香港支持力度进一步加大,越来越多的境内投资者通过"沪港通""深港通"进入香港资本市场,境内与香港市场的互通互联,将逐步形成一个共同市场。从沪港通、深港通开通到现在,内地累计南下资金超过2万亿元。除通过沪港通、深港通直接投资外,投资者还通过2 000多只基金间接投资。

中国内地和香港市场的资金双向流动,以及香港市场与全球市场的资金流动,巩固了香港资本市场的独特优势,不仅使企业IPO融资便利,也使企业上市后再融资非常便捷。上市后的融资渠道基本涵盖后续增发、配股、大宗交易等。在效率上,大宗交易和后续发行可以隔夜进行,操作非常快捷,进一步降低了市场风险,再融资可以在下一个交易日早上开市前公布,不用停牌,保持交易的连续性。

香港联交所一般接纳下列司法地区注册成立的上市实体:中国香港、中国内地、百慕大群岛、开曼群岛,以及其他至少能提供相当于香港保障水平的司法地区。根据联交所规则，总结香港上市的主要要求如下（详细内容及其他条款请参阅联交所上市规则）：

（一）香港主板（A）上市要求

1. 有关业绩记录及市值方面要求

公司需要三年的完整运营记录，且满足以下三项资格测试的其中一项。

- 赢利测试：于2022年1月1日或之后提交的主板上市申请，过往三年利润至少为港币8 000万元，其中首两年利润总额至少为港币4 500万元，最后一年利润至少为港币3 500万元；上市时市值至少达到港币5亿元。

- 市值/收入/现金流量测试：最近一个经审核财政年度的收入至少达港币5亿元；在过去三个财政年度的经营业务所得的现金流合计至少达到港币1亿元；上市时市值至少达到港币20亿元。

- 市值/收入测试：最近一个经审核财政年度的收入不少于港币5亿元；上市时市值不少于港币40亿元；于市值/收入测试中豁免三年业务记录规定的先决条件：（1）董事及管理层在上市业务和行业拥有足够（至少三年）及令人满意的经验；（2）管理层在最近一个经审核的财政年度维持不变。

2. 最低公众持股量

上市时，公众持股量不低于预期市值港币1.25亿元，且必须占公司已发行股本总额至少25%；若公司在上市时的市值超过港币100亿元，则联交所可能会接受将公众持股量降至15%~25%。

3. 对控股股东的限制

上市时的控股股东须承诺：（1）在公司上市文件日期起至上市后前六个月内，不会出售其在公司的权益；（2）在公司上市后第二个六个月期间，不会出售其在公司的权益以导致其不再是公司的控股股东，控股股东须维持至少30%在公司的权益。

4. 其他考虑因素

上市时需要至少300名股东；管理层最近三年不变；拥有权及控制权最近一年不变［一般指同一（批）股东对公司的控制］等。

特别注意，控股股东或董事可进行与公司有竞争的业务，但须作全面披露。

（二）香港主板（B）：生物科技公司及不同投票权的特别上市要求

1. 未有收入或赢利的生物科技公司

未有收入或赢利的生物科技公司必须符合于"香港主板（A）"部分列出的一般主板上市要求（财务资格测试除外）及以下要求：

- 至少有一只核心产品已通过概念阶段；
- 上市前最少十二个月一直从事核心产品的研发；
- 上市集资主要作研发用途，以将核心产品上市；
- 必须拥有与其核心产品有关的已注册专利、专利申请及/或知识产权；
- 上市前最少六个月前得到最少一名资深投资者提供相当数额的投资，且招股时仍未撤回投资；
- 市值及最少公众持股量要求：上市时市值不少于15亿港元；公众持股量不少于25%（于上市时须有至少3.75亿港元的公众持股量，当中不包括首次公开招股时现有股东认购的股份以及透过基石投资所认购的股份）；
- 营运资金要求：营运资金足可应付集团由上市文件刊发日期起计至少十二个月所需开支的至少125%。

2. 不同投票权发行人

不同投票权发行人必须符合"香港主板（A）"列出的一般主板上市要求以及以下要求。

- 具备多于一项的下述特征的创新产业公司：

- 公司成功营运有赖其核心业务应用了（1）新科技；（2）创新理念；及/或（3）新业务模式。
- 研发为公司贡献大部分的预期价值，亦是公司的主要业务及占大部分开支。
- 公司成功营运有赖其独有的业务特点或知识产权；及/或相对于有形资产总值，公司的市值/无形资产总值极高。
- 证明其有高增长业务的记录，及高增长轨迹预期可持续。
- 每名不同投票权受益人的技能、知识及/或战略方针均对推动公司业务有重大贡献；及必须（1）为个人，并均积极参与业务营运的行政事务，为业务持续增长作出重大贡献；及（2）为发行人上市时的董事。
- 必须已得到最少一名资深投资者提供相当数额的投资，且至进行首次公开招股时仍未撤回投资。该等投资者于上市时的总投资额最少有50%要保留至首次公开招股后满六个月。
- 市值要求：上市时市值至少为400亿港元；或上市时市值至少为100亿港元及在最近一个经审计财政年度取得至少10亿港元收入。
- 特别的企业管治要求：须委任常设的合规顾问；须有包括独立非执行董事的提名委员会；独立非执行董事须至少每三年轮流退任；须有完全由独立非执行董事组成的企业管治委员会；上市规则中列明的相关重要事宜必须按"一股一票"基准决定；将上市规则中相关不同投票权规则纳入组织章程文件中。
- 不同投票权其他基本要求：同股同权股东必须拥有不少于10%的合资格投票权，即不可以将股东大会的投票权全部赋予不同投票权股份的受益人；不同投票权股份所附带的投票权不得超过普通股权投票权的10倍；① 所有不同投票权受益人合计拥有

---

① 从这一点来看，港股市场要比美股市场的管控标准更为严格。

申请人首次上市时已发行股本总额至少为 10% 的相关经济利益；不同投票权受益人只限于发行人上市时的董事会成员。倘受益人（1）身故/不再为董事/失去行为能力/不再符合有关董事的规定；或（2）将股份转让予另一名人士，该受益人股份所附带的不同投票权将永远失效；上市后，不得提高已发行不同投票权比重，亦不得增发任何不同投票权股份。

（三）香港创业板 GEM 上市要求

1. 有关业绩记录及市值方面的要求

公司需要有不少于两个财政年度的营业记录，且满足下列条件：

- 没有赢利要求，但需要在过去两个财政年度的经营业务所得的净现金流入合计至少达到港币 3 000 万元；
- 上市时市值至少达到港币 1.5 亿元；
- 最近两个完整财政年度及至上市日期为止的整段期间内，其管理层必须大致维持不变；
- 最近一个完整财政年度及至上市日期为止的整段期间，其拥有权和控制权［一般指同一（批）股东对公司的控制］必须维持不变。

2. 最低公众持股量

公司上市时，公众持股量不低于市值港币 4 500 万元，且占比必须不低于公司已发行股本总额的 25%。

3. 对控股股东的限制

上市时的控股股东须承诺：在公司上市文件日期起至上市后首十二个月内，不会出售其在公司的权益；在公司上市后第二个十二个月期间，不会出售其在公司的权益以导致其不再是公司的控股股东，及控股股东在公司的权益以上须维持在 30% 以上。

4. 其他考虑因素

如果控股股东、主要股东或董事进行与公司有竞争的业务，须作全面披露并在申请文件中响应监管机构的相关提问；公司上市后前六个月内，除为了收购资产以配合其业务外，不能发行新股。

二、赴港上市模式与程序

内地中资企业（包括国有企业及民营企业）若选择在香港上市，可以以H股或红筹股的模式进行上市，或者是买壳上市。

（一）发行H股上市

中国内地注册的企业，可通过资产重组，经所属主管部门、国有资产管理部门（只适用于国有企业）及中国证监会审批，组建在中国注册的股份有限公司，申请发行H股在香港上市。

H股发行上市程序需要经过内地和香港交易所双方的审核，内地申请及审核程序如图5.5，香港交易所相关申请和审议程序如图5.6。

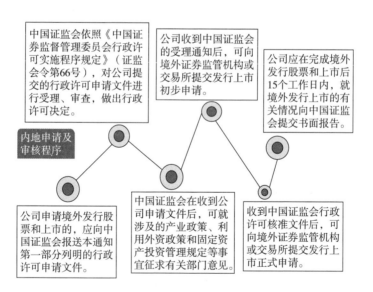

图 5.5　H 股上市内地申请及审核程序

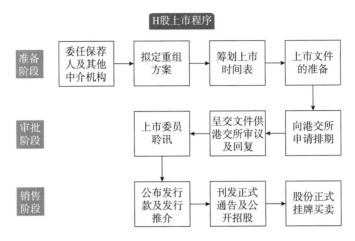

图 5.6　H 股上市香港交易所相关申请及审议程序

其中香港交易所相关审议标准参见前述的上市要求。境内申请及审核主要关注如下内容。

- 募资用途：符合国家产业政策、利用外资政策及国家相关固定资产投资立项的规定；
- 治理结构：具有规范的法人治理结构及较完善的内部管理制度，有较稳定的管理人员和较高的管理水平；
- 外汇要求：上市后分红派息有可靠的外汇来源，符合国家外汇管理的有关规定；
- 业务范围：无明文限制，但在境内证监会审批赴港上市申请时，房地产和产能过剩行业较难通过；科技部认证的高新技术企业优先批准；符合条件的生物科技公司有绿色通道。

（二）发行红筹股上市

红筹上市指发行人在中国香港或海外注册成立的控股公司（包括百慕大或开曼群岛）作为上市个体，适用注册地的法律和会计制度，但发行人的主要资产和业务仍在中国内地。该海外注册控股公司在香港申请发行上市被称为红筹股上市。

具体操作上，红筹模式又分为股权模式和VIE模式。针对红筹模式的境内主体不同又分为"大红筹"和"小红筹"：

- 大红筹的境内主体为国有企业。内地国有企业在香港注册公司，并以境外中资控股公司的名义在香港上市（"大红筹"）。
- 小红筹的境内主体为民营企业。内地企业以其股东或实际控制人等个人名义在境外设立特殊目的公司，并以股权、资产并购或协议控制等方式控制内地企业权益后，以境外特殊目的公司名义在香港上市（"小红筹"）。

股权控制结构的红筹模式如图5.7。创始人和有关投资人在海外离岸地（多在开曼群岛）设立特殊目的公司作为上市主体（即"境外融资主体"），境外融资主体直接或间接（如通过香港子公司）在境内新设外商独资企业（即"WFOE"）作为运营实体开展业务，或以并购方式将境内运营实体的股权或资产置入境外融资主体的控制之下。

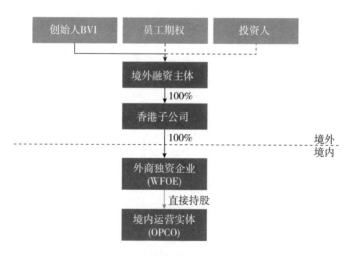

图5.7 股权控制结构的红筹模式

在股权控制模式下，企业通过境外主体返程投资在境内新设子公司，并不存在法律上的障碍。但如企业拟通过境外主体或其在境内设立的子公司并购其在境内已有的企业或资产，则可能会构成"关联并购"。按照相关规定，"关联并购"须经商务部审批。过往案例存在一些规避"关联并购"的模式，比如两步走模式、资产租赁模式、VIE模式等，需要依据项目特点具体考量。需要说明的是，以VIE架构回避关联并购审批，虽有先例（如中国秦发香港上市案例），但其因政策原因并不具有复制性，亦无法满足香港交易所的监管要求。另一方面，由于《中华人民共和国外商投资法》已于2020年1月1日起施行，"关联并购"的规则后续可能会发生变化，这将影响部分直接持股模式下的红筹架构搭建操作，需要予以持续关注。

VIE模式主要应用在禁止或限制外商投资的行业，比如互联网、文化等中国政府每年颁布《外商投资准入特别管理措施（负面清单）》规定外商投资准入方面采取特别管理措施的行业。由于若干新经济领域仍属限制、禁止外资的行业，因而在搭建红筹架构时经常采用协议控制模式。

对于新设企业而言，选择"股权控制模式"还是"协议控制模式"主要应考虑境内运营的（和将来拟运营的）业务是否涉及禁止或限制外商投资的行业，尤其是否涉及对外商投资准入股权方面采取禁止或限制要求的行业。

对于已有境内资产的企业搭建红筹架构，则需要将现有业务进行划分，不属于禁止或限制外商投资的行业可采取股权控制模式，而受限部分业务可考虑采用VIE模式。

VIE架构模式下主要关注下面三个问题。

- 外资监管问题：如企业从事业务涉及禁止或限制外商投资的行业，VIE架构可以避免直接违反有关外资规定。不过，企业仍需关注外资监管政策的走向（宏观层面）以及具体行业监管态度的变化（微观层面），例如针对部分涉及意识形态或国家安全的行业，主管机关对VIE架构仍倾向于采取较为严格的态度。

- 商业风险：协议控制较股权控制存在更多的商业不确定性。不过考虑到 VIE 架构目前已为市场接受，该问题不再是创始人或投资人决定是否使用/接受 VIE 架构的主要因素。当然，适当的协议约束以及制度措施仍是控制 VIE 架构风险的重要保障。
- 拟上市地监管要求：出于 VIE 架构存在的商业风险等因素，部分境外上市地证券监管机构或交易所对采用 VIE 架构的企业设定更多规则与限制，以防 VIE 架构被滥用。香港联交所明确要求 VIE 架构的使用"只限切合所需（Narrowly Tailored）"、控制协议中须包括特定条款、申请人进行风险披露等。

（三）H 股与红筹上市对比分析

H 股和红筹两种香港上市方式总体对照如下。

- H 股上市：上市主体为注册在中国内地的公司法人主体；监管机构包括中国证监会、香港证监会、香港交易所；上市条件需要满足中国境内及香港的双重要求；
- 红筹上市：上市主体为注册在中国境外，但业务、利润、资产等均来自中国境内；监管机构为香港证监会、香港交易所；上市条件需要满足香港交易所相关要求。但是公司搭建红筹架构可能需要商务部或外管局的审批。

具体来说，H 股上市与红筹上市的差异比较如表 5.7。

表 5.7 H 股上市与红筹上市的差异比较

	H 股上市	红筹上市
分类	H 股 A+H 股	大红筹：针对国企 小红筹：针对民企
涉及审批事项	中国证监会境外发行股份的核准； 发改委针对境外上市的意见； 国土、环保、税务合法证明；	商务部及发改委对资本出境的审批； 商务部对返程投资的登记； 证监会、国资委对境外上市的批准（国企）；

续表

	H股上市	红筹上市
公司主体资格	遵守国内《公司法》等相关规定设立股份公司作为上市主体	原股东在开曼、百慕大等地设立境外公司，搭建红筹架构作为上市主体
上市要求	香港交易所上市要求； 境内企业境外上市要求： · 国企应符合国有资产相关规定； · 募资符合国家产业政策、利用外资政策及国家有关固定资产投资政策； · 发行优先股，要符合境内关于优先股的规定	香港交易所上市要求： · 赢利测试； · 市值/收入/现金流量测试； · 市值/收入测试
股份转让限制	香港交易所要求； 内地要求： · 股份有限公司成立后，发起人1年内不得转让	香港交易所要求： · 上市6个月内，股东或管理层不能减持； · 6—12月内，不能减持到丧失控股地位
认股权计划	不支持，中国法律无相关内容	可以实施认股权计划激励管理层
增发股票	须中国证监会核准，每年只能增发一次	无须审批，可利用一般授权进行，每年不限次数，但每年增发不多于20%新股，否则需股东会批准
股份流通	只有企业在港股上市融资时对境外发行的股份可流通；内资股份不能在港股市场上交易	所有股份可流通
股东筹资方式	· 内资股不可以在二级市场出售； · 股东可以做股权质押、可转债、可交易债等，无须审批	· 股东可在二级市场出售套现； · 股东可以做股权质押、可转债、可交易债等，无须审批

关于H股的上市地位问题：在内地企业去香港上市的架构下，上市前境内股东持有的股份为"内资股"，外资持有的股票被称为"外资股"。当内地企业在香港市场IPO上市后，其在香港市场发行的H股可以自由流通，外资股也能转为H股流通股，唯独"内资股"受证监会监管规定为非上市股，不能进行流通，只能在中国法人或自然

人、合格国外机构投资者或战略投资者之间转让，这一部分公司的股份流通情况为"不能自由流通的内资股+H股"。

根据《关于境外上市公司非境外上市股份集中登记存管有关事宜的通知》（证监国合字〔2007〕10号）和《境外上市公司非境外上市股份登记存管业务实施细则》（中国结算发字〔2007〕52号）的规定：境外上市公司在境内公开发行人民币普通股的，其非境外上市股份的登记存管业务按照人民币普通股登记存管的规定执行。据此，不能流通H股公司可以选择在H股上市后，再安排内资股在A股市场上市，即实现内资股流通。此类公司统称为"A+H构架下的H股公司"。

2017年12月29日，证监会公布《深化境外上市制度改革，开展H股全流通试点》，将以"成熟一家、推出一家"的方式推进H股全流通试点工作，试点企业不超过3家，在总结评估本次试点情况的基础上，进一步研究推广全流通。截至2017年12月末，港股市场主板上市公司1 821家，全部H股上市公司250家，其中152家尚未全流通（其余基本为A+H股方式实现的全流通）。

可以参与H股全流通试点的企业，只有符合外商投资准入、国有资产管理、国家安全及产业政策等有关法律规定和政策要求，所属行业符合创新、协调、绿色、开放、共享的新发展理念，符合国家产业政策发展方向，契合服务实体经济和支持"一带一路"建设等国家战略，且具有一定代表性的优质企业才可以适用"全流通"，而且存在存量股份的股权结构相对简单、存量股份市值不低于10亿港元等要求。H股全流通改革未来的深入和推广将会进一步提升H股上市方式的吸引力。

总结来说，H股与红筹上市方式的优缺点对比列举如表5.8。

表 5.8　H 股与红筹上市的优缺点对比

方式	优点	缺点
H 股	· H 股在未来可以做 A+H 股，新三板 +H 股，甚至 H 股全流通，融资方式更多元化，企业股票流通量将扩大，并改善流通市值和企业规模不匹配问题，拓宽股东资金退出渠道 · 境内企业直接境外上市，不涉及境内资金流出，故受外汇政策变化带来的风险较小	· 上市审核时间更长、要求更高、手续更麻烦 · 企业上市后涉及融资、增发、退市等重大事宜时，限制更多 · 大股东股权转让或融资途径更受限制
红筹股	· 上市审核时间更短、要求更低、手续更简单 · 企业上市后涉及增发、融资、退市等重大事宜时，自由度更高 · 大股东股权转让或融资途径更多，更易操作	· 企业在境内进行资本运作的方式更少，且 VIE 模式回归境内市场时还涉及重新搭建架构，时间成本更高 · 如选择 VIE 等模式，属于绕开境内机关监管的情形存在一定的法律风险（目前香港对 VIE 结构更为谨慎） · 红筹模式涉及返程投资，还需商务部审批 · 红筹模式涉及境内资产装入境外体系中，还涉及外汇监管，外汇政策的变化可能会对上市企业产生影响

（四）买壳上市

买壳上市是指向一家拟上市公司收购上市公司的控股权，然后将资产注入，达到"反向收购、借壳上市"的目的。香港联交所及证监会都会对买壳上市有几个主要限制。

- 全面收购：收购者如购入上市公司超过 30% 的股份，须向其余股东提出全面收购。
- 重新上市申请：买壳后的资产收购行为，有可能被联交所视作新上市申请。
- 公司持股量：香港上市公司须维护足够的公众持股量，否则可能被停牌。

买壳上市初期未必能达到集资的目的，但可利用收购后的上市公司进行配股、增发集资。买壳上市在已有收购对象的情况下，筹备时间较短，工作较精简。然而，需更多时间及规划去回避各监管的条例。买壳上市手续有时比申请新上市更加烦琐。同时，很多内地及香港的审批手续并不一定可以省略。

第三节　发展中的内地多层次资本市场

一、内地多层次资本市场建设

目前，中国内地正在大力发展建设多层次资本市场，基本形成上交所"主板＋科创板"、深交所"主板＋创业板"、北交所＋原新三板的创新层和基础层的市场格局。科创板重点支持6个领域的科创企业发行上市，创业板重点支持"三创四新"企业发行上市，北交所重点支持"专精特新"企业融资上市（如图5.8）。

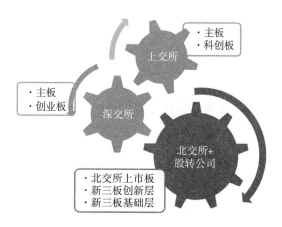

图5.8　内地多层次资本市场现状

内地资本市场经过多年的发展,企业上市发行审核制度经历多次变革,从最初的审批制,经历核准制(通道制)、核准制(保荐制),已经于2019年科创板正式开始实施企业上市发行审核注册制,并正在向全市场的发行审核注册制推进(如图5.9)。与企业上市发行审核制度相关的一个制度是新股发行的定价方式。新股发行定价方式也逐步由政府定价向市场化询价、定价方式转变。

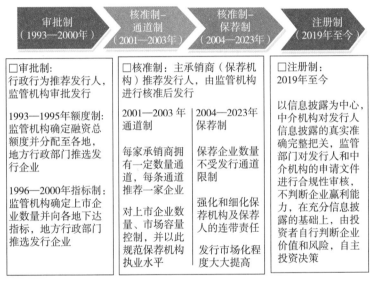

图5.9　内地发行审核制度体系演进历史

二、科创板、创业板与北交所

上交所科创板、深交所创业板、北交所上市板,这三个板块将是未来科技创业投资主要面对的企业上市通道。

(一)三个板块的制度特征对比

深交所创业板于2009年启动,上交所科创板于2019年启动,北交所在原有股转公司(新三板)的基础上,于2021年9月正式成立。

三个板块在不同的历史阶段承担了不同的历史使命，三个板块设立之前的历史积淀也决定了各自的不同特色。

本小节通过表5.9将三个板块的制度特征进行对比分析。

表5.9 科创板、创业板、北交所制度特征对比

项目	科创板	创业板	北交所
发行审核	注册制，以信息披露为中心	注册制，以信息披露为中心	注册制，以信息披露为中心
审核时间	·审核时限原则上6个月（交易所审核3个月，问询回复时限3个月） ·证监会注册时间不确定 ·审核主体为上交所	·审核时限原则上6个月（交易所审核3个月，问询回复时限3个月） ·证监会注册时间不确定 ·审核主体为深交所	·交易所审核时限2个月 ·问询回复时限企业自主确定 ·证监会20个工作日给出注册决定 ·审核主体为北交所
基本条件	·持续运营3年以上 ·主营业务、实际控制人和管理层2年内保持稳定	·持续运营3年以上 ·主营业务、实际控制人和管理层2年内保持稳定	·持续经营条件符合新三板挂牌条件 ·在新三板连续挂牌12个月的创新层公司
核心上市条件	·5套上市财务标准、允许未赢利企业上市 ·接受红筹、VIE、同股不同权企业上市	·3套上市财务标准、允许未赢利企业上市，但有一年过渡期 ·接受赢利的红筹、VIE、同股不同权企业上市	·4套上市财务标准、允许未赢利企业上市 ·接受红筹、同股不同权企业上市，VIE尚不确定
上市标准1：市值+净利润	·市值≥10亿元 ·最近2年净利润均为正 ·累积净利润≥5 000万元	·最近2年净利润均为正 ·累积净利润≥5 000万元	·市值≥2亿元 ·最近2年净利润均≥1 500万元 ·加权平均ROE≥8%
上市标准2：市值+净利润+收入	·市值≥10亿元 ·最近1年净利润为正 ·营业收入≥1亿元	·市值≥10亿元 ·最近1年净利润为正 ·营业收入≥1亿元	·市值≥2亿元 ·最近1年净利润均≥2 500万元 ·加权平均ROE≥5%

续表

项目	科创板	创业板	北交所
上市标准3：市值+收入+研发投入	・市值≥15亿元 ・最近1年营业收入≥2亿元 ・最近3年累积研发投入占累积营收比例≥15%	无相关条件	・市值≥8亿元 ・最近1年营业收入≥2亿元 ・最近3年累积研发投入占累积营收比例≥8%
上市标准4：市值+收入+经营现金流	・市值≥20亿元 ・最近1年营业收入≥3亿元 ・最近3年经营现金流净额累积≥1亿元	无相关条件	・市值≥4亿元 ・最近2年营业收入平均≥1亿元 ・最近1年营收增长率≥30% ・最近1年经营活动现金流金额为正
上市标准5：市值+收入	・市值≥30亿元 ・最近1年营业收入≥3亿元	・市值≥50亿元 ・最近1年营业收入≥3亿元	无相关条件
上市标准6：市值+研发投入	・市值≥40亿元 ・符合科创板定位需具备的技术优势和条件	无相关条件	・市值≥15亿元 ・最近2年研发投入合计≥5 000万元
发行承销及投资者适当性	・采取市场化定价方式 ・战略配售有条件 ・投资者门槛50万元	・市场化询价机制+特殊情况定价发行 ・战略配售无门槛 ・投资者门槛10万元+2年投资经验	・主承销商协商定价，网下询价，或者网上竞价三种方式 ・战略配售无门槛 ・投资者门槛100万元，未来可能降至50万元
交易方式	・竞价交易、大宗交易、盘后固定价格交易 ・条件成熟在竞价交易的基础上引进做市商机制	・竞价交易、大宗交易、盘后固定价格交易	・竞价交易、大宗交易、盘后固定价格交易 ・可以参考新三板制度引进做市商机制

续表

项目	科创板	创业板	北交所
涨跌幅限制	・涨跌幅限制比例为30% ・无涨跌幅限制的情形： （1）向不特定合格投资者公开发行的股票上市交易首日（不包括增发）； （2）退市整理期首日	・涨跌幅限制比例为20% ・首次公开发行上市的股票，上市后的前5个交易日不设价格涨跌幅限制	・涨跌幅限制比例为20% ・首次公开发行上市的股票，上市后的前5个交易日不设价格涨跌幅限制

（二）IPO发行上市程序与审核理念

三个板块发行上市的机构设置与程序大同小异。

机构设置包括行业咨询委员会、发行审核中心和上市委员会。

- 行业咨询委员会：由各个专业技术领域的专家组成，为发行上市审核提供专业咨询和政策建议。
- 发行审核中心：交易所设立的独立审核部门，负责对发行人提交的公开发行上市相关资料进行审核。
- 上市委员会：负责对审核部门出具的审核报告和发行人的申请文件提出审议意见。

发行上市审核与注册程序如图5.10。

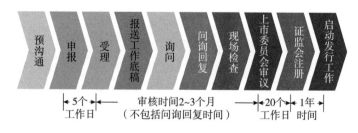

图5.10 发行上市审核与注册流程

- 问询：交易所审核部门通过向发行人提出审核问询，发行人回答问题的方式展开审核工作，进而判断发行人是否符合发行条件、上市条件和信息披露要求。
- 现场检查：交易所通过对发行人实施现场检查，要求保荐人和证券服务机构对有关事项进行核查等方式要求发行人补充申报材料及应披露事项。
- 证监会注册：证监会收到交易所报送的相关审核资料后，履行发行注册程序。

在注册制下，以信息披露为核心的企业上市要求和监管理念，对企业提出的要求如下：

- 有明晰的产权关系和清晰的资本形成过程；
- 有规范的公司治理和内控制度；
- 有比较优势和核心竞争力的商业模式；
- 有较强的持续经营与发展能力；
- 围绕主业具有较大的发展空间。

（三）转板制度与创业投资生态

2021年2月26日，上交所、深交所相继发布《全国中小企业股份转让系统挂牌公司向上海证券交易所科创板转板上市办法（试行）》和《全国中小企业股份转让系统挂牌公司向深圳证券交易所创业板转板上市办法（试行）》，明确了新三板精选层挂牌公司向科创板或创业板转板上市的条件、审核机制与程序和上市衔接安排。整体而言，转板应当在精选层连续挂牌1年以上，转入不同板块需满足意向板块的定位。沪深交易所对转板条件做出了细致的规定：转板应当满足5项基本条件和2项为转板上市而设计的独特条件，其中基本条件与科创板或创业板IPO条件一致。

2022年3月4日，沪深交易所先后发布北交所上市公司向上交所科创板转板办法、向深交所创业板转板办法。上交所对《全国中小企业股份转让系统挂牌公司向上海证券交易所科创板转板上市办法（试行）》进行了修订，并更名为"《北京证券交易所上市公司向上海证券交易所科创板转板办法（试行）》"。深交所也同样发布《深圳证券交易所关于北京证券交易所上市公司向创业板转板办法（试行）》。

随后，在2022年3月，有三家北交所上市公司分别成功转板上海科创板与深圳创业板，这意味着我国多层次资本市场实现了真正意义上的互联互通。

北交所的设立以及转板制度的成功实施，未来将改变创业投资行业的生态。传统上的Pre-IPO投资方式，其投资利润空间将进一步压缩，其投资逻辑将不再成立。创业投资的阶段将进一步前移，支持更早期科技创新与科技成果转化。部分科技企业也将尽早从新三板开始走向资本市场，并在新三板完成后续融资以及向上市公司的无缝衔接。

这种新型的创业投资生态对创业企业和创业投资都提出了新的要求，也带来新的机遇。对创业投资机构而言，一方面需要深刻理解新三板目前的挂牌企业状态，将新三板作为未来的重要项目来源；另一方面，要清楚新三板的运行规则，将已投资的项目选择合适的时机推向新三板，并完成后续向公众上市公司的转变。创业投资的策略选择和退出方式将更加多样化。

三、注册制带来的市场变化

从法律上讲，注册制是指发行人在准备发行证券时，必须将依法公开的各种资料完整、真实、准确地向证券主管机关呈报并申请注册，作为形式审查。至于发行人营业性质，发行人财力、素质及发展前景，发行数量与价格等实质条件均不作为发行审核要件。申报文件提交后，经过法定期间，主管机关若无异议，申请即自动生效。

从业务上讲，注册制是指企业上市发行审核以信息披露为中心，中介机构对发行人信息披露的真实、准确、完整把关，监管部门对发行人和中介机构的申请文件进行合规性审核，不判断企业赢利能力。在充分信息披露的基础上，由投资者自行判断企业价值和风险，自主投资决策。

注册制即所谓的公开管理原则，美国证监会以联邦证券法为基础，对企业上市实行注册制管理，其运作高效、透明，成为全球资本市场的典范。

内地资本市场注册制改革始于2015年。2015年12月27日，第十二届全国人民代表大会常务委员会第十八次会议通过《关于授权国务院在实施股票发行注册制改革中调整适用〈中华人民共和国证券法〉有关规定的决定》，内地资本市场开始启动注册制改革。2019年3月1日，证监会发布了《科创板首次公开发行股票注册管理办法（试行）》和《科创板上市公司持续监管办法（试行）》，注册制首先在上交所科创板落地实施。2020年6月12日，注册制在深交所创业板落地实施。2021年9月，北交所设立时，直接对股票发行采用注册制。2022年4月9日，中国证监会主席易会满在中国上市公司年会上再次强调，要扎实推进全面实行股票发行注册制改革平稳落地，以注册制改革为牵引，统筹推进资本市场基础制度建设、法治体系完善、监管转型与能力提升等重点改革任务落地见效，进一步增强基础制度的适应性、包容性，持续优化市场结构和生态，更好发挥资本形成和资源配置功能。2023年2月17日，中国证监会及交易所等发布全面实行股票发行注册制制度规则，自发布之日起施行。

（一）打破"注册制神话"的认知

注册制改革推行之前，内地资本市场上一直存在"注册制神话"。一旦内地资本市场发生任何问题，都会把责任归结为证监会管得太多，并把"注册制"作为一副包治百病的"灵丹妙药"，认为只要实施"注册制"一切问题都可以迎刃而解。同时也把"注册制"美化成完全市场化、监管机构完全放手的一种状态。

实际上，同样是注册制，中国香港和美国、英国、新加坡等都各有不同。而且注册制实施得比较成功的区域都是实行普通法体系的区域，普通法体系的法律环境和社会环境为注册制的实施提供了支撑，为发行人、中介机构的违规行为提供了完善的法律约束与追责机制。而内地资本市场诞生时间相对较短，很长一段时间仍处于"新兴＋转轨"阶段，国内的证券法、集体诉讼制度等都不完善，无法对上市公司实现类似普通法系区域的法律约束。事实上，直到2020年3月1日生效的《证券法》修订条款，把一些新的法律条款落实到发行审核和交易环节，注册制实施才有了明确的法律依据。

"注册制神话"的一个重要内容就是："美国上市很容易，只要按要求操作就可以，监管机构不审核"。事实上，无论是美国还是中国香港，都存在一个庞大的发行审核机构对企业上市提交的材料进行审核。这个发行审核机构，在美国隶属于美国证监会，在中国香港隶属于香港交易所，但是由香港证监会直接领导。因此，无论哪个国家或区域，企业发行上市都是需要审核的，差异在于"审什么"和"如何审"。

- "审什么"：注册制的审核以信息披露为中心，而不对企业价值进行判断，企业的价值判断留给市场机构。"以信息披露为核心"要求企业真实、准确、完整地披露经营情况和风险因素，比如Facebook上市的招股书中披露了48项风险因素，篇幅占整个招股书内容的七分之一。

- "如何审"：其实"如何审"才是问题的关键。注册制下，监管机构不对企业做价值判断，因此审核过程自由裁量权很小，或者基本没有。审核过程只要勤勉尽责，在规定的时间内完成申报材料的意见反馈。上市委员会也同样不做价值判断，只做合规性审议，因此审核效率高、透明度高。

在注册制下,由于监管机构不做价值判断,企业的价值判断留给市场,因此,企业股票发行的路演和推销变得异常重要。企业和证券服务机构能否将企业发行的股票卖出去和卖到什么价格,决定了企业上市的成败。

以上是对内地流传的"注册制神话"中一些错误的纠正。正确理解注册制,有助于理解中国资本市场未来的发展,以及预见注册制实施后资本市场的一些微观变化。

下面将介绍两个与科技创业投资息息相关的重要变化。

(二)企业上市实际门槛提高

注册制时代,由市场对企业价值进行判断,进而决定企业股票能否发行成功并上市,这种逆向选择将推动企业实际上市门槛提高。

在核准制下,证监会相关审核和监管单位对企业的持续赢利能力进行实质性判断。一方面,绝对权力可能导致腐败,企业上市只要打通相关关键人即可上市,[①]导致企业只要满足基本财务条件即申报,上市后的巨大财富效应也吸引企业尽早申报上市;另一方面,核准制下对发行节奏和发行价格的控制,导致市场新增上市资源稀缺,市场"炒小炒新"理念盛行,新股上市基本不存在销售问题。新股发行必定超额认购、抢购一空,企业上市路演推广完全成为走过场。

在注册制下,监管部门不再对企业进行价值判断,不控制企业发行节奏和价格,新股的发行完全由市场买卖双方力量,基于对企业的价值判断,以市场化方式决定。对于规模较小的企业,新股的发行承销将成为重要瓶颈。发行承销阶段的二级市场投资机构的价值评判标准,将传递到证券公司投资银行业务的客户选择标准上。因此,注册制下,企业的实际发行上市门槛将大幅提高。

实际数据也证明了这一点。2009—2012年创业板开板之后的一

---

① 这一点在证监会反腐查处的相关案件中披露了部分细节,此处不赘述。

段时间,是创业板发行上市的第一个高峰阶段,三年时间申报创业板 IPO 企业超过 1 000 家,高峰时期每年创业板成功上市企业接近 300 家,申报创业板 IPO 的企业申报前一年净利润的平均值约 3 500 万,中位数约 3 100 万;2020 年 6 月,创业板实施注册制,申报创业板 IPO 企业申报前一年的净利润平均值约 8 500 万,中位数约 6 500 万。

(三)企业上市破发将成为常态

股票发行上市注册制必然会增加新股发行数量及上市数量,产生明显的扩容压力,二级市场的平均股价水平也必将下移。换而言之,发行注册制的实施必定以股票价格水平的下跌为代价,这是不可避免的事情。

根据 Wind 数据统计,2021 年上市的 524 只股票中,有 22 只新股首日破发。而 2022 年新股破发现象更加严重,截至 2022 年 4 月 15 日,A 股共有 95 只新股上市,深市主板 6 只、创业板 40 只、沪市主板 10 只、科创板 32 只、北交所 7 只,其中首日破发股即达 24 只。截至 4 月 15 日,按前一个交易日收盘价计算,有 51 只股票已经跌破了首发价格,占比超过一半。

过去 12 年的新股首日破发率如图 5.11 所示。上一次的高破发率出现在 2011—2012 年,当时中国证监会正在进行核准制下的新股发行定价制度改革,当时的首日高破发率是制度改革的尝试,也可以说是监管层有意为之的结果。

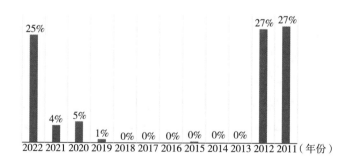

图 5.11 过去 12 年的新股首日破发率数据

第五章 资本市场与投资价值观

在股票发行注册制下,二级市场投资人的投资估值体系将直接体现在股价上。这将与直接引发一级市场创业投资与二级市场股票投资之间的估值体系冲突,[①]进而推动一级市场创业投资的估值体系以及投资策略变革。

普源精电公司的案例即体现了一二级市场估值体系的冲突。2022年4月8日,电子测试测量仪器厂商普源精电登陆科创板,首日下跌34.66%,刷新了A股首日跌幅纪录。一同被击穿的,还有普源精电背后创业投资机构的成本线。普源精电是国内首家具备通过搭载自研芯片实现4GHz带宽和20GSa/s采样率的高端数字示波器产业化能力的企业,打破了高端数字示波器领域的国外技术垄断。早在2020年,普源精电的A轮及A+轮一共融了4.5亿元,引进了7家创业投资机构。A+轮时估值已经升至40亿元,折算单价为43.74元/股。而4月8日收盘,普源精电的股价仅为39.78元/股(如表5.10)。

表5.10 普源精电上市前股权融资价格

时间	变更事项	转让方	受让方/增资方	转让出资额/认缴股份数(万元;/万股)	转让增资比例	转让/认缴单价(元/注册资本)	转让/认缴金额(万元)
2020年6月	增加注册资本869.62万元	—	汇琪创业、檀英投资、乾刚投资、元禾重元、招银现代、招银共赢	869.62	9.80%	40.25	35 002.13
2020年12月	增加注册资本228.60万元	—	尚瓴耀恒	228.60	2.51%	43.74	10 000.00

来源:普源精电招股书。

[①] 关于一二级市场投资估值体系的差异,请参见本书第八章估值分析中的相关内容。

在汹涌的破发潮之下,类似普源精电的一二级市场估值倒挂已经屡见不鲜,注册制下的资本市场把创业投资机构的定价体系粉碎掉,让创业投资人陷入了迷茫。在一二级市场估值严重倒挂的情况下,尽早上市可能意味着从浮盈到浮亏。未来如何适应国内资本市场注册制改革后的新生态,如何充分利用新三板/北交所、创业板、科创板的多层次资本市场体系,将成为科技创业投资面临的一个重要课题。

第四节　中美资本市场的综合对比

一、投资者结构与投资者偏好

投资者交易行为是影响资本市场稳定性的直接因素。个人、机构、非金融企业、政府等不同类型的投资者构成了股票市场的微观主体,直接作用于股票的定价逻辑。投资者结构,是对单个投资者交易行为的宏观加总。广义上,股票市场中存在理性投资者和非理性投资者两大类型。在以理性、专业投资者为主的股票市场中,股票价格往往能够充分迅速地反映市场信息。因此,在成熟的市场结构中,非理性投资者的投机与噪声交易行为会受到理性投资者的抗衡,市场定价趋向于内在价值。

投资者结构的改善与市场风格迈向成熟之间互为因果关系,市场的发展规律也决定了投资者结构演变过程绝非一朝一夕。投资者结构的变化,是市场行情变化、机构发展水平、个人投资者理性水平等多种因素反复平衡的结果,是一个发展的状态。关注投资者结构并留意其变化的趋势,思考并了解其背后的原理和规律,有助于更加深刻地理解资本市场的特征。

（一）A股市场投资者结构演变

随着金融全球化进程的推进以及我国资本市场对外开放程度的提升，A股市场投资者结构不断变化，逐步对标境外成熟资本市场。境内外专业机构投资者持股市值占比稳步提升，逐渐发展为股市主导力量[①]。

近年来监管层对A股市场投资者结构建设高度重视，积极支持市场结构改革和中长期资金入市。一方面，监管层持续鼓励保险、养老金、社保等中长期资金入市，推动放宽中长期资金入市比例和范围。另一方面，随着外资进入A股市场投资的渠道越来越多样化，外资持有A股的规模快速增长，边际影响逐渐增强，已成为A股市场重要的配置力量。2019年是我国资本市场纳入国际指数的关键之年，A股纳入MSCI、富时罗素指数和标普道琼斯指数，为市场带来了外资增量资金。2019年9月10日，外管局宣布全面取消合格境外投资者投资额度限制，境外投资者参与境内金融市场的便利性再次大幅提升，未来境外长期资金投资A股更加便利。目前A股外资持股占比明显低于发达国家，未来境外资本流入仍具有较大提升空间，境内证券市场对外开放仍会主要表现为境外资本有序净流入。

随着保险、保障类资金以及外资的稳步入市，A股市场机构投资者的类型日渐丰富，结构渐趋优化。截至2019年第三季度，流通市值口径下的A股投资者结构测算结果显示，一般法人持股市值占比最高，为52.30%；个人投资者次之，为28.52%；外资持股市值占比3.96%；境内专业机构投资者合计持股市值占比15.22%；境内专业机构投资者内部，公募基金、保险、社保持股市值占比最高，分别为4.76%、3.73%、1.31%（如图5.12）。

一般法人指具有产业资本属性的法人单位，包括一般法人团体和非金融类上市公司。2005年股权分置改革后，2009年至2010年法人

---

① 李湛，等.股票市场投资者结构的国际比较研究［J］.中国证券，2020.03.

股集中解禁,导致法人股A股流通市值大幅上升。剔除一般法人持股后,个人、境内专业机构、外资占比分别为59.79%、31.90%、8.31%。其中,个人投资者流通股持股市值占比从2004年的80.45%下降至2019年的59.79%,但仍是对市场影响最大的投资主体(如图5.13)。

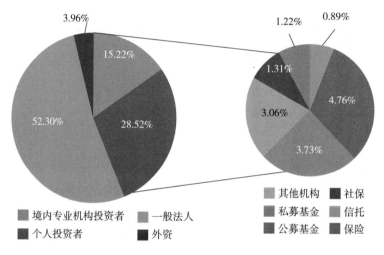

图5.12 2019年A股市场投资者结构测算

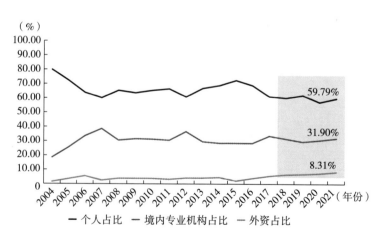

图5.13 剔除法人股的A股投资者结构变化

截至 2019 年第三季度，流通市值口径下，公募基金、外资、保险为持股市值排名前三的机构投资者，持股市值依次约为 2.11 万亿、1.76 万亿、1.66 万亿（如图 5.14）。①

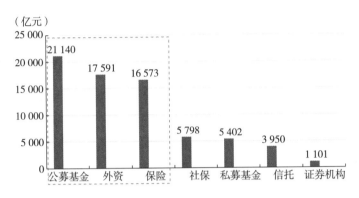

图 5.14　2019 年机构投资者持股结构（预测体）

根据官方披露的机构投资者持股市值情况，2019 年第三季度，外资、公募、保险持股市值同比增速分别为 38.33%、31.71%、8.60%。投资者机构化进程提速。

然而，从成交结构来看，虽然 A 股的机构投资者持股市值大幅增长，但交易占比仍然较低；个人投资者持股市值虽然较低，但交易占比很高。②根据上交所的投资者持仓与交易数据，全体个人投资者交易量占比达到 83%（如图 5.15）。

（二）美国资本市场投资者结构

美国股票市场经历长期发展至今已经形成了较为稳健且均衡的投资者结构，国内专业机构、个人投资者以及外资为美股的三大支柱，其中又以专业机构占比最为显著。根据美联储数据，半个世纪以来，

---

① 国金证券策略研究团队报告 . 2019 A 股投资者结构全景图剖析［R］. 2019.12.
② 邵宇，等 . 投资者结构：全球趋势与中国的未来［EB/OL］.（2022-02-23）
［2022-08-02］. https://www.sohu.com/a/525008901_465450.

	个人投资者（<10万元）	个人投资者（10万~50万元）	个人投资者（50万~300万元）	个人投资者（300万~1000万元）	个人投资者（>1000万元）	机构投资者
活跃账户数量（户）	31 409 950	15 282 005	5 826 800	734 705	235 420	39 547
个人投资者活跃账户数量占比（%）	58.72%	28.57%	10.89%	1.37%	0.44%	
交易量（十亿元）	9	35	54	27	37	35
交易量占比	5%	17%	27%	13%	19%	17%
交易量占比	336	951	1566	840	1794	4201
持仓市值占比	1%	4%	6%	3%	7%	17%

图 5.15 上交所投资者交易与持仓结构

专业投资机构的持股占比逐渐提高。从 1951 年到 2021 年，美国各类境内机构投资者持股市值占比提升了 37 个百分点，持股市值占比由 5.49% 上升至 42.4%。并且机构投资者的占比结构不断出现新的变化。20 世纪 70 年代与 80 年代美国养老金持股市值占比提升，1953 年时，养老金持股市值占比仅为 1.26%，到 1985 年，养老金持股市值已经达到 27%；20 世纪 90 年代，美国共同基金的持股占比开始快速增长，1991 年，共同基金持股占比约 7.05%，到 2001 年便增长至 21%。20 世纪 40 年代，美国个人投资者维持在 90% 以上。在最高峰的 1945 年，美国个人投资者持股市值占比达到 94.85%，其他各大金融类机构投资者占比仅为 4.8%，但半个世纪以来，美国散户持股市值比重下降了约 60 个百分点（如图 5.16）。

第五章 资本市场与投资价值观

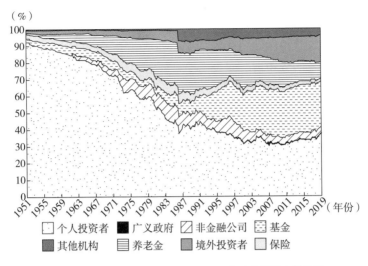

图5.16 1951—2019年美国股票市场投资者持股市值比重

（三）香港资本市场投资者结构

香港机构投资者以及交易所参与者本身成交金额比重逐年提升。从香港资本市场交易市场投资者结构来看，主要分为5大类，包括本地个人投资者、本地机构投资者、外地个人投资者、外地机构投资者及交易所参与者本身。

2018年，香港股票市场成交金额占比最大的是外地机构投资者（35.1%），其次是交易所参与者本身（28.9%），外地个人投资者占比仅为个位数。整体来看，2018年香港交易市场机构占比高达83.7%，个人投资者占比为16.3%。比较2014/2015年及2016年的数据可以看出，外地机构投资者占比由31.3%提升至35.1%，交易所参与者本身由21.9%提升至28.9%，而个人投资者交易总金额正在逐年萎缩，外地个人投资者由8.0%减少至6.0%，本地个人投资者由19.5%缩减至10.3%（如表5.11）。

中国香港作为金融自由港，全球任何区域的机构和个人都可以交易香港的股票，因此外地机构投资者和外地个人投资者合计占比成为香港资本市场最大的投资者力量。根据香港交易所数据，外地投资者按照来源地分布情况如图 5.17 所示。而在外地投资者中，个人投资者和机构投资者的分布情况如表 5.12 所示。

表 5.11　香港资本市场投资者结构数据　　　　　　　　　　（%）

投资者分类	2018 年股市成交金额分布	2016 年股市成交金额分布	2014/2015 年股市成交金额分布
外地个人投资者交易	6.0	6.9	8.0
本地个人投资者交易	10.3	15.9	19.5
本地机构投资者交易	19.7	20.1	19.4
交易所参与者本身交易	28.9	23.8	21.9
外地机构投资者交易	35.1	33.3	31.3

来源：香港联交所。

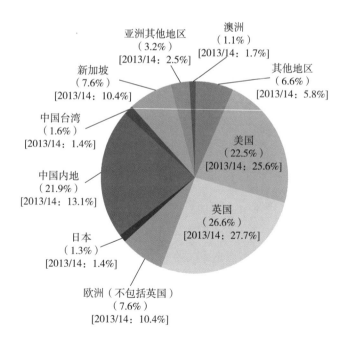

图 5.17　港股市场外地投资者按来源地的分布情况

注：由于四舍五入之误差，上图各项数字的总和未必等于 100%。

表 5.12　港股市场各来源地个人投资者与机构投资者各自占比

交易来源地	交易的最低比重源自	
	个人投资者	机构投资者
美国	0.3%	89.8%
英国	0.1%	91.7%
欧洲（不包括英国）	0.2%	85.5%
日本	0.2%	53.6%
中国内地	55.8%	21.1%
中国台湾	7.5%	27.1%
新加坡	0.8%	76.8%
澳洲	1.6%	71.4%

注：
（1）各最低比重的数字是从调查回应中推算得出。每一来源地的两项最低比重的数字相加与100%之差代表来自该来源地的交易有该比例的部分可能源自个人或机构投资者。
（2）"港股通"参与者的交易不计入此项数据分析。

（四）投资者结构决定资本市场的总体特征

不同类型的投资者交易特征各不相同。

- 个人投资者：受到投资技能、专业能力的制约，个人投资者的投资分散性更低，在投资中的投机属性更强；个人投资者对市值小、赢利差的股票有明显偏好；个人投资者往往高估自己发现和解读股市新消息的能力。
- 机构投资者：机构投资者在投资选择上更倾向于市值规模大、市盈率低的蓝筹股；机构投资者的认知和行为在时间序列上更具有一致性。机构投资者的信息使用效率更高，相对于散户，机构投资对基本面更加敏感。

从市场整体角度而言，机构投资者具有更高的信息优势，在市场信息挖掘中起到关键作用，定价效率更高。在以理性、专业投资者为主的股票市场中，股票价格往往能够充分迅速地反映市场信息；而在个人投资者比重较大、市场短线投机行为盛行的股票市场中，错误定价往往普遍存在。

中国当前的资本市场投资者结构是股票市场各类问题的上游资金根源。个人投资者占比较高,机构力量薄弱对市场造成了如下影响:一是市场稳定性差、波动幅度大。以换手率和波动率来衡量股市稳定性,在全球范围内横向比较来看,A股稳定性明显弱于境外成熟股票市场;二是市场具有明显的交易风格,长期配置风格不显著,优质企业与业绩较差企业的分化仍然不够彻底;三是市场定价效率低,机构投资者比重过低导致机构投资者的价格发现功能被削弱。

图5.18显示A股特别是服务于中小企业的创业板(数据统计覆盖期间尚未推出科创板和北交所)的波动率显著高于其他市场。①

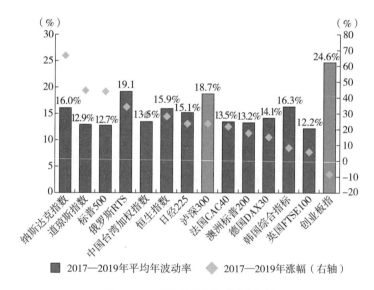

图5.18 A股与境外市场波动率比较

(四)从投资者结构看三地的投资者偏好

从上文对中国内地、中国香港和美国三地的投资者结构分析来看,目前三地的资本市场投资者结构总结如下:

---

① 邵宇,等. 投资者结构:全球趋势与中国的未来[EB/OL].(2022-02-23)[2022-08-03]. https://www.sohu.com/a/525008901_465450.

- 中国 A 股是个人投资者为主的市场。虽然机构投资者力量逐步发展壮大，但仍旧是个人投资者在交易行为上占主导地位。
- 香港市场整体来看是以机构投资者为主的市场。这是由香港地区的自贸港地位决定的，香港本地个人投资者数量不多（香港市民共约 700 万），外地个人投资香港市场，虽然不存在实质障碍，但从认知上，仅有少数专业个人投资者才会开展跨境投资。
- 美国资本市场的投资者结构介于 A 股和香港市场之间，以机构投资者为主导，但个人投资者持股市值和交易量仍占有重要比例。

三地的资本市场投资者结构决定三地资本市场的投资者偏好如下：

- A 股投资者主要追求"炒小炒新"和估值波动，因为它们流动性好，犯错成本低。虽然 2020—2021 年，由于公募基金行业的发展，特别是大规模单只基金（单只基金规模百亿甚至千亿）的出现，导致市场风格发生了一些变化。但是从市场的总体投资者结构来说，上述 A 股市场投资者偏好仍会持续很长一段时间。
- 港股投资者崇尚大盘蓝筹股，偏好长期投资。在香港市场，蓝筹往往就代表着稳定收益和较高的现金股息。这很大程度上是因为港股投资者中，欧美机构投资者占据了相当比重。欧美机构投资者出于公募基金和保险资金的资产配置需求，在内部规定较为严格的情况下，自然更倾向选择公司治理和财务状况更透明的大盘股，在研究上也会对大盘股着力更多，同时这些机构资金量大，很大程度上影响了市场对龙头股的偏好。香港市场发行的新股，大多因为无分析师撰写研究报告，无法进入机构投资者配置名单，流动性支持不足，股价破发成为常态。
- 美股的投资者偏好介于 A 股和港股之间。美股的机构投资者更能有效评估企业的价值，不管企业当前是否赢利。在企业估值上，美股更加偏好高成长、高技术壁垒、轻资产的新兴科技公司。

二、中美资本市场对比分析

（一）美国资本市场优点

相对于国内资本市场而言，美国资本市场的优点如下：

1. 美国资本市场层次丰富，制度灵活

企业无论规模大小，哪怕处于亏损状态，在投资银行的支持下，都能依靠"高成长性，有发展潜力"成功发行上市，因此，美国资本市场更适合先进技术和先进商业模式的企业上市融资。

虽然内地和中国香港市场都已经推出支持"同股不同权"企业上市的制度，但是美国实行的 a 类股和 b 类股制度，仍然是对企业创始人最友好、最灵活的制度。例如，当京东在美国上市时，借助 ab 股制度设置，实际控制人在股权仅占 15.8%，但其投票权达到 80.2%。这种股权结构让实际控制人能够牢牢掌控京东。

2. 美国股市有着更大的市值增长空间

美国资本市场对高成长性有一种近乎非理性的崇拜，美国股市从来不吝赋予企业高市值。这对于初创企业尤其是商业模式新颖、增长空间大的企业来说，更是不可多得的平台。

3. 美国股市资金体量最大、交易机会多

美国崇尚自由市场，没有资金管制，美元可以自由进出，世界资金都在这里汇集，数量巨大、规模各异的机构和个人投资者在这里依据不同目标寻找不同投资标的。这导致美国股市全球体量最大、交易额最高、资金容量最大。企业在美国上市的融资机会更多、融资量更大。丰富多样的资金来源，各式各样的融资渠道，可以让企业获得更多优质的融资机会。

4. 美国股市再融资便捷顺畅

在美国，如果公司业绩良好，可以随时发行新股融资，频率也不受限制。董事会决定融资方案后向监管部门上报，通常情况下，若20天内没有获得回复，上报材料就自动生效；若监管部门有问题则需要回答，且监管部门有30天的必答复时间上限。

5. 有助于企业拓展国际市场

目前美国仍然是全球资本市场的中心，来自世界各地的资本都集中在这里，因此在美国上市可以提高企业的曝光率和知名度。很多企业发展到一定程度后会走向国际化。要进入国际市场，在美国上市是一个很好的平台。

（二）做空给中概股带来信任危机

当然，在美国上市有一些优势，但它也面临许多挑战。最大的挑战来自做空机构的做空行为。自2010年以来，浑水（Muddy Waters Research）、香橼（Citron Research）等做空机构掀起了做空在海外上市的中国公司（中概股）的潮流。这些做空机构通过发布报告，对被做空公司（简称目标公司）在财务报表、生产经营以及内部治理等方面质疑。通常在做空报告发布后不久，目标公司的股价便出现大幅下跌。随着事件的发酵，大多数公司的股价便一蹶不振，甚至被交易所要求退市。

某种意义来说，做空方也可以算作是市场行为的监督人。做空机构为了达到自己的目的，必然会特别关注上市公司造假等违法违规行为，对规范金融市场有积极作用。当然，其中也不排除一些做空方为了股价下跌不择手段，通过恶意造谣或夸大其词构陷上市公司。针对中概股的做空大大增加了美国上市的成本。

根据行业关于做空的研究，针对中概股的做空不仅对个股发生了影响，而且影响了美国资本市场对中概股的整体信任。[1]

---

[1] 国盛证券策略组. 那些年，被做空过的中概股［EB/OL］.（2020-05-22）[2022-08-02］. https://awtmt.com/articles/3593718.

从被做空的个股来看,被做空成功率约为3成,且平均跌幅逐步加深。从个股层面涨跌概率来看,如果以做空后首日、3日、5日和首月的累计收跌为判断标准,那么做空机构这种针对性的"狙击"成功概率其实仅大致维持在3成左右。发布做空报告后首日,公司股价下跌概率约为32%,并且此后3日、5日,乃至一个月累计下跌概率也仅分别为32%、28%和32%,下跌概率平均维持在3成左右。从涨跌幅度来看,单日涨跌幅的中位数和平均值分别为5.98%和8.85%,并且整体跌幅大致呈现逐步加深趋势,3日、5日和单月累计跌幅逐步加深,累计涨跌幅的平均数分别达到8.07%、9.18%和11.02%(如图5.19)。

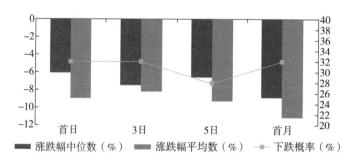

图5.19 遭到"做空"的个股表现统计

资料来源:Wind,国盛证券研究所。

与此同时,个股被做空对中概股整体波及效应显著。以做空后首日涨跌幅为判断标准,2011年嘉汉林业被浑水做空后,约有87%的中概股随即收跌,波及范围位居首位;而且,波及范围最小的一轮,即2011年海亮教育被香橼做空后,也约有20%的中概股在之后呈现下跌。平均而言,约有53%的中概股会随之呈现不同程度的下跌,波及效应明显。

考虑到大盘整体走势可能影响中概股表现,中概股相对大盘的表现更能凸显这种波及效应。在此对纳斯达克上市和纽交所上市中概股分别对标纳斯达克指数和标普 500 指数，统计结果显示，2011 年嘉汉林业同样展现了最大的冲击，中概股超跌比例依然达到了 87% 左右；而且，最小的一轮冲击中，2020 年的晶科能源被做空后的超跌比例也逼近了 20%。总体而言，50 例做空案例中的平均超跌概率已经达到了 60% 左右，进一步印证了个股被做空对中概股整体的波及效益。

（三）中美资本市场分行业估值对比

随着 A 股市场的国际化，资金在全球资本市场之间的流通更为便利。但中美两国的股票市场估值体系依然存在比较大的差异，这是因为投资者结构、市场制度以及上市公司生命周期等方面在两地也存在较大差异。图 5.20 显示了 2020 年至 2021 年的行业平均市盈率。需要说明的是市盈率数据是随时间变化的，因此图中的数据对比只用于定性说明中美的估值差异，而不是准确的定量对比。

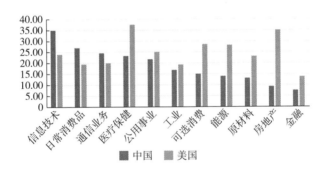

图 5.20 中美资本市场估值差异

第一，中国股市市盈率最高的三个行业是信息技术、日常消费品和通信服务，市净率最高的三个行业是日常消费品、医疗保健、信息技术，市盈率最低的三个行业是金融、房地产、原材料，市净率最低的三个行业是金融、能源、房地产；美国股市市盈率最高的三个行业是医疗保健、房地产和高端消费，市净率最高的三个行业是高端消费、信息技术、医疗保健，市盈率最低的三个行业是金融、工业、日常消费品，市净率最低的三个行业是金融、能源、公用事业。

第二，中美估值相同之处，金融都是市盈率、市净率最低的行业；中美不同之处，我国房地产是市盈率倒数第二低的行业，美国却是顺数第二高。我国日常消费品的市盈率第二高，美国却是倒数第三低。美国市盈率最高的医疗保健，在我国是第四高。

上述美国资本市场对中国资本市场的优劣对比是随着时间和中国资本市场的改革开放进程而不断变化的，从事科技创业投资业务需要定期审视中美资本市场的最新发展和优劣对比，及时调整和选择恰当的资本市场路径与策略。

三、中国香港和美国资本市场对比分析

中国香港优越的地理位置。中国香港和中国内地的深圳接壤，两地只有一线之隔，是境外市场中最接近内地的一个，在交通和交流上获得了不少的先机和优势。而且，港人无论在生活习性还是社交礼节上都与内地居民差别不大。随着普通话在中国香港的普及，港人和内地居民在语言上的障碍已经消除。因此，从情结来说，中国香港是最能为内地企业接受的境外市场。

相对于美国资本市场，中国香港资本市场的主要局限为：

- 资本规模方面，与美国相比，中国香港的证券市场规模要小很多。它的股市总市值大约只有美国纽约证券交易所的1/30，纳斯达克的1/4，股票年成交额也远远低于纽约证券交易所和纳斯达克，甚至比深沪两市年成交额都要低。
- 市盈率方面，中国香港证券市场的市盈率很低，平均大概只有13倍，而在纽约证券交易所，市盈率一般可以达到30倍以上，在纳斯达克也有20倍以上。这意味着在中国香港上市，相对于美国来说，在其他条件相同的情况下，募集的资金要小很多。

- 股票换手率方面，中国香港证券市场的换手率也很低，大约只有55%，比纳斯达克300%以上的换手率要低得多，同时也比纽约所的70%以上的换手率要低。这表明在中国香港上市后要进行股份退出相对来说要困难一些。

四、其他方面对比

其他需要科技创业投资关注的三地资本市场的特征参见表5.13。其中需要特别关注的是三个市场的牛熊周期特征：①

- 从1929年大萧条开始计算，美国股市正好走过了25个牛熊。牛市的平均长度是32个月，大概不到3年，而熊市通常在10个月内结束。且平均下来，牛市能够翻一倍，而熊市只跌三成；
- 港股自恒生指数公布以来52年间，共有8轮牛熊交替，其中牛市平均时间为48.8个月，熊市平均时间为31.7个月；
- A股诞生时间不长，走出了共9轮牛熊交替，其中牛市平均持续时间为12个月，熊市平均时间有25.5个月。

表5.13 其他A股、港股、美股资本市场特征对比

项目	A股	港股	美股
开放程度	相对封闭	自由开放	全球精选
估值偏好	中小盘股为主	龙头股	成长股
牛熊周期	牛短熊长	牛长熊短	牛长熊短
投资逻辑	估值波动与追涨杀跌	理财和保值	EPS成长预期

---

① 关于牛熊周期，不同的统计方式结果会稍有差异，此处采用了简单的计算方法，参照行业月线图计数。

第五节　资本市场对科技创业投资的影响

就像"高考指挥棒引领教育的发展方向"一样，资本市场价值观是引领创业投资行业发展方向的"指挥棒"。

在国内创业投资的发展历史上，根据资金来源不同分成内资创业投资机构和外资创业投资机构两个流派。第一章中分析了这两个流派的差异，内外资机构面对的资本市场价值观可以解释这两个流派的风格差异。

在国内创业投资行业未来的发展过程中，科技创业投资的从业者也要重点关注国内外资本市场的变化，与时俱进地优化自身的投资策略。

一、科技创业投资的重点行业

境内最早实施"注册制"的资本市场板块为上交所科创板、深交所创业板、以及北交所。这些资本市场创新板块推出之时都承担了国家在科技提升与经济转型方面的历史使命，因此各自都制定了"行业定位"，支持符合行业定位的企业上市。这些行业都是我国科技创新与科技成果转化的主要方向，也是科技创业投资应该关注的重点行业。

（一）科创板的行业定位是"硬科技"型企业

科创板定位于面向世界科技前沿、经济主战场、国家重大需求，主要服务于符合国家战略、突破关键核心技术、市场认可度高的科技创新企业。

2020年发布并于2021年4月修订的《上海证券交易所科创板企

业发行上市申报及推荐暂行规定》(简称《暂行规定》)给出明确的把握科创板定位的标准。

《暂行规定》强调"科创板优先支持符合国家科技创新战略、拥有关键核心技术等先进技术、科技创新能力突出、科技成果转化能力突出、行业地位突出或者市场认可度高等的科技创新企业发行上市。"该条明确了科创板支持方向,即优先支持符合上述条件的"硬科技"企业发行上市。

具体而言,申报科创板发行上市的发行人,应当属于下列行业领域的高新技术产业和战略性新兴产业:

- 新一代信息技术领域,主要包括半导体和集成电路、电子信息、下一代信息网络、人工智能、大数据、云计算、软件、互联网、物联网和智能硬件等。
- 高端装备领域,主要包括智能制造、航空航天、先进轨道交通、海洋工程装备及相关服务等。
- 新材料领域,主要包括先进钢铁材料、先进有色金属材料、先进石化化工新材料、先进无机非金属材料、高性能复合材料、前沿新材料及相关服务等。
- 新能源领域,主要包括先进核电、大型风电、高效光电光热、高效储能及相关服务等。
- 节能环保领域,主要包括高效节能产品及设备、先进环保技术装备、先进环保产品、资源循环利用、新能源汽车整车、新能源汽车关键零部件、动力电池及相关服务等。
- 生物医药领域,主要包括生物制品、高端化学药、高端医疗设备与器械及相关服务等。

同时,《暂行规定》限制金融科技(互联网金融)、模式创新企业在科创板发行上市。禁止房地产和主要从事金融、投资类业务的企业在科创板发行上市。

《暂行规定》第六条规定的四项常规指标如下：

- 最近3年累计研发投入占最近3年累计营业收入比例5%以上，或者最近3年研发投入金额累计在6 000万元以上；其中，软件企业最近3年累计研发投入占最近3年累计营业收入比例10%以上。
- 研发人员占当年员工总数的比例不低于10%。
- 形成主营业务收入的发明专利（含国防专利）5项以上，软件企业除外。
- 最近3年营业收入复合增长率达到20%，或者最近1年营业收入金额达到3亿元。

《暂行规定》第六条规定了五项特别指标如下：

- 拥有的核心技术经国家主管部门认定具有国际领先、引领作用或者对于国家战略具有重大意义。
- 作为主要参与单位或者核心技术人员作为主要参与人员，获得国家自然科学奖、国家科技进步奖、国家技术发明奖，并将相关技术运用于主营业务。
- 独立或者牵头承担与主营业务和核心技术相关的国家重大科技专项项目。
- 依靠核心技术形成的主要产品（服务），属于国家鼓励、支持和推动的关键设备、关键产品、关键零部件、关键材料等，并实现了进口替代。
- 形成核心技术和主营业务收入相关的发明专利（含国防专利）合计50项以上。

同时符合四项常规指标（指标一）或者符合五项特别指标中的任意一项（指标二），即为具备科创属性相关指标。以上标准明确科创板拟上市即要符合科创板支持方向，也要符合所属行业领域以及科创属性的要求，保证科创板上市企业的"硬科技"属性。

(二)创业板行业定位于"三创四新"企业

"三创四新"是指企业符合"创新、创造、创意"的大趋势,或是传统产业与"新技术、新产业、新业态、新模式"深度融合。

2010年,创业板推出初期,中国证监会曾公布《关于进一步做好创业板推荐工作的指引》,要求重点推荐符合国家战略性新兴产业发展方向的企业,特别是新能源、新材料、信息、生物与新医药、节能环保、航空航天、海洋、先进制造、高技术服务等领域的、具有自主创新能力、成长性强的企业。

2020年创业板注册制改革实施后,创业板创新性地设置了行业负面清单,明确规定,包括农林牧渔、采矿、金融业、房地产业等12个行业,原则上不支持它们申报在创业板发行上市。不过,归属于上述行业的企业如果与互联网、大数据、云计算、自动化、人工智能、新能源等新技术、新产业、新业态、新模式深度融合,成为创新创业企业,是可以支持其申报在创业板发行上市的。由此可见,创业板的定位非常明晰,即主要服务成长型创新创业企业,并支持传统产业与新技术、新产业、新业态、新模式深度融合。

(三)北交所行业定位于"专精特新"型企业

"专精特新"中小企业具体是指具有"专业化、精细化、特色化、新颖化"特征的创新型中小企业。

"创新型中小企业"的创新主体不仅包括以制造业为主的"专精特新"中小企业,也包括战略新兴产业中创新能力突出的中小企业、向专业化和价值链高端延伸的生产性服务业企业、向高品质和多样化升级的生活性服务业企业。

在包容性方面,北交所与新三板服务行业分布更为广泛,市场仅设置负面清单,除国家宏观调控、产业政策等明确禁止上市融资的个别行业外,不另设行业准入要求。而在精准性方面,则要求企业具备创新属性,并且应能合理论证、充分披露。

2021年1月，财政部、工业和信息化部联合印发《关于支持"专精特新"中小企业高质量发展的通知》，启动中央财政支持"专精特新"中小企业高质量发展政策。全国各地开展了"专精特新"认定工作，根据地区实际情况及发展需要，各地"专精特新"认定条件也有所调整和创新。①

二、投资的退出策略与投后治理

本书第二章中提到科技创业投资的目标是"高成长、可退出"，在本书后面的科技创业投资方法论中也提出"以终为始"的企业估值方法。因此，退出策略对于一项成功的科技创业投资至关重要。

理解不同资本市场的特性、不同资本市场对不同行业的估值差异，才能正确地制定一项投资的退出策略。

按照"以终为始"的方法论，制定不同行业公司的退出策略，可以进而决定投资执行的法律架构以及投后公司治理方式。

- 投资执行的法律架构：退出策略可以预期未来被投公司上市的资本市场选择，进而可以选择对投资执行和投资退出最优的税收和法律架构，境内上市与境外上市存在比较大的差异。
- 投后公司治理方式：境内资本市场上市与境外资本市场上市对公司治理有不同的要求。境外资本市场上市选择不同的路径，也对海外架构的搭建有不同的要求。这些都需要公司及早准备，选在最佳的政策窗口及时完成架构的调整，避免"临时抱佛脚"，增加公司的治理成本。

---

① 各地申报认定"专精特新"政策请参考：北交所官方正文！"专精特新"认定标准汇总通知及管理办法（2021版）［EB/OL］.（2021-10-14）［2022-10-02］. https://www.thepaper.cn/news Detail_forward_14915502.

03

第三篇
科技创业投资的方法论

第六章

如何识别好生意——行业分析

行业分析主要是搞清楚三个方面：一是行业现状，包括行业界定、行业发展概况、市场供需情况、竞争状况、行业发展关键因素等；二是行业趋势，包括行业发展历史脉络、行业发展周期、行业发展前景、发展大势等；三是根据上述信息确定行业中的潜在投资机会。

第一节　研究行业发现好生意

一、行业分析的目标

行业分析，简单来讲就是对某一个特定行业及行业内聚合的企业进行深入了解与研究，包括行业发展历史、现状、规模结构、竞争格局、未来趋势及综合信息等因素，为企业自身或行业投资者提供重要的参考依据。

从行业分析的所属层次来看，行业分析介于宏观经济与公司微观经济之间。因此，行业分析在行业本身发展之外，需要关注本行业与宏观经济的关联与发展逻辑，注重从大处着眼。每个产业或行业都是国民经济（宏观经济）的一个链条而已，通过弄清楚行业在国民经济结构的位置和地位，就很容易理解与掌握宏观经济变动对所研究的行业造成的影响。行业分析也要从小处着手，行业分析要深化到各个细分子行业及企业层面，深入研究组成行业基本单元的企业。只注重行业层面没有深入企业和仅深入企业了解没有行业提炼的升华，都是无法真正做好行业分析的。

研究行业发现好生意的关键是解决两个方面的问题（如图6.1）。

- 一是寻找投资介入的切入点，找到行业内最具有价值的环节并研究其投资价值与风险点，最终落脚到需要投资的企业和标的上。
- 二是研究投资介入时机问题，需要把握行业发展周期及目前所处的发展阶段，确定投资介入的大的时机是否具备，大的宏观投资时机往往是决定投资能否成功的先决条件。

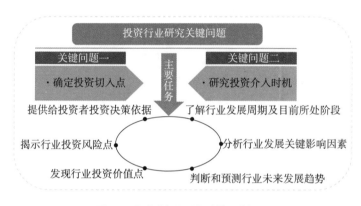

图6.1 行业分析需要解决的两个问题

解决以上两个关键问题，需要深入研究，了解行业发展周期以及目前所处的阶段，分析影响行业发展的关键因素有哪些，判断和预测行业未来发展趋势，发现行业发展价值，揭示行业发展风险，进而提供投资决策依据。"好生意"基于对未来宏观行业变化的判断。如果能预见行业变化后将出现的必然结果，那么就大可不必在乎发展过程的曲折，无惧任何短期的变化。

二、行业分析的原则

行业分析是为投资决策服务的，因此行业分析必须遵循真实、全面、客观、逻辑等几个基本原则。

（一）真实原则

只有真实的信息资料才能做出正确的判断，真实是行业分析的第一要素，因此在研究过程中，需要辩证地对待信息，大致判断信息来源的可靠性与真实性。特别是现在互联网媒体上，充斥很多所谓"研究机构"的行业报告，大多是某些公司委托生产的"软文"，用于为特定公司宣传和背书。因此在信息资料的收集过程中，尽量采集国家相关部门的数据，或者直接进行行业调研与访谈。对于过多的二手信息，需要严格筛选和确认其信息的真实性。

（二）全面原则

行业分析需要坚持全面原则。所谓的全面指信息搜集的全面性、分析过程与方法的全面性、思考内容的全面性等，只有做到全面思考与分析才能做出有价值的结论。现实中，我们经常会说某个企业"赢了整个行业，但输给了时代"，这便是在行业分析过程中不够全面，没有注意到科技进步、时代进步导致的行业变化。

（三）客观原则

行业分析要能够客观与准确地描述行业发展的过去、现在与未来。研究的客观性是基础，是能够为投资做决策的前提条件。现实中经常出现的情况是：先有对某个行业或者企业的投资意向，然后通过行业分析为自己的投资寻找支持理由。这就丧失了行业分析的客观性。因此，特别建议的做法是：在科技创业投资过程中，要行业分析先行。这样才能够走在"风口"的前面，而不是被动地追逐"风口"。

（四）逻辑原则

行业分析是为投资决策服务的。而行业分析的结论能为投资决策服务的前提是形成行业投资的条理与逻辑。没有逻辑的行业分析最多只能说是一堆资料的堆砌，毫无价值。只有在大逻辑框架下，提供客观真实全面的观点支撑，才能判断和预测行业未来发展趋势，发现行业发展价值，揭示行业发展风险，进而提供投资决策依据。

第二节　行业发展现状分析

行业的现状分析包括 8 个重点部分：行业概况、政策监管、市场分析、竞争状况、技术发展、赢利模式、资本市场、关键因素等。

一、行业概况分析

首先要对行业发展现状做一个概括性的描述，其中主要包括三大细分内容：行业发展现状概况、产业链分析和价值链分析。

（一）行业发展概况

行业发展现状概况需要对行业进行界定、明确行业的分类，并重点描述国内外该行业发展进展，以及对国内外行业发展进行一个基本的对比分析。

行业界定：首先需要搞清楚行业定义与界定，这个行业到底是什么，行业定义是高度概括的，通过简短的定义，让别人一眼就能看出这个行业是干什么的，满足哪方面的需求。在定义与界定过程中，要注意行业定义广义与狭义之分，以及行业的内涵和外延。

行业分类是指一个行业到底包含哪些方面。几乎所有的行业都可以根据不同的标准进行分类，选择怎样的分类标准与分类到什么程度也需要根据研究的广度和深度来决定。例如发电行业，可以根据发电不同类型进行分类，如火力发电、水力发电、风力发电、核电、光伏发电、生物质发电等主要分类。但是如果聚焦在新能源发电上，分类就可以进行简化，火力发电只作为行业背景，提供一些简单的对比数据，重点在风力、光伏、生物质等角度。

（二）产业链分析

产业链主要是指该行业内的产品由原材料、生产、运输、销售等活动过程最终达到消费者手中每个环节的描述。通过产业链分析能够搞清楚该产业中的上游、中游及下游由哪些环节构成，这些环节是如何分工与合作来完成由原材料到消费者手中的经济活动。产业链分析大多分类为上游、中游和下游三个部分。图6.2以光伏发电行业为例展示了产业链上、中、下游环节。

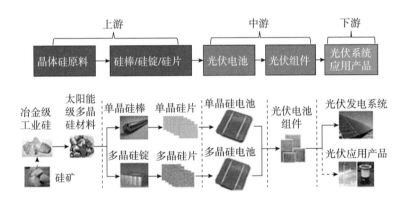

图6.2 光伏发电行业的产业链构成

（三）价值链分析

价值链主要是指行业内的产品由原材料、生产、运输、销售到最终消费的每个增值环节的增加值。简单地说，就是每个环节占到整个产业链条的赢利水平。价值链分析的目标是描述一个行业内的价值是如何创造出来的，进而确定一个企业应该把资源集中到哪些功能性业务上，以及应该在哪里打破价值增值链的界限。价值链分析对发现投资机会很重要，产业价值链各个环节存在增加值和赢利水平的差异性，确定了行业/公司价值增值链的环节，可以进而比较价值链中的什么环节产生了最终客户最需要的贡献，并投资产生价值和产生竞争力的环节。

图 6.3 和图 6.4 是某行业研究机构整理的光伏行业的价值链分布示例。①

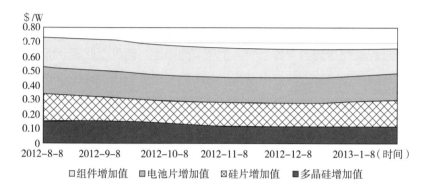

图 6.3 光伏行业的价值链分布示例（一）

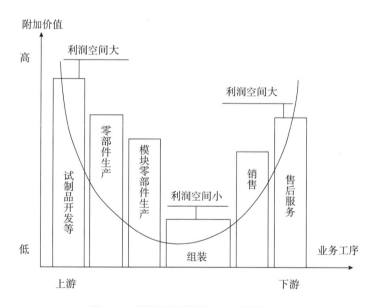

图 6.4 光伏行业的价值链分布示例（二）

---

① 前瞻产业研究院.光伏发电研究报告［R/OL］.（2014-04-01）［2022-10-12］. http://big5.baike.qianzhan.com/detail/bk_701e7f27.html#comment.

二、行业监管与政策分析

从全球范围来看,政府在各国的产业发展中都以某种形式与途径发挥着作用。"政府"是任何一个国家产业发展都不可能回避的因素。中国的经济发展阶段及经济发展模式导致"政府主导"成为中国当前经济发展方式的重要特点之一。政府主导的制度结构在中国产业发展过程中起到了重要作用——弥补市场失灵、实现经济起飞、推进跨越式发展。如果不能准确理解和把握中国产业发展中的政府因素,就无法解析中国发展的经验和未来发展的道路。

政府采用税收、金融、管理、市政等各种政策,或优惠、优待,或限制、制裁等,对行业的发展施加影响。政府政策措施的出台会引导产业发展,决定产业未来的趋势。政策转变会使某些产业进入衰退期,某些产业进入成熟期。产业的发展要服务于国家经济发展,产业周期会决定国家经济结构、产业结构。政府会根据经济发展情况进行产业升级优化、产业转型的调整等。因此在产业发展中,政策的监管及变化对行业的发展能够起到关键性作用。

做行业监管与政策分析需要明确如下三个问题。

- 国家政策、产业规划、区域规划等:明确该行业的主管部门是哪些?其中对该行业最具有监管的是哪个部门?该监管部门在国家及国民经济中起到的角色是什么样的?
- 行业相关标准与规范等:影响该行业发展的主要政策/规范/标准有哪些?有效地区分这些政策、标准、规范哪些将对行业产生有利与不利的影响,以及影响程度与时间长远性等;
- 未来政策导向及对行业的影响:通过对国家监管要求、行业发展需求以及相关因素影响的分析,判断该行业政策、标准、规范未来取向。

行业监管与政策的变化最为重要,比如国家和行业监管部门近几年对于互联网金融行业的态度,直接决定了行业的兴起与衰落。

三、行业市场分析

行业的市场分析是行业现状研究的核心内容,市场分析重点研究需求与供给两端。

- 需求端探究客户的需求点在哪里,总的需求量有多少,也就是我们说的市场容量,以及未来这个需求会有什么变化,处于增加、减少或者稳定状态等。
- 供给端主要看市场上的供给量与需求量之间的配比,直接的反映就是这个产业的产品价格走势。

行业的市场分析需要明确三个与市场相关的指标:

(一)市场容量

市场容量主要界定区域市场、容量大小和增长速度三个方面:首先是该产业的市场容量所限定的范围,是全球市场、国内市场还是区域市场;其次要搞清楚市场容量的大小,蛋糕的大小决定着吃这些蛋糕的企业能够做到多大,如果一个产业刚起步或者本身需求就不大,即使是该产业的龙头企业也无法做大,毕竟受限于产业的发展空间;最后是增长速度,市场容量的增速大致决定着这个产业内企业的平均增速,市场容量的增速快慢是投资该产业及该产业内的企业的一个重要指标。

(二)市场细分

从经济发展历史规律来看,产业逐步细分是经济发展的必然,因此需要分析产业的细分市场划分及该细分市场在整个产业中的比例与地位情况。有些产业大致来看总体市场规模很大,但这些都是表象。要深入研究在该产业的细分市场是怎样的,未来会有什么变化。

(三)供需状况

供需分析是市场经济学的基础,分析行业发展现状必须搞清楚这个行业的供需状况是什么样的。考察供需是否均衡一个重要的指标就是产品价格走势。一段时间内的需求大于供给，产品价格将会处于一个坚挺向上的走势，供给大于需求，产品价格随着竞争加剧，会逐步走低。当然产品价格的决定因素还有一个成本问题。

行业市场分析的目标是判断"天花板"有多高，以及行业目前所处的状态，并为之制定在该行业的投资策略。

天花板是指企业或行业的产品（或服务）趋于饱和、达到或接近供大于求的状态。在进行投资之前，我们必须明确企业属于下列哪一种情况，并针对不同情况给出相应的投资策略。在判断上，既要重视行业前景，也必须关注企业素质。

1. 已经达到天花板的行业——极度饱和的行业（如钢铁行业）

投资机会来自具有垄断经营能力的企业低成本兼并劣势企业，扩大市场份额，降低产品生产和销售的边际成本，从而进一步构筑市场壁垒，获得产品的定价权。如果兼并不能做到边际成本下降就不能算是好的投资标的。比如，国企在行政推动下的兼并做大，并非按照市场定价原则进行，因此其政治意义大于经济意义，此类国企不具备投资价值。那些在行业萧条期末端仍有良好现金流，极具竞争能力的企业在大量同类企业纷纷陷入困境之时极具潜在的投资价值。

判断行业拐点或需求拐点是关键，重点关注那些大型企业的并购机会。

2. 产业升级创造新的需求，旧的天花板被解构，新的天花板尚未或正在形成

这些行业通常已经比较成熟，其投资机会在于技术创新带来新需求。"创新"会打破原有的行业平衡，创造出新的需求。如汽车行业和通信行业。关注新旧势力的平衡关系，代表新技术、新生产力的企业将脱颖而出，其产品和服务将逐步取代甚至完全取代旧的产品，如特斯拉电动车和苹果的创新对各自行业的冲击。

3. 行业的天花板尚不明确的行业

这些行业要么处在新兴行业领域，需求正在形成，并且未来的市场容量难以估计，如新型节能材料，如提高人类生活质量、延长人类寿命的医药产品和服务。这类行业历来都是伟大企业的摇篮，要重点挖掘那些细分行业里具备领军地位的优秀企业，即小行业里的大公司。

四、行业竞争情况

竞争是企业及产业发展的永恒主题，通过竞争推动技术进步、市场细分、需求提升等，使得产业进步与发展。行业竞争主要考虑行业整体竞争格局、行业赢利水平、主要竞争者三个方面。

（一）竞争格局

市场竞争格局从经济特征来分，主要有完全垄断、寡头垄断、垄断竞争和完全竞争四个类型。可以通过产业集中度指标（如CR5、CR10的市场比重）来进行初步判断，同时根据进入壁垒、企业数量多少、企业规模大小、市场价格等多个因素综合判断。

（二）赢利水平

行业的赢利状况是该行业竞争状况的综合反映，行业毛利率高低及走势可以充分说明该行业竞争状况变化。观察该行业的毛利水平变化能间接反映该行业的竞争状况趋势。

（三）主要竞争者

重点研究该行业内的有代表性的竞争者，深入研究这些竞争者的自身经营模式、核心竞争力、优劣势等。通过多个竞争者的深入研究，可以大致清楚该行业竞争的具体情况，以及未来竞争演变的趋势。

五、行业技术发展情况

技术发展与进步是行业驱动的核心要素及行业颠覆性改变的重要导火索。因此，必须深入分析该行业技术现状与未来可能的发展方向，以及分析技术进步对该行业及行业内企业的影响。

（一）国内外技术特点

纵览国内外该行业技术发展现状、发展动态，研究行业技术发展路径与方向。每一个行业的发展都会存在多个技术路线。比如新能源汽车领域，既存在氢能路线也存在锂电路线；锂电池方面也存在三元锂电和磷酸铁锂电池的路线之争。这需要根据不同技术路径的研发快慢、经济成本等综合判定未来技术发展主流，深入研究行业技术发展特点及技术发展路径。

（二）技术发展趋势

技术发展对行业的发展影响分为渐进性影响与颠覆性影响两大类，其中需要重点关注技术发展对行业的颠覆性影响。需要明确技术的发展能否带来成本下降或性能提高，新兴技术的产业化程度如何，技术是否难以获取或复制。

在此提醒大家，我们需要关注的是技术对于行业的颠覆性影响，但是就技术本身而言，改良性技术而非革命性技术更容易被行业接受并实现产业化。

六、行业赢利模式

行业赢利模式，也即行业的商业模式，用于描述企业创造、传递、获取价值的基本原理。商业模式分析，是基于产品特征描述某个特定实体的商业逻辑。根据行业商业模式研究总结出行业发展模式类型以及代表性企业。

在2008年，一个著名的商业模式创新家亚历山大·奥斯特瓦德（Alexander Osterwalder）提出了商业模式画布（BMC），并通过这个概念把整个商业模式更清晰地描绘出来。在商业模式画布模型中，商业模式有九个要素的参考模型，帮助大家对一种商业模式成功与否进行判定：价值主张、消费者目标群体、分销渠道、客户关系、价值配置、核心能力、合伙伙伴网络、成本结构、收入模式等（如图6.5）。

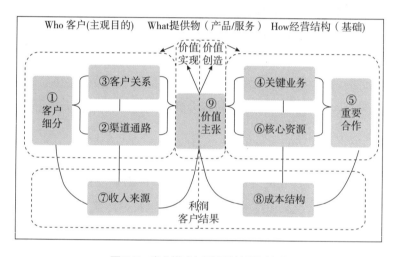

图6.5 商业模式九要素及其相互关系

（1）客户细分（Customer Segments），是指企业或组织所服务的一个或多个不同的客户群体。

（2）渠道通路（Channels），是指向客户传递价值主张并满足其需求的路径。

（3）客户关系（Customer Relationships），是指在每一个细分市场与客户建立联系和互动沟通的方式。

（4）关键业务（Key Activities），是指为了运转商业模式而必须做的事情。

（5）重要合作（Key Partnerships），是指为满足客户需求必须建立的内外部连接。

（6）核心资源（Key Resources），是指提供和交付先前描述要素所必备的重要资产。

（7）收入来源（Revenue Streams），是指在满足客户真实需求之后的货币回报。

（8）成本结构（Cost Structure），是指为满足客户真实需求所耗费的资源。

（9）价值主张（Value Propositions），是指解决客户难题和满足客户需求的商业逻辑。

奥斯特瓦德分析了这九要素以及各构成要素之间的联系，认为商业模式应该回答以下4个方面的问题：

- 企业应如何确定目标顾客群，以及为这一特定群体提供何种产品或服务。
- 如何获取为了创造或生产这一产品或服务所需要的能力与资源。
- 如何将产品或服务传递给目标顾客，以及如何通过顾客收集对产品或服务的意见与建议。
- 如何确定提供产品或服务的成本及收益。

九要素模型不仅完整地反映了企业的战略定位、运营过程和利润来源，且具有一定的操作性而得到了学者们的广泛认同。商业模式的分析则需要识别不同企业的差异化来发现企业的长期价值。

除了研究已经存在的商业模式，还要重点关注行业未来商业模式发展与创新方向，并分析发展模式创新对行业发展的影响。

七、行业资本市场情况

针对投资而言，研究该行业内的资本市场表现显得尤其重要。一方面，可以了解该行业内的上市公司（如有）的资本市场表现，另一方面，这些上市公司的信息相对公开（招股书、年报、调研报告等）能提供更充分的信息。通过对上市公司近年发展轨迹的研究更能让我们理解该行业及该行业内的企业。

- 行业资本市场表现：目前一般性行业基本都存在上市公司，可以重点参考境内上市公司相关信息，结合行业发展历程和上市公司发展路径来分析行业发展现状。
- 重点上市公司分析：挑选出行业内重点上市公司进行调研，察看公司招股书说明、年度报告、券商研究报告等，对行业及上市公司有个概览，有助于深入理解行业。

八、行业关键因素

行业的关键因素可以从两个方面描述：行业进入壁垒和行业关键成功要素。

- 行业进入壁垒：行业进入壁垒一般有规模、技术、资金、网络效应、转换成本、法律法规等方面，分析这些进入壁垒的强度以及这些壁垒能够维持多久。
- 关键成功因素：影响行业发展的核心关键因素有哪些？行业内龙头企业核心竞争力在哪里？企业保持高速发展的核心能力是什么？

总的来说，企业成功主要是由于产品领先。产品领先主要是产品有特殊的工艺、配方、原料和核心技术，能够满足市场内部分人群的核心需求。让产品始终在领先地位的企业通常都有这3项技能：

- 无人能敌的创新水平，也指可以精准找到客户需求，并能够利用创造力满足客户的需求。
- 能够将创新方案转变为创造产品的能力，例如苹果公司就能够将创新转为产品。

- 企业产品始终走在市场的最前端,保持着"革自己命"的创新精神,时刻在否定中超越自己。

具体而言,能够保证产品领先的企业的成功因素可以体现在技术、市场、制造、技能、渠道、组织等一个或者几个方面(如图6.6)。需要对这几个要素进行逐一详细分析,确定几个关键因素回答如下问题,并以这几个关键因素来作为确定行业内不同公司竞争能力的基准:

- 行业内龙头企业核心竞争力在哪里?
- 客户根据什么来选择相互竞争的公司?
- 企业保持高速发展的核心能力是什么?

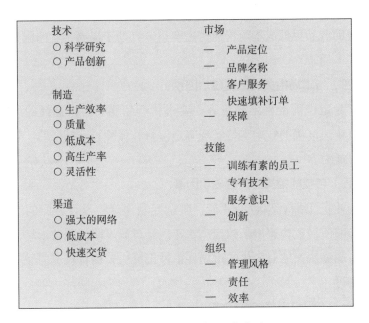

图6.6 关键成功因素的一般类型

(一)与技术相关的成功因素

技术领先优势可以理解为可以生产高级经济结构产品,也可以生产低价位经济结构产品，所以那些技术领先的企业对于那些技术水平要求较低的企业有着很大的威胁性。技术领先优势主要表现在以下几点：高新技术领先、核心技术领先、常规技术领先。技术领先主要体现在这几个方面：技术研究能力；在产品工艺和制造过程中创造性改进的能力；产品革新能力；在既定技术上的专有技能；运用技术提高承接订单、送货和提供服务的能力等。

（二）与制造相关的关键成功因素

制造能力决定了企业的生产效率，进一步影响产品的生产成本、质量和毛利率。生产的灵活性，即定制化的生产能力也越来越重要。

（三）与渠道相关的关键成功因素

有强大的经销网络，或者通过互联网建立起电子化的分销能力；可以帮助产品更低成本更快速送达客户，有助于提高企业的服务能力和服务半径。

（四）与市场相关的关键成功因素

产品定位能准确地满足客户要求；产品线和可供选择的产品很宽；有快速准确的技术支持实现客户保修和保险；有精准的广告和客户获取能力。

（五）与技能相关的关键成功因素

企业员工拥有卓越的才能；质量控制诀窍；设计方面的专有技能；能够使最近构想出来的产品快速地经过研发阶段到达市场；组织能力；能够快速地对变化的市场环境做出反应；拥有较多的经验和技术秘密等。

（六）与组织相关的关键成功因素

推动产业形成和产业升级的重要力量就是产业组织创新。特别是目前我国正处于数字化革命和服务型经济的转型过程中，产业组织创新包括技术创新和服务创新。

第三节 行业发展趋势分析

行业发展现状分析用于寻找可能的投资切入点，行业发展趋势分析则有助于选择合适的投资时机。

一、行业历史与演变

行业历史研究是为了探究该行业的产生、发展、演变的历程，通过行业历史的把握更好地研究行业发展现状与趋势。

了解事物，要从事物根源开始，同样道理，行业分析一定知道该行业当初产生的渊源，是为满足社会哪一方面的需求而生，需要进一步研究行业发展过程中，经历了哪些阶段，行业供需发生了哪些变化。搞清楚行业的产生到行业的发展演变能够对行业进一步研究起到决定性的奠基作用。

行业的历史演变分析中，有些行业我们需要从全球视角去看，比如有些行业在国外已经很成熟了，只是在国内刚刚开始引入，我们需要从该行业的国外发展与国内的发展作对比分析，研究其演变轨迹。针对行业历史演变，先期可以通过二手现成资料或行业资深人士的讲述进行概括性了解，更加详细的内容通过后续的研究持续深入。

二、行业的周期特征

行业的周期特征是对行业历史研究的总结性判断，行业周期一般可以分为经济周期与生命周期两类。

经济周期：是指行业周期性波动与国民经济波动的密切程度。行业的经济周期一般分为三种。

- 增长型行业：行业的运行状态与经济活动总水平的周期及波动并不密切相关，这些行业的增长主要依靠技术进步、新产品推出及更加优质的服务产生等，从而使该行业呈现持续的增长态势，如互联网行业从诞生之日起基本保持着稳定的增长态势。
- 防守型行业：这类行业运行状态存在是因为行业的产品需求相对稳定，需求弹性小，经济周期处于衰退阶段对这种行业的影响也较小。如医药、日常消费品等行业都属于防守型行业。
- 周期型行业：周期型行业的运行状态与经济周期密切相关，这些行业往往属于传统行业。当经济上升时，对这些行业相关产品的购买相应增加。如电力、煤炭、钢材、水泥等行业都属于周期型行业，与国民经济周期直接相关。

生命周期：是指行业从出现到完全退出社会经济活动所经历的时间。行业的生命发展周期主要包括四个发展阶段：萌芽期、成长期、成熟期、衰退期。

- 萌芽期：这一时期的产品设计尚未成熟，行业利润率较低，市场增长率较高，需求增长较快，技术变动较大。总体来看，市场需求刚被开发，市场风险大，投资规模小。
- 成长期：这一时期的市场增长率很高，需求高速增长，技术渐趋定型，行业特点、行业竞争状况及用户特点已比较明朗，企业进入壁垒提高，产品品种及竞争者数量增多。
- 成熟期：这一时期的市场增长率和需求增长率不高，技术上已经成熟，行业特点、行业竞争状况及用户特点非常清楚和稳定，买方市场形成，行业赢利能力下降，新产品和产品的新用途开发更为困难，行业进入壁垒很高。
- 衰退期：这一时期的行业生产能力会出现过剩现象，技术被模仿后出现的替代产品充斥市场，市场增长率严重下降，需求下降，产品品种及竞争者数目减少。

三、驱动行业变化的关键因素

行业发展发生变化是因为一些重要的力量在推动行业的参与者改变他们的行动，这些重要的力量构成了行业变革的驱动因素。

一般来讲驱动行业变革的因素主要有以下几个方面。

- 政府政策、法规的变化：政府政策和相关法规的变化会给行业的经营环境带来重大的变化。比如光伏发电行业，行业的发展与政府补贴与新能源上网电价定价等政策息息相关。
- 行业长期增长率的变化：行业增长率的上升或下降会影响行业供应和购买需求之间的平衡，影响竞争厂商增加销售的难易程度。比如互联网经过多年高速增长，国内上网人数已经覆盖超过 70% 的人口，互联网行业增速开始下降，互联网行业商业格局开始发生变化。
- 产品使用方式的变化：产品使用方式的改变迫使行业中的竞争厂商改变客户服务的方式，改变行业产品销售结构，迫使生产商扩大或缩小产品线。比如自行车行业从售卖到共享单车模式的转变，导致自行车生产制造行业的短期爆发性增长。
- 产品革新：产品革新会扩大行业的客户群，重新实现行业的增长，扩大竞争厂商之间产品的差异性，从而动摇已有的竞争结构。典型的案例是 iPhone 的出现改变了原有手机行业和很多关联的消费电子行业格局。
- 技术创新：技术进步可以大大改变一个行业的结构，使得供应商可以更低的成本生产新产品，并且打开了整个行业的前沿领域。比如目前国内培育钻石行业的发展，将钻石的生产成本大大降低，可以预期未来将改变全球的消费钻石行业结构，并将开始钻石的新兴应用领域，如钻石存储等。

- 营销革新：如果竞争厂商能够成功地引入产品销售的新方式，那么，他们就可以激起购买者的兴趣，扩大行业需求，提高产品差别度，降低单位成本。比如小米发展初期的社群营销和低价销售方式，加速了智能手机的社会普及水平。

- 竞争者的进入或退出：一家或多家大型公司进入某个曾为中小厂商所统治的市场几乎无一例外地会动摇市场的竞争环境。同样，其他行业中的一家拥有相当实力的公司通过并购或建立自己的新公司进入本行业时，这家公司通常会以某种创造性的方式运用其技巧和资源，从而使竞争朝着新的方向发展。例如，在移动互联网兴起阶段，BAT（中国互联网公司三巨头：百度、阿里巴巴、腾讯）进入或者退出任何一个市场都会对该市场的发展带来巨大震荡。

- 技术的转移扩散：当某项专有的技术被转移或扩散出去之后，行业中的竞争态势会发生巨大的变化，原来专有该项技术的厂家的竞争优势将会遭到侵蚀，其他竞争者将会增加自己在行业中的竞争实力。这在计算机软件技术领域特别常见，由于开源代码生态的存在，目前，人工智能、机器人甚至智能汽车等领域，都已经快速降低了进入门槛。

- 成本和效率的差异：关键竞争厂商之间成本和效率的差异性的扩大或缩小会大大改变竞争的格局。以共享单车行业为例，摩拜与OFO小黄车两强竞争阶段，OFO小黄车采用普通单车技术，初期生产制造成本低，后期车辆损坏、维护成本高；但是摩拜自主开发新型单车，初期生产制造成本高，但投放后的损坏、维护成本低。因此OFO小黄车前期市场投放发展快，但摩拜后期运营成本低，持续发展能力强。

- 购买者偏好的变化：当购买者的偏好由产品在差别化与标准化相互变化之时，市场上竞争格局变化将不可避免，社会主流人群的年龄、生活水平的变化都会影响购买者偏好。后疫情时代的购买者变化将更加两极分化，中低收入人群更加偏好实用化、标准化，中高收入人群更加偏好差异化、个性化。
- 社会关注焦点的转移、生活态度和生活方式的变化：新出现的社会问题和人们价值观念及生活方式的变化可以刺激行业变革。互联网行业一直都在追逐年轻人的生活方式的变化，为"Z世代"打造属于他们的行业应用。
- 行业日益全球化：全球化的竞争通常会改变行业中重要竞争厂商之间的竞争模式。虽然中美贸易摩擦和俄乌冲突使得"逆全球化"进一步加剧，但是全球区域比较优势依然存在，全球产业链分工不会消失，充分利用全球化给各家厂商所带来的利益也是不均衡的。

四、短期、中期、长期趋势

研究行业的历史演变、周期特征，并分析行业的变化因素，目的就是对行业的发展趋势进行综合判断。

趋势从时间上来看，主要分为短期趋势（1—3年）、中期趋势（3—10年）和长期趋势（10年以上）。

- **短期趋势**：受国家产业政策、竞争者进入退出、产品使用方式、营销革新等因素的影响。
- **中期趋势**：受产品创新、成本效率变化、行业增长率变化、社会关注焦点变化、购买者偏好变化的影响。
- **长期趋势**：受国家产业政策、技术进步、社会人口结构变化、产业结构调整等因素的影响。

对每一个趋势的判断不是一个死板的结论，而应该是根据不同行业特点，提出不同趋势需要重点关注的核心关键点，以及该关键因素的变化预期及其对行业的影响预期。

科技创业投资是一个长期性的业务，不像股票二级市场有充足的短期流动性，一定要对行业发展趋势有更深刻的理解。

第四节　如何开始行业分析

行业分析是科技创业投资的基本技能，在职业发展过程中需要不断成长，如何开始行业分析呢？

一、从上市企业信息开始

行业分析要逐渐由浅入深，循序渐进。

（一）解剖麻雀，从一个案例开始

大多数行业都已经存在上市公司或者类似业务的上市公司。阅读上市公司的财报、上市招股说明书等公开材料是最好的开始。从上市公司的公司信息了解企业的所有权性质、主要业务、主要客户、收入结构、成本结构、员工规模、人才结构、战略方向、主要风险。

运用杜邦分析法对上市公司的各项数据进行分析，建立对行业各项数据对比的标尺。

杜邦分析法（DuPont Analysis）是利用几种主要的财务比率之间的关系来综合地分析企业的财务状况。具体来说，它是一种用来评价公司赢利能力和股东权益回报水平，从财务角度评价企业绩效的一种经典方法。其基本思想是将企业净资产收益率逐级分解为多项财务比

率乘积，这样有助于深入分析比较企业经营业绩。由于这种分析方法最早由美国杜邦公司使用，故名杜邦分析法。

在杜邦体系中，包括以下几种主要的指标关系（如图6.7）：

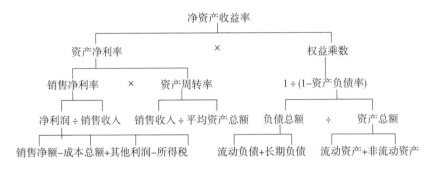

图6.7 杜邦分析的指标体系

（1）净资产收益率是整个分析系统的起点和核心。该指标的高低反映了投资者的净资产获利能力的大小。净资产收益率是由销售报酬率，总资产周转率和权益乘数决定的。

（2）权益乘数表明了企业的负债程度。该指标越大，企业的负债程度越高，它是资产权益率的倒数。

（3）总资产收益率是销售利润率和总资产周转率的乘积，是企业销售成果和资产运营的综合反映，要提高总资产收益率，必须增加销售收入，降低资金占用额。

（4）总资产周转率反映企业资产实现销售收入的综合能力。分析时，必须综合销售收入分析企业资产结构是否合理，即流动资产和长期资产的结构比率关系。同时还要分析流动资产周转率、存货周转率、应收账款周转率等有关资产使用效率指标，找出总资产周转率高低变化的确切原因。

（二）理解行业基础，进行行业综述

行业的综述是初步理解一个行业的开始，如同前面在行业概况分析小节中介绍的需要弄清楚几个基本问题：

- 这个行业的存在是因为它提供了什么价值？
- 这个行业从源头到终点都有哪些环节？
- 这个行业的终端产品售价都由谁分享？
- 每个环节凭借什么关键因素，创造了什么价值获得它所应得的利益？
- 谁掌握产业链的定价权？
- 这个行业的市场集中度如何？

在这里比较重要的一点是：学习行业"黑话"。

几乎任何领域都存在着一系列的"黑话"体系，即一些专业术语，在不考虑语境和用户群体的情况下使用常常使人摸不着头脑。其实，"黑话"是一系列具体概念高度抽象出来的词语，这些词语本质上属于专业术语，是为了高效的交流。这种专业术语，精确且高效。如果想要深入一个领域的话，就必须学习这些专业术语（"黑话"），否则你就无法深入交流。

（三）初步了解行业趋势

通过各研究机构、咨询机构发布的研究报告，以及行业协会的数据，初步了解行业的发展趋势。数据的来源可以从以下五个方面寻找。

- 政府网站：统计局、工信部、国务院网站等。
- 行业专业网站：如IT行业的CNNIC、IT桔子等。
- 咨询公司报告：如易观资讯、艾瑞、麦肯锡、德勤等。
- 媒体网站：如知乎、微信、36氪、微博等。

上述数据来源有的滞后时间比较长，如政府数据，有的信任度并不可靠，因此只能作为初步了解行业趋势使用。

（四）提出个人独立见解

提出个人独立见解是进行行业分析的重要环节，有了个人见解才能带着问题去深入地与行业人士沟通，发现行业真实情况，不断完善或者纠正自己的看法。科技创业投资领域对于行业的独立见解至少应该包括如下几个方面：

- 这个行业所面临的痛点有哪些？
- 哪些痛点对于业内人士是最紧迫的？
- 创业企业如何把专业技能与这些痛点结合起来？

二、行业分析能力的培养

行业分析是从事科技创业投资业务的基础入门工作，有助于不断加强五个方面的能力建设：资料搜集能力、信息整合能力、独立思考能力、细节处理能力和交流沟通能力。

（一）资料搜集能力

信息搜集是行业分析的起点，它一直延续到行业分析的终点，是做好其他一切工作的前提和基础。在很多人的观念中，所谓的信息搜集就是从网上搜集一堆资料，然后从这些资料中东拼西凑组合成一份报告。大家都知道资料对于行业研究至关重要，但资料搜集有很多专业技能及方法。掌握资料搜集技能和方法，可以缩短资料搜集所耗费的时间。最基础的工作是通过网络来搜索，通过关键词的选择及相关文件类型的选择来明显缩小搜索范围和提高搜索结果的针对性。另外还需要对搜集的资料的真伪做一个判断，可以通过其出处来源及多份资料比对辨别。

具体而言，搜集行业信息有几种方法：

- 通过年度行业报告。各种行业协会、产业研究机构每年都会出具行业研报。
- 从"招股说明书"中挖掘信息。上市公司招股说明书中都涉及行业介绍，其中包含了国内外行业发展的基本情况、行业的主要特点、行业与上下游行业之间的关联性、行业的市场容量及竞争情况、行业利润率水平、进入行业的主要障碍、影响行业发展的有利和不利因素等。优先阅读新股或次新股的招股说明书，这样获得的行业信息比较新，相对来说更具参考价值。
- 用好公司网站和行业门户网站。行业门户网站汇集了行业相关的众多信息，特别是行业发展的最新动态，有些网站还免费提供了产品的报价信息和价格走势。在对行业有初步了解的情况下，通过浏览行业中的重点企业网站，可以获取许多关于企业背景介绍的信息。
- 关注行业专家的网络媒体动态，必要时走访行业专家。

（二）信息整合与分析能力

资料搜集是第一步，在资料搜集好后重要的是对信息进行整理和分析，按照本文之前描述的行业分析框架思路进行资料整理与分析，最终通过分析，形成对该行业的认识与观点。

（三）独立思考与逻辑思维能力

独立思考也是行业分析的核心要求。"人云亦云"的做法始终是无法达到深入研究行业的目标的，必须通过对行业的观察、分析，独立思考出来的才有价值，往往正确的结论与见解掌握在少数人手里。

逻辑性是行业分析的灵魂，行业分析重要的宗旨就是通过行业过去与现在的表现去预测未来发展走势。预测未来走势准确与否，重要的就是分析的逻辑是否正确与合理。因此建立行业研究的逻辑思维必不可少。

（四）细节处理与钻研能力

细节往往是决定成败的关键，同时也是在细节处体现出问题的关键点。做行业分析过程中，掌握大局观固然重要，但同时要时刻注意细节，通过细节去发现和判断发展趋势。

（五）交流与沟通能力

行业分析需要解决信息不对称的问题。信息不对称主要是通过二手信息和一手信息的差异对比分析去解决。二手信息经过别人加工过，可能存在信息失真的情况；一手信息需要通过实地调研，当事人与相关机构的访谈是重要途径。这就需要去和相关专家或当事人交流沟通，学会问问题，通过沟通过程去发现问题应该成为行业分析的一种本能。

第七章

怎样判断好公司——公司分析

公司分析是商业分析的基本内容,各种管理学、投资学都会讲授公司分析的课程。但是,商学院讲授的有关公司分析的课程一部分是针对成熟公司内部战略管理的,另一部分是针对上市公司的投资分析的,因此不完全适用于科技创业投资。科技创业投资应该如何进行公司分析?

第一节 价值发现与风险发现

一、公司分析的方法论

任何企业的经营活动,都是在市场中进行的,而市场又受国家政治、经济、技术、社会文化的限定与影响。所以,企业从事生产经营活动,必须从环境的研究与分析开始。企业环境是指与企业生产经营有关的所有因素的总和,可以分为外部环境和内部环境两大类。企业外部环境是影响企业生存和发展的各种外部因素的总和;企业内部环境又称企业内部条件,是企业内部物质和文化因素的总和。

企业外部环境又分为宏观环境和微观环境两个层次。宏观环境因素包括:政治环境、经济环境、技术环境、社会文化环境。这些因素对企业及其微观环境的影响力较大,一般都是通过微观环境对企业间接产生的。微观环境因素包括市场需求、竞争环境、资源环境等,涉及行业性质、竞争者状况、消费者、供应商、中间商及其他社会利益集团等多种因素，这些因素会直接影响企业的生产经营活动。企业外部环境已经在本书第六章的行业分析中完成，因此企业分析重在企业的内部环境分析。

企业内部环境包括企业的物质环境和文化环境。它反映了企业所拥有的客观物质条件和工作状况以及企业的综合能力，是企业系统运转的内部基础。因此，企业内部环境分析也可称为企业内部条件分析，其目的在于掌握企业实力现状，找出影响企业生产经营的关键因素，辨别企业的优势和劣势。

- 企业资源分析：企业的任何活动都需要借助一定的资源来进行，企业资源的拥有和利用情况决定其活动的效率和规模。企业资源包括人、财、物、技术、信息等，可分为有形资源和无形资源两大类。
- 企业文化分析：分析企业文化的现状、特点以及它对企业活动的影响。企业文化是企业成功的重要条件和手段，它与企业内部物质条件共同组成了企业的内部约束力量，是企业环境分析的重要内容。
- 企业能力分析：企业有效地利用资源的能力。拥有资源不一定能有效运用，因而企业有效地利用资源的能力就成为企业内部条件分析的重要因素。

二、公司分析的目标

针对科技创业投资业务，公司分析的目标有两个：一是风险发现，二是价值发现。

（一）风险发现

企业风险包括法律与政策风险、财务风险、经营风险。

- 法律与政策风险：法律风险包括企业发展历史过程是否存在法

律瑕疵，资产（特别是知识产权）形成过程是否存在法律瑕疵，是否存在业务违法违规的情形，包括潜在的法律诉讼风险。政策风险与行业整体有关，已经在行业分析过程中详细说明。

- 财务风险：公司财务运作是否真实合规，特别对于很多科技创业企业来说，创始人财务知识薄弱，财务记账不规范，个人账与公司账经常混淆，不同子公司主体的账务不清晰，经常存在一边多缴税一边偷漏税的情况。

- 经营风险：业务进行是否符合行业监管政策，是否获得了相关部门的审批和授权？业务的进行是否处于监管灰色地带？业务运行数据是否真实？特别是在互联网行业，经常存在假冒数据、盗用数据的情况。

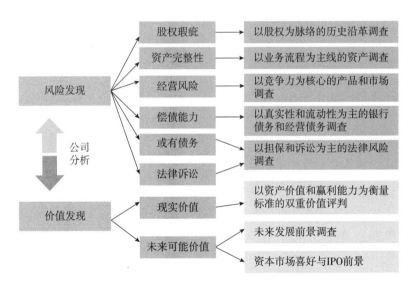

图7.1 公司分析的目标：风险发现与价值发现

（二）价值发现

公司之间资源的差异可以很好地解释为什么有的公司能够在竞争中获得更大的利润，取得更大的成功。如果一家公司所拥有的技术、资产、能力和成就有着产生竞争优势的潜力的话，那么，公司在竞争中取得成功的把握性就越大。对于一个具体公司来说，它的资源要成为持久的竞争优势的话，必须通过以下四项竞争价值的测试。

- 这项资源是否容易被复制？一项资源的模仿成本和难度越大，它的潜在竞争价值就越大。难于复制的资源往往限制竞争，从而使资源所带来的利润具有持久性。资源可能会因为下列一些原因而变得难于复制：资源本身的独特性（如技术专利保护）；资源获取需要时间而且难以加速（如人才对技术精湛的掌握）；资源的获取需要大量的资金等。
- 这项资源能否持续长久？一项资源持续的时间很长，它的价值就越大。有些资源很快就会丧失其竞争价值，那是因为技术或行业的环境在快速变化。
- 这项资源能否真正在竞争中有上乘的价值？所有的公司都必须防止盲目地相信它们的核心竞争能力或特异能力会比竞争对手更有力量。
- 这项资源是否可能被竞争对手的其他资源/能力所抵消，即公司资源的可替代性如何？一般来说，不可替代的资源对公司来说有更大的价值，因而也就更有竞争的优势。

绝大多数公司只能拥有其中一种到两种价值。只有少数公司，通常是行业的领导者或者行业未来的领导者，才拥有具有竞争价值的上乘资源。

第二节 技术、产品与商业模式

产品是企业经营的原点，科技创业投资的公司分析要紧紧围绕企业开发的产品来进行，围绕产品创新来理解公司的技术创新和商业模式。技术创新决定了产品创新的成本和竞争力；产品特性决定了企业商业模式是否可以实现。因此，进行公司分析首先要正确理解技术、产品、商业模式之间的辩证关系，以产品为核心评估公司的技术能力和商业模式（如图 7.2）。

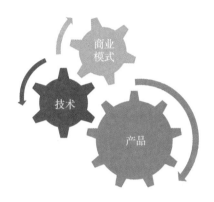

图 7.2　以产品为核心评估技术和商业模式

一、产品与技术创新

产品创新是企业永恒的经营课题，产品创新也是最大的增长红利。产品创新的价值在于提供了产品力，从而有助于企业对外竞争，最终创收获利。对于"to B"的客户，产品力一般体现为质量、价格、服务；对于"to C"的客户，产品力一般体现为品牌、性价比、服务。产品力可用来衡量产品创新是否有价值。

提到产品创新，大家首先想到的是技术创新。而事实上，产品创新的背后是观念创新，观念创新源于对产品有了独特而深入的理解，源于重新定义了产品的性质和顾客的选择逻辑，开辟了全新的市场增量空间。有了这个观念创新，我们需要通过技术去实现它。技术本身只是观念创新的解决方案。

产品创新常常与技术创新相混淆，有的产品创新背后有技术创新做支撑，有的产品创新并不需要技术创新。而有些产品创新即使有技术创新，但因为没有带来产品力，也会产生市场风险。很多创业者常常夸大技术风险、忽视市场风险，但硅谷经验表明90%以上的产品失败都是来自市场风险。

技术创新和产品创新有密切关系，又有所区别。产品创新侧重于商业和设计行为，具有成果的特征，因而具有更外在的表现；技术创新具有过程的特征，往往表现得更加内在。产品创新可能包含技术创新的成分，还可能包含商业创新和设计创新的成分。一方面，技术创新可能并不带来产品的改变，而仅仅带来成本的降低、效率的提高，例如改善生产工艺、优化作业过程从而减少资源消费、能源消耗、人工耗费或者提高作业速度。另一方面，新技术的诞生，往往可以带来全新的产品，技术研发往往对应于产品或者着眼于产品创新，而新的产品构想，往往需要新的技术才能实现。

因此，在公司分析中要首先关注产品创新。对于科技创业投资，特别需要关注产品创新的技术驱动模式。

产品创新的技术驱动模式是指创新设想来源于新技术，来源于实验室，通过筛选评价，尤其是商业前景的分析后，进而开发出具有先驱性的新产品的创新模式。由这种模式创造出来的新产品一般是首创，投放市场的时机总是选择率先进入。技术创新是产品创新的基础，即使新产品设想来源于市场需求，要把设想变为现实，把概念转化为新产品也必须以技术的某种形式的创新作为支撑。因此，技术驱动的创新过程体现为图7.3。

图7.3 技术驱动的产品创新过程

现实中，人们经常过度关注技术创新、弱化产品创新、忽略观念创新，导致技术成果无法有效转移成社会生产力。历史证明，新技术的诞生往往具有偶然性；因此，谁能够尽早发现它，谁能够正确运用它，谁就能够赢得创新。观念创新在这里扮演着极其重要的桥梁角色。

技术进步是人类社会发展的基本动力，技术驱动模式也是产品创新的最基础的模式。由该模式创造出来的新产品属于技术推动型新产品，一旦成功，能够获取的收益也最大。这里所说的技术主要指科学技术，同时也包括生产技术、营销技术等。不同技术的开发难度不同，如果是科学技术驱动，必然涉及产品的原理、结构的改变，开发困难不仅在企业内部，也不仅是技术和生产方面的问题，而且要扩展到市场上，涉及创造市场需求的问题。因此，运用技术驱动模式的关键，是要在技术进步与市场需求之间建立起沟通的桥梁，要让新产品去发掘潜在的市场需求，去创造新的市场需求。

通过技术创新来达到产品创新以占领扩大市场份额并最终获得利益是每个企业的梦想与追求。可并非所有企业都能获得成功。根据美国管理协会对部分企业的调查问卷显示：企业新项目 50% 以上达不到预期目标，产品研发成功率仅有 10% 左右。国内企业产品创新成功率也仅在 10% 以下。影响产品创新的因素很多，但其中技术因素尤为重要，成功的技术创新是观念创新、产品创新得以成功的前提和关键。

二、产品与商业模式

产品小循环是指产品本身的逻辑是完整且可循环的；产品大循环，是指产品是公司整体商业模式中的一个元素，且该模式是被验证可以跑通的（如图 7.4）。

图 7.4 从产品小循环到商业模式大循环

基于公司提供的产品（或服务）来分析公司的赢利模式、核心竞争力和商业壁垒。赢利模式、核心竞争力和商业壁垒三位一体决定了公司的投资价值。其中，赢利模式是企业的价值基础，核心竞争力是指实现前者的能力，商业壁垒是通过努力构筑的阻止其他公司进入的"护城河"（如图 7.5）。

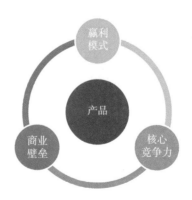

图 7.5 基于产品分析企业的投资价值

好的产品解决的是应用环境下的综合性问题，产品的价值体现，可以分拆为三个维度。

- 用户端：价值体现在用户使用，获取产品的意愿。需要特别关注产品切换成本的问题，一旦切换成本过高，这个产品就很难被替代。比如微信之所以难以撼动，就是因为用户想要脱离社会关系网络的成本太高。
- 竞争端：用户是否愿意付出的成本上限。产品的竞争力最终都体现为用户为了获取该产品愿意支付的最高成本上限，当一个替代品进入市场，必须有能给用户足够的动力驱使用户换用替代品。
- 企业端：站在企业的角度，实际就是成本结构和收益的规模性问题。

产品的价值链覆盖了从设计、生产、营销、交付、支持的全过程。而商业模式就是一个蓝图，通过企业的结构、流程和系统来实现；覆盖用户、产品/服务、企业资产、赢利（财务生存能力）。不同的企业环境，面对同一用户群和同一个需求痛点，会有完全不同的产品方案，有的会成功，有的会失败。因此，需要围绕产品深入地进行情景下的商业模式分析：

- 靠什么产品挣钱？挣谁的钱？是从现有的销售中挖掘、争夺，还是创造新的需求？
- 产品如何销售？从产品生产到终端消费，中间有几个环节？有什么办法能够将中间环节减到最少？企业有没有做这方面的努力？随着销售量的扩大，边际成本会不会下降？
- 企业所处的产业链的地位如何？处在产业链的上游、中游还是下游？整个产业链中有哪些不同的商业模式？不同商业模式之间关键的区别是什么？
- 哪些是最有定价权的企业？定价权是如何获得的？企业与客户的关系是否具备很强的黏性？

上述问题有助于判断该产品和商业模式能否成功。通常来说，尽可能投资那些用一句话就能说明白商业模式的企业。

在第六章我们介绍过商业模式画布这个工具，它完整地回答了如何创造价值、传递价值和获取价值的过程和思路。商业模式画布分析更适用于企业或者组织等微观层次的实体。在行业中，不同企业的商业模式具有各自的特点，不能以偏概全将行业中的所有企业囊括到一个商业模式画布之中。

商业模式是企业创造价值、传递价值、获取价值的方式，它不仅包含了企业的赢利模式，还包含了推广模式、产品模式以及设计思维中的用户模式。商业模式画布以结构化的思维将其划分为九大模块，有助于我们更好地去描述、评估和迭代产品的商业模式（见图7.6）。

- 创造价值：用户细分 + 价值主张（解决谁的什么问题）
- 传递价值：客户关系 + 渠道通道（如何提供解决方案）
- 获取价值：关键业务 + 基础建设 + 合作伙伴（如何实现赢利）

商业模式画布这个工具的用途不止于此。商业模式画布就是一种可视化语言，是用来描述商业模式、评估商业模式甚至改变商业模式的一种通用语言。商业模式画布是一种思维方式，是帮助梳理头脑中商业模式的一种工具。商业模式画布可以有多种视角。

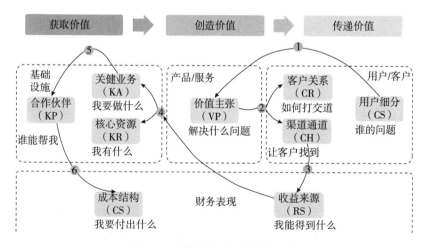

图7.6 商业模式画布（价值视角）

图 7.7 展示了从商业活动闭环的角度如何使用商业模式画布，有助于在商业分析的时候建立起整体的架构思维能力，以此推进分析的深入。

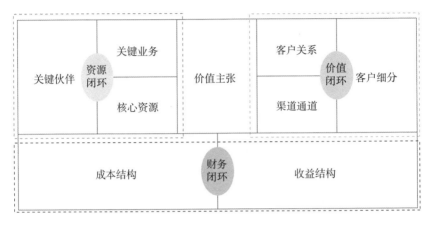

图 7.7　商业模式画布（商业活动闭环角度）

图 7.8 展示了从公司管理的角度如何使用商业模式画布，来进行收入和成本结构的分析。

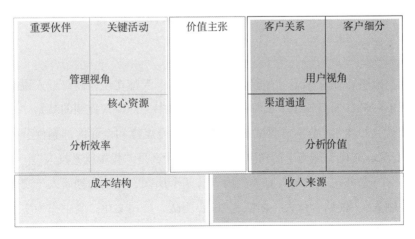

图 7.8　商业模式画布（公司管理角度）

245

图 7.9 给出了使用商业模式画布工具梳理商业模式的一个案例。[①] 其中以百度搜索业务为例，简单展示了如何使用商业模式画布工具。

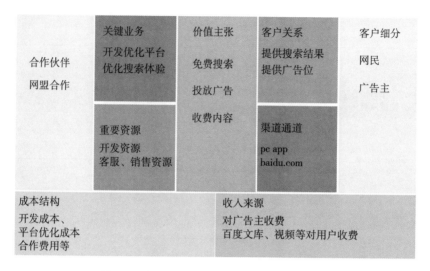

图 7.9 商业模式画布应用示例（百度搜索业务）

第三节 论"投资就是投人"

投资行业有很多"神秘理论"——每个人都在说，但每个人说的都不一样，而且每个人又都说不清楚。其中，最经常提到的就是"投资就是投人"。本小节尝试从科技企业发展规律和企业内部条件分析（资源、文化、能力）的角度来解读一下什么是"投资就是投人"。

一个公司中，与人有关的因素有四个层次，分别为创始人（实际控制人）、创始合伙人（团队）、核心团队、公司文化。其中作为实际

[①] 参见：如何通过商业模式画布梳理你的商业模式？http://www.chanpin100.com/article/103113。

控制人的创始人是公司的灵魂，他的个人特征决定了其他三个层次的特征（如图 7.10）。

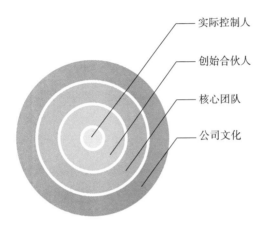

图 7.10　"投资看人"的四个层次

一、创始人（实际控制人）

一般而言，创业公司需要有一个实际控制人。当然，在成功公司中也经常存在多人共同控制，或者无实际控制人的情况。但是，创业维艰，企业成长过程中经常遇到各种路线分歧，需要有人能够承担责任，"一锤定音"。多人共同控制经常会导致要么"三个和尚没水喝"，要么意见不合、分道扬镳。因此，在科技创业投资实践中，希望看到创业公司有一个作为实际控制人的创始人。这个实际控制人，在利益上，应该是直接或者间接持有公司股权比例最高的实体；在决策上，应该能直接或者间接持有超过 50% 的表决权。

作为实际控制人的创始人是公司的灵魂，其决定了公司潜在的风险与价值。

创始人的个人认知能力决定公司的发展上限：认知力的价值在于认知是生产力，认知是分辨力，认知是定力。首先创始人要对自己从事的行业有深刻的认知，这样才能定义好公司的战略和产品；其次，世界永恒不变的只有变化本身，变化催生创新，所以创始人应着眼于变化，始终保持着好奇心，不断地迎接、拥抱创新，不被传统、经验、历史束缚；再次，创业是一个综合能力成长过程，创始人需要有强大的学习能力和对事物敏锐的洞察力，跳出自己的专长舒适区，不为自己设限，不断补充自己的能力短板；最后，创始人需要有独立的思辨能力，从纷繁芜杂的表象中看透本质，这是创始人能够坚持走多远的一个基石。

创始人的个人业务能力决定了公司的发展下限：创始人永远要有底线思维，永远做公司的最后一道屏障。公司在发展过程中总是充满曲折的，新业务开发期创始人要冲到第一线定义业务；即使业务正常运行了也要随时准备在人手短缺的时候冲上补位；创始人奠定了公司的业务基础，并能够组织团队让他们站在自己的肩膀上推进公司业务。因此，创始人的个人业务能力就是公司发展的下限。当然，随着公司的发展，创始人的业务重心和能力要求也不断变化，从研发到市场再向管理逐步过渡。

创始人的胸怀包容程度决定了公司的团队结构：企业的发展需要能够整合各类对企业发展有利的资源，并组成一个为同一个目标共同奋斗的团队。要做到这一点，创始人需要能理解这个世界与社会的复杂与多样性，具有同理心（empathy）和宽广的胸怀，能站在别人的角度谅解别人，欣赏别人，考虑别人的问题；在利益上，创始人要有分享意识，愿意设计一个平台和机制，让团队共享公司发展的成功与喜悦。

创始人的逆境应对能力决定了公司的底线：逆商就是要在逆境中有坚韧的精神，就是曾国藩所说的那种"屡败屡战、越挫越勇"的精神。不要把失败看成一种负担，要把失败看成一种财富，一种经历。绝境，考验的是创始人。创始人能否重新审视自己，相信自己，创始人能否全力以赴，拼尽全力。任何创业公司都会面临困难，坚韧的创始人才能逆风飞翔。

创始人的个人品格奠定了公司文化的基础：公司文化有很多种，对于一个创业公司，有三点需要特别关注，而这三点可以从创始人的个人品格中可以看出来。一是敢挑战、敢负责，遇到事不怕事，就事论事，以完成任务为导向承担责任；二是诚信和契约精神，不要去骗别人，也不要骗自己，承诺的事情全力以赴；三是匠人精神，再小的事情也要做到极致、做到最好。

简而言之，对科技创业投资来说，只有一个有情怀、有追求的创始人，才更容易成功，更能抵御不确定的风险。

二、合伙人团队

企业不是一个人的事，创始人不可能无所不能，因此创业需要有合伙人团队。一般而言，创业企业在公司成立前后就会形成一个2~3人的创始合伙人团队，并在企业发展过程中逐渐优化、完善合伙人队伍。如前所述，作为实际控制人的创始人是合伙人团队的灵魂和组建者，如何搭建合伙人团队和搭建什么样的合伙人团队是创始人的能力与胸怀的体现。针对合伙人团队，需要重点关注以下事项。

团队的结构：通常用"一专多能"来评价一个创业者，实际上这同样适用于创业团队的评价。"一专"是指在公司发展的专业领域上，团队已经长期在某个细分领域坚持不懈去研发或者是攻克一些相关难点，并且是在这个领域里面勇于创新的一个团队；"多能"是指团队能力结构完整、互补，在公司业务的关键领域都有经验丰富、业务能力强的人才。

团队的历史：首先主要看团队背景、经验以及所做的项目方向是否匹配；更重要的是看团队成员价值观的默契度以及是否经历过逆境的考验。逆境是创业公司的常态情况，政策变化、行业风口转向、公司资金链紧张、业务没有持续增长、商业模式碰壁，各种因素都会导致创业公司处于逆境中。逆境会放大人性的阴暗面，没有经历逆境考验的团队不是一个成熟的团队。对于团队中的个人，也要去考察其个人成长历史中的逆境及其应对态度。（需要注意，团队成员与创始人认识时间长不是一个有效指标，在利益和困难面前，老友反目是常见的情形！）

团队的股权结构。企业成长中合伙人团队发生变化是很常见的事，老的合伙人会离开，新的合伙人会加入。因此需要特别关注合伙人团队的股权结构：第一，现有合伙人的持股与其对公司发展的作用是否匹配；第二，公司是否为新合伙人进入预留了股权空间；第三，是否存在合伙人离开公司的股权回购等处置方案。

好的合伙人团队能够提升公司的资源，加速公司的发展；坏的合伙人团队将给公司带来无穷无尽的灾难，导致公司错失发展时机。因此，科技创业投资过程中，一定要与合伙人团队有深入的交流。

三、核心团队与公司文化

创始人和合伙人团队只是奠定了公司的发展基础，但公司的真实发展依靠的是公司的团队。

对于核心团队，主要通过考察团队的组成和执行力，来理解公司的用人机制。强有力的核心团队可以帮助公司在顺境下更快速发展。

公司文化是影响和规范着企业成员的行为以及各项管理职能发挥作用的方式和原则，通过公司文化可以理解公司的激励机制和风险控制机制。

本质上，核心团队和公司文化都是创始人性格的延伸和外化。可以通过核心团队和公司文化更深层地理解创始人。

第四节 其他非量化方法

商业模式谁都可以模仿,但成功者永远是少数。优秀的企业关键是具备构筑商业模式相应的核心竞争力,下面列出的分析方法有助于发现企业的核心竞争力。

一、核心竞争力分析

公司相对于同行的比较优势被称为核心竞争能力。核心竞争能力与能力的区别在于:核心能力对公司的竞争力和赢利能力起着至关重要的作用。公司的核心竞争能力可能指完成业务所需要的优秀技能,可能指公司技术诀窍的范围和深度,也可能指那些能够产生具有很大竞争价值的生产能力的一系列具体技能的组合。

通常来说,核心竞争能力的产生是组织各个不同部分有效组合的结果,是个体资源整合的结果。一般来说,核心竞争能力存在于公司员工的身上,而不是存在于公司资产本身。核心竞争能力深深植根于技巧、知识和个人的能力之中。

在实践中,各个公司所表现出来的核心能力是多种多样的:生产高质量产品的技能,创建和操作一个能够快速而准确地处理客户订单系统的诀窍,新产品的快速开发,提供很好的售后服务的能力,选择良好的零售地点的技能,开发出受人欢迎的产品和革新的能力,采购和产品展销的技能,在重要技术上的特有知识,研究客户需求和品位以及准确寻求市场变化趋势的良好方法的体系,同客户就产品的新用途和使用方式进行合作的技能,综合使用多种技术创造一个全新的产品的能力。

简而言之，核心能力使公司拥有某种竞争能力，从而是一种真正的公司优势和资源。一个公司拥有的核心能力可能不止一种，但是，同时拥有好几种核心能力的公司也是比较少见的。

公司的某项核心能力比竞争对手都要出色的时候，我们称之为公司的特异能力。如果一家公司在那些对公司在市场上取得竞争成功具有重要意义的活动中拥有特异能力，如果它的竞争对手没有与这种特异能力相抗衡的能力，同时，如果竞争对手模仿这种特异能力的成本很大，需要花费很多时间，那么，这家公司就容易建立其竞争优势。因此，特异能力是一种有着特别价值的资产，很可能成为公司在竞争中取得成功的关键因素。

二、企业内部要素确认

企业内部条件是由若干要素构成的，如果把企业看作一个投入产出系统，其内部条件可由三大要素组成，一是需要投入资源要素，二是需要将这些要素合理组织、使用的管理要素，三是资源要素与管理要素相互结合而产生的能力要素。这三大要素又由若干因素组成：资源要素包括人财物力资源、技术资源、市场资源、环境资源等；管理要素包括计划、组织、控制、人事、激励和企业文化等；能力要素包括供应能力、生产能力、营销能力、科研开发能力等（如图7.11）。

企业资源要素分析，从本质上说，是要在竞争市场上为企业寻求一个能够充分利用自身资源的合适的位置。为了充分地利用企业的资源，使其经营活动更加有效、合理，管理要素作为一种手段是不可缺少的。它通过计划和组织将资源和活动有机地结合起来；通过控制监视资源的使用情况，通过人事与激励充分发挥人的主观能动性；企业文化使全体职工达成共识，树立企业精神，形成一个团结协调的整体。能力要素虽然不是基础性的条件要素，但却是企业不可缺少的功能性要素，也可以说是比两个基础性要素更高层次的要素。企业对外部环境的应变性、竞争性均是这些能力要素的综合体现。企业是靠这些要素求生存、求发展的，企业内部条件要素的分析最终落脚点就是能力的分析。但这种分析必须考虑到基础性要素与功能性要素之间的关系。

图 7.11　企业内部条件三大要素

三、纵向与横向比较

比较分析是一种有价值的分析方法，比较分析有两种不同的比较基础：历史比较和行业比较。一个企业成本效益的高低、满足顾客需求的程度和财务指标的优劣，只能通过与其他企业，尤其是主要竞争对手的比较才能确定。

（一）历史分析

历史分析是将公司的资源状况与以前各年相比，从而找到重大变化。通常会用到如销售额/资本比率和销售额/雇员比率等财务比率，以及不同活动所需的与资源比例有关的各种重要的变量。这种方法可以揭示出一些不太明显的变化趋势，发现公司的主要推动力，并且预估将来公司的主要推动力放在什么地方。另外，还可以通过历史分析来考察企业的资源状况，与前几年相比有了哪些重大的变化。历史分析虽然不能直接反映企业的相对资源状况和能力，但有益于正确认识公司本身所发生的变化及对未来可能的影响。

（二）行业比较

行业比较会大大地改进历史分析效果，它帮助公司展望其资源状况和经营状况。在分析和评估战略能力时，行业比较关心的是公司在整个行业中的相对地位。行业比较中，用于分析几项重要资源的有关使用指标有：存货周转率、原材料产出等。

特别是，直接比较两个竞争公司（即对成本结构进行分析）的资源使用状况时，将人工成本以总成本的百分比表示时，就可以发现非常不同的情况。以此得出的结论却取决于当时的环境：如果这些公司大部分以价格为基础竞争领先地位，那么，人工成本的差别很重要；相反，若某公司对职员的额外使用是公司区别于其他竞争者的一项特殊服务，此时人工成本的增加就不甚重要。

第五节　潜在的量化指标

本小节称为"潜在"的量化指标，是因为对创业企业来说，不同的发展阶段适用于不同的量化指标分析，不同的量化指标反映了行业、企业的不同特征。因此在实践中，需要根据实际情况选择量化指标。

一、产品毛利率

毛利率是公司核心业务赢利能力的直接体现，是公司最基本、最稳定的利润来源。毛利率高低是公司主营产品竞争力强弱的体现。

从毛利率的分析之中，我们可以有方向地进一步追寻营业收入、成本之中存在的问题。毛利率是一个信号，提醒企业经营者和投资者关注经营活动中可能存在的问题。对产品毛利率要进行纵向和横向的对比分析。

- 毛利率纵向分析：可以看出公司3—5年的毛利率变化情况，并弄清毛利率变化的具体原因。需要注意的是单纯对公司毛利率进行分析时，不能简单做出公司毛利率高低的判断，毛利率高低必须放在行业内比较才能得出结论。
- 毛利率横向分析：与行业均值、公司的直接竞争对手、行业领头羊进行对比分析。如果公司的产品较多样化，应该淡化综合毛利率这一指标，而应分产品具体分析每个产品的毛利率情况。

毛利率分析要结合行业经营特点。因为各个行业有其经营特性，对于某些行业来说，营业成本并不能准确体现该行业生产经营的核心投入和产出。例如：医药行业、互联网行业等。一般来说，毛利率分析更适合制造业。

二、成本与边际成本

要进行生产经营活动或达到一定的目的，就必须耗费一定的资源，其所费资源的货币表现称之为成本。边际成本是指额外多生产一单位产品需要付出的成本。边际成本在企业和创业过程中非常重要。

一个产品的边际成本越低,那相对来说就是越好的产品和商业模式。比如很多互联网企业,它的边际成本就接近于零。

与成本和边际成本有关的几个问题需要特别注意。

(1)成本结构:企业的成本构成是怎样的?成本的决定因素有哪些?企业的成本能否做到行业最低?如何做到?单位成本能不能随着销售规模扩大而下降?企业要想长久地保持成本优势并不容易,它需要有优于对手的资源渠道(原材料优势)以及更优越的生产工艺(流程优势),更优越的地理位置(物流优势),更强大的市场规模(规模优势),甚至是更低的人力成本。

(2)客户转化成本:企业的产品或服务是否具备较高的转化成本?转化成本是指用户弃用本公司产品而使用其他企业相类似产品时所产生的成本(含时间成本)与仍旧使用本公司产品所产生的成本差值。较高的转化成本构成排他性,如果能让用户不选择竞争对手的产品,说明企业的产品对用户来说有黏性和依赖性,那么这家企业就拥有比较高的转化成本和排他性。了解企业的转化成本必须要从消费者和使用者的角度考虑,从常识、使用习惯和商业逻辑来判断。转化成本不具备永久性,须结合实际情况综合研判。

(3)网络效应:企业通过哪些手段销售产品?是通过人力推销、专门店销售、连锁加盟还是网店销售?各种销售手段分别为企业带来多少销售额?企业的网络规模效应如何?网络效应通常是指企业的销售或服务网络,这些网络的存在为用户提供了便利,以用户为中心的便捷性就能产生黏性。随着用户数量的增加,企业的价值也逐渐由于网络和规模的扩大而不断放大。

三、回报率及其他指标

回报率主要指ROE(股东权益回报率)、ROA(总资产回报率)

和 ROIC（投入资本回报率）。

从历史上看，企业是否拥有可观的回报率？要从商业逻辑上判断，企业的回报率是由哪些方面构成？决定因素是哪些？能否持续？企业采取了何种措施以保障回报率的持续性？

回报率，特别是投入资本回报率，可以帮助识别一些"虚假"项目。在"互联网+"创业热潮中，很多创业项目披着互联网的外皮，做着传统的生意。每次融资的金额与未来几年的收入预计相差无几，完全在用投资人的钱补贴市场。其投入资本回报率是负数。这样的项目虽然存在高增长，但是其增长是没有商业价值的，是彻彻底底的"to VC"的虚假项目。

此外，需要特别强调的量化指标是收入的现金质量，即每单位收入对应的真实现金流数据。

其他量化指标参见第六章介绍的杜邦分析的指标体系。

第六节　公司分析的工具

公司分析有很多成熟的分析工具帮助提供一个思维框架，本章前面提到的商业模式画布就是一个很重要的工具。本小节再介绍两个常用的分析工具：五力分析模型和SWOT分析模型。

一、五力分析模型

五力分析模型将大量不同的因素汇集在一个简便的模型中，以此分析一个企业的基本竞争态势。五种力量模型确定了竞争的五种主要来源：供应商和购买者的讨价还价能力、潜在进入者的威胁、替代品的威胁、来自同一行业的公司间的竞争。一种可行战略的提出首先应该确认并评价这五种力量的大小，不同力量的特性和重要性因行业和公司的不同而变化。

本处再一次强调五力分析模型，是因为不论是创业者，还是投资人，都经常会出现思维陷入某一特定场景，在自己的闭环逻辑中无法自拔的情况。五力分析模型可以给出一个多维度的视角，帮助大家真实地看到企业所处的位置和应该采取的行动（如图 7.12）。

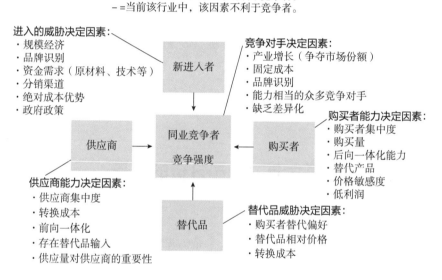

图 7.12　五力分析模型

二、SWOT 分析模型

SWOT 分析的主要目的在于对企业的综合情况进行客观公正的评价，以识别各种优势、劣势、机会和威胁因素，有利于拓展思路，正确地制定企业战略。

SWOT分析把企业内外环境所形成的机会（Opportunities）、风险（Threats）、优势（Strengths）、劣势（Weaknesses）四个方面的情况，结合起来进行分析，以寻找制定适合本企业实际情况的经营战略和策略的方法。图7.13列出的是在SWOT分析中一般所需要考虑的因素。

	潜在外部威胁（T）	潜在外部机会（O）
外部环境	市场增长较慢 竞争压力增大 不利的政府政策 新的竞争者进入行业 替代产品销售额正在逐步上升 用户讨价还价能力增强 用户需要与爱好逐步转变 通货膨胀递增及其他	纵向一体化 市场增长迅速 可以增加互补产品 能争取到新的用户群 有进入新市场或市场面的可能 有能力进入更好的企业集团 在同行业中竞争业绩优良 扩展产品线满足用户需要及其他
	潜在内部优势（S）	潜在内部劣势（W）
内部条件	产权技术 成本优势 竞争优势 特殊能力 产品创新 具有规模经济 良好的财务资源 高素质的管理人员 公认的行业领先者 买主的良好印象 适应力强的经营战略 其他	竞争劣势 设备老化 战略方向不同 竞争环境恶化 产品线范围太窄 技术开发滞后 营销水平低于同行业其他企业 管理不善 战略实施的历史记录不佳 不明原因导致的利润率下降 资金拮据 相对于竞争对手的高成本及其他

图7.13 SWOT分析的考虑因素

SWOT分析还可以作为选择和制定战略的一种方法，因为它提供了四种战略，即SO战略、WO战略、ST战略和WT战略。

- SO战略就是依靠内部优势去抓住外部机会的战略。如一个资源雄厚（内在优势）的企业发现某一市场未曾饱和（外在机会），那么它就应该采取 SO 战略去开拓这一市场。

- WO 战略是利用外部机会来改进内部弱点的战略。如一个面对计算机服务需求增长的企业（外在机会），却十分缺乏技术专家（内在劣势），那么就应该采用 WO 战略培养或招聘技术专家。

- ST 战略就是利用企业的优势，去避免或减轻外部威胁的打击。如一个企业的销售渠道（内在优势）很多，但是由于各种限制又不允许它经营其他商品（外在威胁），那么就应该采取 ST 战略，走集中型、多样化的道路。

- WT 战略就是直接克服内部弱点和避免外部威胁的战略。如一个商品质量差（内在劣势），供应渠道不可靠（外在威胁）的企业应该采取 WT 战略，强化企业管理，提高产品质量，稳定供应渠道，或走联合、合并之路以谋生存和发展。

SWOT 方法的基本点，就是企业战略的制定必须使其内部能力（优势和弱点）与外部环境（机遇和威胁）相适应，以获取经营的成功（如图 7.14）。

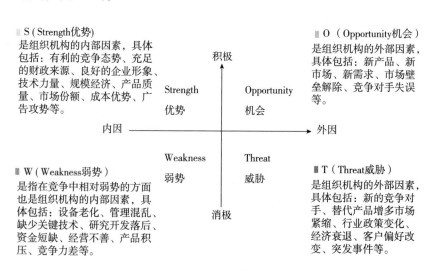

图 7.14　SWOT 分析模型

第八章

什么才是好价格——估值分析

创业投资的项目估值是一个难题，在实践中也没什么具体的标准。随着创业投资行业的发展，同质化竞争的加剧，项目估值完全变成了供需双方的数量与力量博弈。热门项目的估值越来越高，甚至出现一些"风口"项目短时间连续融资三次，每次融资估值翻一番的奇特现象。最终导致项目估值畸形，远远偏离项目发展状态，随后发展则进入本书第二章所说的"C轮死"状态，或者虽然项目成功上市，但上市后二级市场估值低于一级市场估值的情形。

本章尝试用"以终为始"的理念从创业企业和创业投资两个角度阐述项目估值方法。需要说明的是：估值是一种艺术，是买卖双方谈判均衡的结果。本章提出的"以终为始的估值推算"是一种思维框架，而不是僵化的数学公式。

第一节 VC估值的定量与定性方法

一、VC估值中的定量方法

VC估值法定量方法，是计算出未来退出时点上的企业价值，再根据预期回报率，倒算出当前估值。因此，主要变量是退出时间、退出估值和预期回报率。

（一）退出估值更多着眼于远期的市场空间

一般来说，VC 投资退出发生在项目投资的 5—10 年以后，因此退出估值的计算考虑 5—10 年以后企业的商业价值和现金流。而 VC 投资者需要考虑在较长持有期下项目"有可能"发展成什么样子。

（二）预期回报率不仅考虑基金整体回报率，还要考虑单个项目的失败概率

在本书第一章中，根据美国市场数据测算过，基金的回报率 IRR 为年化 15%~20%，考虑单个项目的收益要求时，假设 50% 的项目会颗粒无收，30% 的项目会赚回本金或略有回报，只有 20% 的项目能有 5 年 10 倍以上回报的成功退出。这样的组合才能达到年均 15% 以上的回报率。因此在投资单个项目时，股权投资机构都应该希望这个项目就是那个 5 年 10 倍的项目，因而隐含的项目内在收益率要求就是 58%。因而，VC 投资该项目时的估值，就是按照 58% 的折现率，将 5 年后的退出估值，折现到当下。

在国内市场科技创业投资实践中，如果需要的话，可以参照上述计算逻辑计算项目投资的内在收益率 IRR 要求。

二、VC 估值中的定性方法

VC 估值的定性方法是通过特殊保护条款，降低项目投资失败时的损失，通过降低项目风险进而降低项目投资的回报要求。

在投资协议上的特殊保护条款中，"清算优先权"和"反稀释条款"是外资背景机构在投资协议中常见的特殊条款。它们赋予该投资者更优先的清偿权和在估值下行时以更低价格购买更多股票的权利。内资背景机构则更多使用"对赌协议条款"来保证自身利益。在这样的条款之下，投资者可以更放心地给予公司更高的纸面估值数字。而只要前一轮融资时出现了这样的条款，之后进入的投资者也

会要求类似的保护条款（否则他们的入股比例就会小于实际收益权比例）。

其他保护性条款参见第十章《投资条款清单详解》。

第二节　不同类别企业估值方法

要做到"以终为始的估值推算"，首先需要了解，一个创业企业未来上市后应该如何进行估值。

一、常用的企业估值方法

（一）市盈率

市盈率（Price Earnings Ratio，即 P/E ratio）也称"股价收益比率"或"市价盈利比率"。市盈率反映了在每股盈利不变的情况下，当派息率为 100% 时及所得股息没有进行再投资的条件下，经过多少年我们的投资可以通过股息全部收回。

市盈率使用的净利润要做剔除处理，以反映企业真实的净利润。市盈率要在比较中才有意义，绝对值无意义。找出企业在相当长的时间段内的历史最低、最高和平均三档市盈率区间。考察周期至少 5 年或一个完整经济周期。

市盈率指标的优缺点如图 8.1：

图 8.1　市盈率指标的优缺点

（二）市净率

市净率（Price-to-Book Ratio，即 P/B），也称市账率，是企业估值与净资产的比率。其中净资产要做剔除处理，以反映企业真实的经营性资产结构。市净率要在比较中才有意义，绝对值无意义。找出企业在相当长的时间段内的历史最低、最高和平均三档市净率区间。考察周期至少 5 年或一个完整经济周期。相比市盈率，市净率更依赖于公司所属行业的性质，市净率特别在评估高风险企业，企业资产大量为实物资产的企业时受到重视。

市净率指标的优缺点如图 8.2：

图 8.2　市净率指标的优缺点

（三）市销率

市销率（Price-to-sales，简称 PS），又称为收入乘数，指普通股每股市价与每股销售收入的比率，市销率比较稳定、可靠，不容易被操纵。销售收入不会出现负值，对于亏损企业和资不抵债的企业，也可以计算出一个有意义的价值乘数；收入乘数对价格政策和企业战略变化敏感，可以反映这种变化的后果；但不能反映成本的变化，而成本是影响企业现金流量和价值的重要因素之一；只能用于同行业对比，不同行业的市销率对比没有意义。

市销率指标的优缺点如图 8.3：

图 8.3 市销率指标的优缺点

（四）PEG，反映市盈率与净利润增长率之间的比值关系

PEG = 市盈率 / 净利润增长率。PEG 不同于 PE 估值，PE 仅仅反映了某企业当前价值，而 PEG 则把企业当前的价值和其未来的成长联系了起来。比如一家企业当前的市盈率为 20 倍，其未来 5 年的预期每股收益复合增长率为 20%，那么这只股票的 PEG 就是 1。当 PEG 等于 1 时，表明市场赋予这只股票的估值可以充分反映其未来业绩的成长性。相对于未来，我们能判断其价值是否被高估了。

PEG 数值通常可分为四档：

- PEG < 0.5，价值被低估；
- 0.5 ≤ PEG ≤ 1，价值相对合理；
- 1 < PEG < 2，价值被高估；
- PEG > 2，高风险区。

（五）重置成本（Replacement Cost）

对科技股来讲，这一成本接近于无法计算，但是对能源、基建、零售等公司来讲，重置成本有重要的意义。假设今天市场中存在着100个竞争对手，然后一个精明的商人想要进入这个市场，他一般有两个方案：

- 自己建立一个企业，与这100个对手竞争。
- 从这100个竞争企业里收购一家企业，进入这个市场。

那么如何选择呢？其实非常简单：当目前市场中企业的市值小于重置成本时，精明的商人会选择收购。当目前市场中企业的市值大于重置成本时，商人会选择自己建立企业。从行业角度来看，如果一个行业在周期性低估时，整体的价值小于其重置成本，这意味着这个行业很难再有新的进入者了。

二、不同类别企业估值方法

企业的不同商业模式决定了企业的经营特征，进而决定了不同类型企业需要不同的估值模式（如图8.4）。

- 重资产型企业（如制造业）：厂房、设备等资产就是生产力，资产的价值难以扭曲，因此以净资产估值方式为主；同时重资产型企业需要评估资产赢利能力，因此以赢利估值方式为辅。
- 轻资产型企业（如服务业）：没有或者有很少量必要的固定资产，公司主要靠人、知识、技术、商业模式提供服务，因此以

第八章 什么才是好价格——估值分析

赢利估值方式为主，净资产估值方式为辅。

- 互联网企业：发展到今天，互联网企业的赢利模式已经日渐多元化，从最初的广告、电商、游戏，发展到数据、金融、技术服务等。但不论如何互联网企业还是基于流量来实现变现。因此互联网企业以用户数、点击数和市场份额为远景考量，以市销率为主进行估值。
- 新兴行业和高科技企业：新兴行业存在一个市场培育的过程，因此会牺牲短期赢利能力，另外高科技企业一般也属于轻资产企业，所以对他们只能用市场份额为远景考量，以市销率为主进行估值。

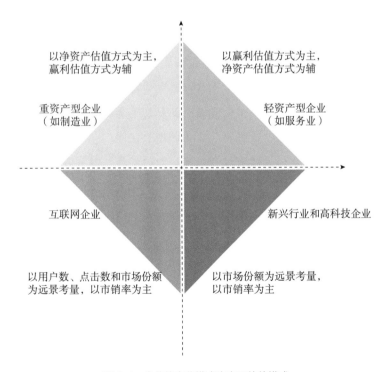

图 8.4　企业的商业模式决定了估值模式

第三节　以终为始的估值推算

一、创业企业角度

从创业公司的角度，如何对企业估值进行以终为始的估值推算？

- 首先，作为企业的创始人，应该对未来企业产品的细分市场有个尽量详细和相对准确的调研和预判；
- 其次，对比一下同行业或者类似上市公司的市场占有情况和二级市场估值情况，预想一下企业未来的发展目标；
- 第三，预估一下企业达到未来发展目标需要的时间和关键节点，预算每一个关键节点目标达成需要的时间和资金需求；
- 第四，将每一个关键节点与企业融资节奏配合起来，为每一次融资时的企业估值留出 2~3 倍的增长空间；
- 最后，综合以上所有过程确定企业的发展、融资和每次融资估值的策略。

上述过程只是一个创业企业如何确定估值的思维方法，具体企业发展和融资面临很多不确定性：

- 融资环境好的时候，可以适当调高估值多拿一些资金，但同时要调整企业发展战略和阶段性目标，确保企业阶段性发展成果可以支撑到下一次融资的要求。
- 融资环境不好的时候，适当降低估值，以尽快拿到融资，并加速推进企业的阶段目标实现，以尽快开展下一次融资。
- 随着企业的发展，企业面临新的市场环境，要及时制订新的发展计划，并在新的发展计划上进行融资规划，用新的阶段性发展成果支撑新的融资估值。

总之，对于创业企业来说，最重要的就是秉持底线思维，为企业发展筹备充足的资金，为未来估值的持续增长预留充足的空间（如图 8.5）。

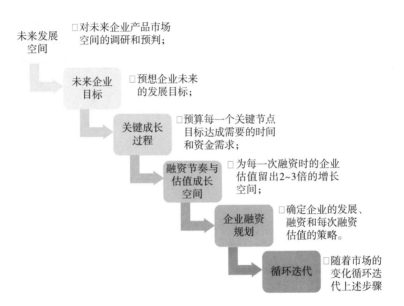

图 8.5　创业企业如何规划融资及估值

二、创业投资角度

从创业投资的角度，以终为始的估值推算按照如下方式展开。

- 确定收益目标：根据基金的收益目标，测算项目投资的最低收益目标。
- 尽职调查企业风险：经过前期的行业分析和公司分析，对公司未来发展的风险进行评估，确定风险加权后的项目收益目标。
- 业务与财务预测：对拟投资企业的未来发展、关键节点、资金需求进行预测，此处的预测数据可以与创业企业的相同，也可能存在差异。

- 当前估值计算：使用未来价值折现法或者可比公司法等量化手段，将企业的未来估值折现到当前估值。
- 与公司协商确定估值：最终估值的确定是与公司创始人协商一致的结果，也是与创始人价值观碰撞的过程。理想情况下希望与创始人利益一致、共同发展，但是如果在某些假设上存在比较大的分歧，必要时可以使用对赌协议等保护手段（如图8.6）。

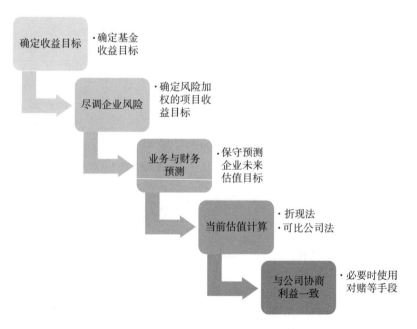

图 8.6 创业投资如何对企业进行估值

上述过程只是一个创业投资如何确定估值的思维方法，具体实践中依然面临很多不确定性。这个过程需要与企业创始人就上述关于企业发展的节奏、融资需求、未来发展等达成深度共识。这个深度交流的过程，一方面加深了投资人对企业和企业创始人性格的理解，另一方面也为企业后续发展和创业投资的投后管理与服务确定了框架。

第四节　一二级市场投资的估值差异

创业投资和二级市场股票投资是两种不同的金融业务，面对的市场特征不同，因而估值的理念和方法也不同（如图8.7）。

- 早期创业投资：面临更高的不确定性，投资的是"有可能"发生的事件。新科技派生的新市场有可能会发生，但是不确定市场规模有多大，也不确定新市场会在何时和以何种形式发展起来。因此，早期创业投资能做的是估计潜在市场规模和产品成功概率。这时对企业的估值更多反映为期权价值。价值大小取决于对市场空间的判断，以及公司占该市场空间的份额。
- 二级市场股票投资：面对的是确定性较高的市场，已经有相应证据和基础来支持对市场规模的预期。需要投资者评估的是产品成功带来的财务影响。二级市场投资者的估值重点在企业的财务数字和预期现金流中，根据预期回报率折现。具体预测取决于公司当下的发展策略和开支预算。
- 晚期创业投资／新兴行业上市公司：面临的不确定性介于早期创业投资和成熟行业股票投资之间。新兴市场已经存在，并且仍在不断增长。投资者对于企业估值重点应在未来年份的预期增长率，根据预期回报率折现。具体预测取决于对市场空间和公司竞争力的判断。

理解一二级市场的估值理念差异，有助于从事科技创业投资业务时根据面对的不确定性去灵活地对企业进行估值，而不是生搬硬套某些方法。

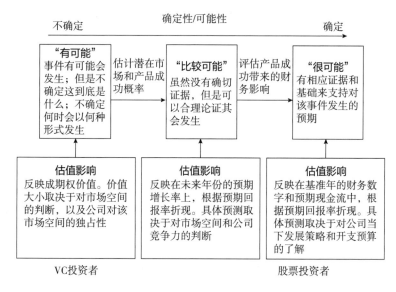

图 8.7 一二级市场的估值理念差异

寻找三好公司核心问题总结

- 公司所处行业的未来发展如何，公司所处行业的天花板在哪里。
- 公司产品定位如何，在细分行业是否具有竞争力，护城河在哪里。
- 企业的赢利模式是否符合实际市场需求，模式是否具有可持续性。
- 公司创始人和管理团队结构如何，是否稳定，是否有明显能力和性格缺陷。
- 历史财务报表是否健康，财务数据是否与业务数据相互印证，尽力排除造假粉饰的可能。
- 公司现有股东治理结构如何，历史融资能力怎么样，与股东之间的资源协调互动能力如何。
- 现在的价格是否在安全边际内（用估值模型计算）。

第四篇
科技创业投资实务

第九章

投资实务之三大尽职调查

尽职调查又称谨慎性调查，是指投资人在与目标企业达成初步合作意向后，经协商一致，投资人对目标企业与本次投资一切有关的事项进行现场调查、资料分析的一系列活动。尽职调查（Due Diligence）的含义在于"合理的，但不是绝对的"，其目的不在于完全了解企业的每一个部分，而在于确保信息的真实性并解决信息的不对称。

从科技创业投资的角度来说，尽职调查是价值发现与风险发现的重要手段。尽职调查就是要搞清楚：

- 对方是谁？即公司实际控制人的底细和管理团队。
- 在做什么？即产品或服务的类别和市场竞争力。
- 做得怎样？即经营数据和财务数据收集，数据反映的财务状况、经营成果、现金流量及纵向、横向比较。
- 社会评价如何？包括上下游和竞争对手的态度与评价，发现隐藏的信息。
- 如何交易？在了解客户的基础上进行客户价值分析，用经验和获得的信息设计投资方案和风险控制措施。

一般来说，尽职调查包括三种：业务尽职调查、财务尽职调查、法律尽职调查。尽职调查的方法主要包括资料收集、实地走访、现场访谈和公开信息查询四大类，各种方法彼此交融，互相支撑，实现对公司的完整画像。

第一节　业务尽职调查

业务尽职调查是由投资经理等亲自做的，尽职调查清单将问及一切可能和公司业务相关的问题，且因公司而异。如：公司基本情况、公司所在行业、公司产品与商业模式、公司创始人与团队、关键内部资源确认、关键外部环境情况、公司发展目标与风险因素等。

一、公司基本情况调查

对公司成立以后的股权变动的历史沿革进行梳理，具体包括但不限于：公司设立、增资、转让、减资、股份改制等变动情况，可以根据项目的需要进行列示。

在尽职调查中需要关注如下重点事项：

- 注册资本是否已足额认缴，是否存在抽逃、挪用出资行为。
- 账列股东、章程中的股东和工商登记的股东是否一致，是否存在隐形股东等代持行为。
- 公司注册资本的每次变化是否符合法律的规定、相应的手续是否完整（包括政府审批备案，若涉及境外股东，相关的外汇备案与外管局批准）。
- 与注册资本相关的账务处理是否正确。
- 股东是否具有相应的投资能力以及是否存在委托持股情形，股东资格是否合法。
- 股东间是否存在特殊约定，如固定回报、业绩回购条款等。
- 历史上股权转让是否均已支付对价、是否完税、是否存在潜在纠纷；公司的境外股权是否存在被直接或间接转让的情况，是否依法申报纳税。
- 是否存在通过增资或转让股份等形式实现高管或核心技术人员、员工、主要业务伙伴持股的情况。

在公司股权沿革的调查中，作为投资人最关心的应该是公司的实际控制人。公司是否存在实际控制人以及实际控制人是否明确、稳定。实际控制人并不一定是大股东，但是要通过各种约定对公司具有真实的控制能力。现实中常见的两个问题：一是股权分布过于平均或分散，实际控制人不明确；二是实际控制人拥有绝大多数股权（甚至100%），其他关键人员没有股权。对于科技创业投资而言，理想的股权结构是企业存在一个领导核心，实际控制人是大股东，股权结构简单明晰。

二、公司行业尽职调查

虽然科技创业投资应该独立地完成行业分析，但在尽职调查部分还是需要对于公司所处行业进行尽职调查。一方面是将自己的行业分析与公司的视角进行相互印证、补充；另一方面，对公司的行业尽职调查可以考察公司对于行业的认知深度。行业尽职调查主要通过与公司业务主要人员交流等手段进行。行业尽职调查重点关注：

- 行业主管部门制定的发展规划、行业管理方面的法律法规及规范性文件（特殊的行业监管和特殊的法律监管政策及情况）；国家有关产业政策和发展纲要，以及产业政策对行业的影响。
- 行业总体情况说明，包括行业管理体制、市场规模及增长率、投入与产出、技术水平、进入壁垒、发展趋势以及影响行业发展的有利与不利因素等；行业是否有周期性、季节性、区域性等特征。
- 行业与行业上下游的关系。
- 行业竞争情况说明、主要竞争对手及相关资料、公司在行业内的竞争地位、公司的竞争优势及劣势分析、公司产品的优势和劣势、采取的竞争策略和应对措施等。
- 公司所处行业的行业标准情况、公司取得的相关资质文件,以及公司单独或共同起草、修订的行业标准情况。
- 公司所处细分行业的风险（行业风险、市场风险、政策风险等）。

三、产品与业务尽职调查

对于产品与服务的尽职调查，主要集中在如下八个方面：
- 公司主营业务、产品和服务介绍的说明文件。
- 公司主要产品和服务的种类、功能用途、所满足的客户需求以及消费群体。
- 每种产品的技术含量（所应用的关键技术及所达到的技术指标）以及服务的质量。
- 每种产品和服务是否向消费者提供售后服务，如果有的话，需要查验售后服务或消费者保障的协议或合同。
- 报告期内主要业务和服务的签约金额及销售收入情况。
- 说明主要产品和服务的市场需求状况对价格的影响。
- 各类产品或服务的销售收入在总收入和利润中所占比重，以及在行业所占的市场份额和变动趋势。
- 公司对提高现有产品或服务质量、增强竞争力等方面将采取的措施以及公司新产品或服务种类的开发计划；公司产品和服务研发流程、周期以及更新换代计划。

针对公司商业模式的调查，主要集中在如下六个方面：
- 公司主要业务的经营模式说明，至少应包括生产模式、采购模式、销售模式、研发或服务模式等公司主要业务环节的说明。
- 公司报告期内收入情况。

- 公司报告期内主要产品成本明细表、毛利率情况。
- 公司报告期内现金流情况。
- 公司产品和服务的定价方式和依据。
- 公司与主要竞争对手相关对比情况说明（指公司与竞争对手之间在产品或服务分布、成本结构、营销模式和产品或服务毛利率等方面的优劣势，并预估公司在细分行业的发展趋势即主要地区或市场的占有率及其变化）。

在产品与商业模式调查中，需要关注公司的收入是不是通过关联方和关联交易获得的。该关联交易对产品的毛利率等数据是否存在扭曲效应。

四、创始人与团队调查

创始人与团队结构调查着重通过对创始人和团队的个人与相互关系的历史与现状的考察，来进行创始人与团队的能力评价。

对创始人来说主要考察：

- 个人职业发展历史，是否具有足够的行业经历和领导力。
- 是否具有成功或者失败的创业经验。
- 对新事物的学习能力和思辨能力。
- 在公司历史业务发展过程中，创始人个人扮演的角色，创始人对细节的关注度。
- 创始人如何处理与团队中每一个人的关系，是否有足够的胸怀包容不同类型的人。
- 创始人是否愿意利益分享。
- 创始人的诚信与契约精神。

对于公司团队和管理结构主要考察：

- 公司高级管理人员及核心技术（业务）人员简历，包括姓名、国籍等基本信息，职业经历（参加工作以来的职业及职务情况），曾经担任的重要职务及任期、现任职务及任期。

- 公司核心团队之间的历史与相互关系，股东、高管之间的信任与合作程度；公司对核心技术人员或其他关键人员的依赖性；股东资源是否互补。
- 公司高级管理人员及核心技术（业务）人员薪酬、持股情况及激励政策；是否存在高管决策失误给公司造成较大损失的情况，公司高管人员涉及诉讼、仲裁、行政处罚事项的情况。
- 公司员工情况明细表（员工人数、年龄和工龄结构、任职分布、学历学位结构、地域分布等）；公司未来几年根据业务发展对员工的扩充或调整计划；公司员工绩效评价、薪酬体系、其他激励机制以及对人才的吸引力；公司是否存在劳资纠纷。

在公司治理结构上，需要注意股权结构可以家族式，但治理结构不能家族式，因此需要考察：

- 公司章程及历次修改公司章程的决议，公司"三会"议事规则。
- 控股股东的行为规范，控股股东为避免同业竞争所采取的有效措施。
- 是否存在关联交易，关联交易是否公开透明；是否存在有效的内控机制，是否有防止股东及其他关联方以各种形式占用或转移公司资金、资产及其他资源的有效措施。

■确定目标像唐僧，八十一难不回转
■执行干活像悟空，千辛万苦奔向前
■认真勤奋沙和尚，领导指东不走西
■合作要似猪八戒，小九九都在桌子上

图9.1 理想的创始团队结构组成

来源：新浪微博。

五、关键内部资源调查

对于企业关键内部资源的尽职调查,主要集中在如下几个方面:

- 公司主要技术优势说明(包括分析主要产品或服务的核心技术、可替代性以及核心技术的保护措施、自主技术占核心技术的比例等)。
- 公司关于生产工艺、技术和服务在行业中领先程度的说明。
- 房产、主要设备等资产的占有与使用情况(包括房产证、房产面积、租金/价格、位置设备原值、净值、开始使用时间、残值率、折旧年限、累计折旧、成新率等)。
- 房屋、土地、设备租赁合同。
- 公司许可或被许可使用资产的合同文件,许可和被许可资格和资质。
- 主要产品和服务的地域分布、市场占有率及消费群体。
- 研发体制、研发机构设置、研发人员资历。
- 研发费用明细及占公司业务收入的比重。
- 技术许可协议、技术合作协议、产学研合作协议、战略合作协议等。
- 核心技术的取得及使用是否存在纠纷或潜在纠纷及侵犯他人知识产权的情形的说明。
- 是与技术和非专利技术相关的保密制度及其与核心技术人员签订的保密协议。
- 主要研发成果、在研项目、研发目标及研发费用投入情况的说明。
- 公司自成立以来承担过的科研项目以及获得过的资质及奖项的相关证明。
- 公司主要商标、专利、非专利技术等无形资产权属证明等文件(包括数量、取得情况、实际使用情况、使用期限或保护期、最近一期末账面价值、存在纠纷情况等）。
- 公司取得的特许经营权法律文件（如有）（包括取得、期限、费用标准）。

六、关键外部环境调查

针对公司发展的外部环境与资源的调查，主要集中在如下几个方面：

- 公司主要产品和服务的生产、采购、销售、研发流程及说明；公司采购、生产、销售和研发等内部部门管理制度。
- 公司市场营销体系架构及职能说明；公司市场推广计划和客户管理制度。
- 报告期内主要供应商（至少前5名）的各自采购额占年度采购总额的比例说明。这些供应商与公司是否关联公司，公司对这些供应商是否存在依赖关系，如存在依赖关系，为降低依赖性，公司有何应对措施。
- 报告期内主要客户（至少前5名）的销售额占年度销售总额的比例及回款情况。前5名客户与公司是否有关联关系，公司对这些客户是否存在依赖关系，如有依赖关系，为降低依赖，公司有何应对措施。
- 报告期内公司重要的业务合同，包括采购合同、销售合同、租赁合同、借款合同等；关联采购和关联销售情况的说明。
- 质量控制制度文件以及质量技术监督部门出具的证明文件；安全生产制度文件以及安全生产监督部门出具的证明文件。
- 公司产品和服务的外协加工（或外包）协议或合同，公司与上述企业间的合作关系以及风险利益分配机制。
- 公司重要资本投资项目投资流程和相关制度。

- 银行或其他金融机构一年期以上的商业借款合同及对应的担保、抵押、质押合同（人民币及外币）。
- （营业场地）长期租赁协议、长期销售代理合同。
- 保险清单和正在进行的保险索赔清单，以及有关保险撤销和拒赔的往来信函。
- 其他正在履行的长期合同及合同性文件。
- 对外提供的担保、反担保、租赁、抵押及其他提供权益、担保债务情况说明及相关法律文件。
- 企业与股东及其子公司之间的任何交易情况及合同、协议、相关文件，企业为其董事或关联人士作出的贷款、承诺或担保。
- 公司重大资产变化及收购兼并情况。
- 公司环保情况。
- 公司历次资产评估立项、资产评估报告、资产评估确认、资产评估结果调账等。

七、发展目标和风险因素调查

该部分内容主要关注两个方面：
- 一是公司发展规划，具体应包括总体发展规划、中长期发展目标、各业务板块中长期发展规划、技术和产品研发计划、人员扩充计划、市场开发和营销计划以及其他与公司经营相关的规划。
- 二是公司业务发展过程中主要风险的分析和风险管理机制。

其中，需要特别注意的是短期与长期的赢利预测，因为这关系到企业的估值。在第八章讲述有关企业估值分析的时候笔者提到过，企业的未来发展计划和预测是企业估值的基础。在赢利预测时要明确编制基准及编制假设，赢利预测采用的会计政策和会计估计，以实现对赢利预测的合理判断。

八、业务尽职调查总结

业务尽职调查比较全面，在调查过程中会涉及企业的财务、法务等相关方面。但是业务尽职调查不同于企业的法律和财务调查，业务尽职调查主要目标是对创业企业产品和商业模式的理解，对创始团队的判断及行业发展与企业的竞争优势分析。业务尽职调查的结果应该使用三个工具加以图形化描述，及商业模式画布工具、SWOT 分析工具，以及五力竞争模型分析工具。

另外，对于处于不同生命周期状态的企业，业务尽职调查过程中关注的重点是不同的。

- 早期项目尽职调查重点：项目团队实力，行业前景。
- 中前期项目尽职调查重点：行业状况（所处阶段、市场规模、竞争状况）；公司的核心竞争力，是否能够在竞争中胜出；公司现有规模、公司团队的从业经验及能力。
- 中晚期项目（Pre-IPO）尽职调查重点：企业的合规性、公司的规模、业务未来成长的可能性，及业绩预测是否能够实现。

第二节　财务尽职调查

财务尽职调查重点关注的是标的企业过去的财务业绩状况，主要是为了评估企业存在的财务风险及投资价值。理论上，财务尽职调查可以聘请会计师事务所完成，但如果公司是很早期、轻资产、没收入的公司，只是简单地把三张财务报表和所有单据过一遍，即可发现创业企业的财务特征。

对于中晚期企业的财务尽职调查，中国证监会稽查总队于 2017

年 3 月在《中国注册会计师》刊文,详述如何识别财务造假,可以作为重点参考文献。

一、财务尽职调查与审计

财务尽职调查与审计工作的基础都是主要财务报表,但工作的内容各有侧重。财务尽职调查是从投资者角度出发的,因此需要采用不同的方法。具体差异如表 9.1 所示。

表 9.1　财务尽职调查与审计的差异

财务尽职调查	审计
进行财务报表分析,在此基础上提示投资方在交易之前需要注意的风险并明确谈判中需要注意的事项	出具审计报告,对财务报告中是否真实公允发表审计意见。只对财务报告的真实性和完整性负责,不对财务报表的营利性进行分析
仅基于财务分析的需要进行有限度的查阅	进行各种审核工作,包括系统测试、审查验证、寄询证函、存货盘点、询问和分析等
可靠性较低	必须出具真实公允意见,可靠性高于尽职调查
外聘独立机构或自行调研	必须外聘专业审计机构

财务尽职调查的基本流程如图 9.2 所示:

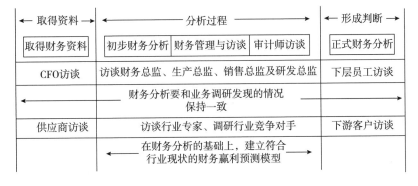

图 9.2　财务尽职调查的基本流程

财务尽职调查的主要工作包括获取资料、相关人员访谈、进行财务分析。其中访谈环节是实践中经常被忽视,而实际非常重要的一个环节。访谈包括CFO访谈、财务经理访谈以及审计师访谈。

CFO访谈:CFO是企业的财务总监和总负责人,对于企业的整体财务状况和宏观情况更为了解,但是对于具体的数字或某项交易的情况不甚清楚,因此针对CFO的访谈更多的是宏观面。其访谈的目的主要集中在:

- 公司财务业绩的总体情况,并将CFO的描述与实际财务表现相比对,对二者矛盾的地方进行追问并寻求合理的解释,其中关联的科目主要包括收入、成本、毛利、毛利率、期间费用率、净利润、净利润率。
- 公司近三年的现金流状况,并将CFO的描述与实际财务表现相比对,对二者矛盾的地方进行追问并寻求合理的解释,其中关联的科目主要包括经营性现金流量、投资性现金流量、筹资性现金流量。
- 公司的资产负债情况,并将CFO的描述与实际财务表现相比对,对二者矛盾的地方进行追问并寻求合理的解释,其中关联的科目主要包括流动资产、非流动资产、流动负债、非流动负债和所有者权益。

CFO大都不了解会计做账细节,因此与CFO针对某个会计科目的重大波动及异常沟通是没有意义的,与CFO沟通主要是通过他对整个报表的宏观状况进行了解,并针对一些整体财务数据波动情况进行沟通。

财务经理访谈:财务经理是公司负责财务记账的主要负责人,肩负组织收入会计、成本会计、往来账会计及出纳对公司的日常经营活动交易进行会计记录的重任,因此对于一些项目的异常波动会比较敏感。对其访谈可以主要关注:

- 公司主营业务情况，沟通主营业务收入、价格、销量、单位成本的波动及未来发展趋势。通过沟通，结合CFO的访谈，从而对公司过去三年的主营业务情况形成一个认识框架，在此基础上对公司的持续赢利能力做出判断。
- 公司期间费用情况，就销售费用、销售费用率、管理人员薪酬、研发费用、折旧费、招待费、广告费的波动及未来发展趋势，通过沟通，结合CFO的访谈，从而对公司过去三年的期间费用的状况形成一个认识框架，在此基础上对公司的费用销售占比及费用控制能力做出判断。
- 公司现金流情况，就经营性现金流入与营业收入的匹配，经营性现金流量与净利润的匹配，现金流量的异常波动进行分析，就公司现金流质量与其净利润的匹配情况进行分析，从而对公司净利润的现金质量做出分析。

与审计师的访谈：审计师是对公司财务状况、赢利能力、现金流量进行专业判断的第三方机构。如果对审计师的专业性和独立性没有疑义，与审计师就审计发现的问题进行沟通，能够极大地减轻财务尽职调查的工作压力。

财务尽职调查的基本思路在于发现企业财务中体现出来的风险，主要包括以下四个方面。

- 资产质量：企业赚钱依赖的基础是否牢靠？关键指标包括：流动资产与非流动资产的比例，应收账款余额及账龄，存货及应收账款的周转率。
- 赢利质量：企业赚的钱质量高不高？关键指标包括：毛利率的高低，收入与净利润的增长，非主营业务收入占比，非经常性损益占比。
- 赢利真实性：赚的钱是否真实？收入、净利润、毛利率是否高于同行，是否有重大变动并可以合理解释？收入与费用、收入与现金流的比例是否符合惯例？是否利用收入确认、折旧摊销、存货计价、赊销政策等进行利润操纵？
- 财务弹性：是否存在影响企业赚钱的风险？经营性现金流及自由现金流状况。重点关注指标：资产负债率、流动比率、速动比率等指标。

二、影响收益质量的因素

收益质量是指会计收益所表达的与企业价值有关信息的可靠程度。收益质量分析是一个主观判断过程，在对公司整体进行评价时，分析者应该将财务报表分析和公司的整体环境结合起来，根据各个公司的具体情况，灵活运用各种分析指标，不要生搬硬套各种指标和公式。

对企业收益质量进行分析，有利于克服由权责发生制原则造成的企业利润的非现实性，从而提高会计信息的有用性；有利于限制企业利用不正当手段进行不法盈余管理。企业为了某些利益，往往选择对自身有利的会计政策、会计估计等调整收益水平，如虚报盈利、夸大亏损等；有利于挤干收益中的水分，了解企业的真正获利能力，正确评价企业管理者的业绩，实现激励的有效性，进而从根本上提高企业管理水平。

对收益质量分析是以损益表为基础，并辅以资产负债表上的相关指标数据进行的。收益质量的影响因素有企业资产的状况、收入的质量、收入来源业务、营业费用与杠杆，会计政策和会计估计，以及关联交易等。

（一）企业的资产状况

企业资产状况的好坏与收益质量的优劣是互为影响的。资产的本质是"预期能够给企业带来未来的经济利益"，如果一项资产不具备这项特征，那么它便是一项劣质资产，最终会转作费用或损失，导致企业收益减少，从而降低收益的质量。比如，大量无法收回的应收账款最终会降低企业的未来收益，而这些应收账款的产生可能正是以前收入虚增的结果；再比如，资产负债表中大金额的待摊及递延、准备项目，均会降低未来的收益，同时这些项目的产生也可能正是当期收益高估的结果。

（二）收入的质量

收入是一个公司经营现金流入与产生营业利润的主要来源，因此，收入质量的好坏将直接影响收益质量的好坏。如果当期收入与现金流入同步，说明收益质量较高；如果当期的收入是建立在应收账款大量增长的基础之上，则其质量不得不令人怀疑。在操纵收入数据上，常用的不恰当的收入确认方法包括：提早/推迟确认收入；开票才确认收入或采用收付实现制确认收入；销售退回取决于客户的满意度时，提前确认收入；客户比较强势，签订单边兜底协议，而企业提前确认收入；特别要关注未开票的应收账款。

（三）收入来源的主业性

企业的利润一般由营业利润、投资净收益及营业外损益构成，其中营业利润是企业在一定时期内获得利润的最主要、最稳定的来源，同时也是企业自我"造血"功能的保障。营业利润主要由企业的主营业务产生。而投资收益与营业外损益具有偶发性、一次性的特点，他们对企业未来的收益贡献具有极大的不稳定性。因此，如果营业利润占利润总额的比重越大，说明企业的赢利能力越具有持续稳定性。常见的一次性/非经常性的损益包括：资产处置收益/损失（非经常性）、诉讼费和奖金、重大的一次性费用、罚款和暂停营业。

（四）营业费用与杠杆

营业杠杆是指由于固定成本的存在，导致利润变动率大于销售变动率的一种经济现象，它反映了企业经营风险的大小。营业杠杆系数越大，收益波动的幅度越大，说明收益的质量越低。操纵利润常用的多计或者少计费用的方法如下：（1）少计费用，包括不缴或者少缴员工的社会保险费用，少计售后服务费用，减少可自由支配的费用的支出——奖金、广告、研发费用等；（2）多计费用，包括激进的避税方式（例如以租金、工资和旅游福利等形式发放股利），企业所有者的个人费用，企业所有者的家庭成员的工资等。

（五）会计政策的选择

会计政策，指企业在会计核算时所遵循的具体原则及企业所采纳的具体会计处理方法。由于收益是会计人员利用一系列的会计政策计算出来的，而同一类型的经济业务在进行会计处理时具有一定的选择空间，因此利用不同的会计政策计算出来的收益就会产生差异。例如，对存货可以采用先进先出法与后进先出法进行核算，在物价发生变动的时候，两种方法计算出来的收益就不相同，有时甚至可能出现性质上的差别，因此会计政策的选择对收益的质量会产生影响。

（六）公司治理结构

公司治理结构对收益质量的影响主要表现在：治理结构的不完善可能使经营者为了自己的利益虚构经营业务或者滥用会计政策，对收益进行操纵。关联交易就是治理结构缺陷常用的操纵利润的办法，需重点关注：是否以公平的市场价格进行交易？是否有可持续性？是否存在管理资源的共享，进而实现费用分摊？是否与关联人存在共同供应商或者共同客户以实现利润转移？

三、如何看待企业的资产质量

资产质量分析是指通过对资产负债表的资产进行分析，了解企业资产质量状况，分析是否存在变现能力受限，如呆滞资产、坏账、抵押、担保等情况，确定各项资产的实际获利能力和变现能力。通过对企业资产质量的分析，能对企业经营状况有一个全面、清晰的了解和认识。

为了便于对企业的各项资产按质量进行分类，可以简单地以资产的账面价值与其变现价值或被进一步利用的潜在价值（可以用资产的可变现净值或公允价值来计量）之间的差异来对其进行较为准确的衡量。资产按照其质量可以分为以下三类。

第一类：按照账面价值等金额实现的资产，主要包括企业的货币资金。

第二类：按照低于账面价值的金额贬值实现的资产，是指账面价值较高，以及其可变现价值或被进一步利用的潜在价值（可以用资产的可变现净值或公允价值来计量）较低的资产。这些资产包括以下几个方面：

- 短期债权，主要包括应收票据、应收账款和其他应收款。
- 部分交易性金融资产，是指能够随时变现并且持有时间不准备超过一年的企业短期投资。
- 部分存货，在企业的报表披露上，存货可以计提存货跌价准备，它可以反映企业对其存货贬值的认识。存货跌价准备反映了企业对其存货贬值程度的认识水平和企业可接受的贬值水平。
- 部分长期投资，为了揭示导致长期投资贬值的因素，企业可以在其资产负债表中计提长期投资减值准备。
- 部分固定资产，反映的是企业的设备和技术水平。一个企业固定资产的质量主要体现在其被进一步利用的质量上。
- 纯摊销性的"资产"，是指那些由于应计制的要求而暂作"资产"处理的有关项目，包括长期待摊费用等项目。

第三类：按照高于账面价值的金额增值实现的资产，是指那些账面价值较低，而其变现价值或被进一步利用的潜在价值（可用资产的可变现净值或公允价值来计量）较高的资产。这些资产主要包括：

- 大部分存货，对于制造业企业和商品流通企业，其主要经营与销售的商品就是存货。因此，其大多数的存货应该是按照高于账面价值的金额增值来实现。

- 一部分对外投资，从总体上来看，企业的对外投资应该是通过转让或者收回投资、持有并获得股利或者债权投资收益等方式来实现增值。
- 部分固定资产和生产性生物资产，企业的大部分固定资产和生产性生物资产都应该而且必须通过经营运用的方式实现增值。
- 账面上未体现净值，但可以增值实现的"表外资产"，那些因会计处理的原因或计量手段的限制而未能在资产负债表中体现净值，但可以为企业在未来做出贡献的资产项目，主要包括：（1）已经提足折旧，但是企业仍然继续使用的固定资产；（2）企业正在使用的，但是已经作为低值易耗品一次摊销到费用中去、资产负债表中没有体现价值的资产；（3）已经成功地研究和部分已经列入费用的开发项目的成果。

对于资产质量，需要特别注意以下几个问题。

- 固定资产：需要特别关注固定资产的法定权属，即是否存在产权上的瑕疵？所有权需要检查土地使用权证和房屋产权证，是否存在固定资产抵押情况（需获取贷款协议）。
- 无形资产：研发费用是否满足资本化的条件？
- 存货：存货的账龄分析，存货周转天数。
- 应收账款：收款及催账流程，账龄分析，历史坏账经验，准备金及相应变动情况，应收账款周转天数是否为不断上升的变动趋势？
- 关联方应收款：历史年度留下来的余额情况，是否存在对账机制？在交易完成日如何处理？

资产负债表

编制单位： 有限公司　　　　　　　　　　　　年 月 日　　　　　　　　　　　　单位/元

资产	行次	期末余额	年初余额	负债和所有者权益（或股东权益）	行次	期末余额	年初余额
流动资金：				流动负债：			
货币资金	1			短期借款	32		
交易性金融资产	2			交易性金融负债	33		
应收票据	3			应付票据	34		
应收账款	4			应付账款	35		
预付款项	5			预付款项	36		
应收利息	6			应付职工薪酬	37		
应收股利	7			应交税费	38		
其他应收款	8			应付利息	39		
存货	9			应付股利	40		
其中：消耗性生活资产				其他应付款	41		
一年内到期的非流动资产	10			一年内到期的流动负债	42		
其他流动资产	11			其他流动负债	43		
流动资产合计	12			流动负债合计	44		
非流动资产：				非流动负债	45		
可供出售金融投资	13			长期借款	46		
持有至到期投资	14			应付债券	47		
长期应收款	15			长期应付款	48		
长期股权投资	16			专项应付款	49		
投资性房地产	17			预计负债	50		
固定资产	18			递延所得税负债	51		
在建工程	19			其它非流动负债	52		
工程物资	20			非流动负债合计	53		
固定资产清理	21			负债合计	54		
生产性生物资产	22			所有者权益（或股东权益）：	55		
油气资产	23			实收资本（或股本）	56		
无形资产	24			资本公积	57		
开发支出	25			减：库存股	58		
商誉	26			盈余公积	59		
长期待摊费用	27			未分配利润	60		
递延所得税资产	28			所有者权益（或股东权益）合计			
其他非流动资产	29						
非流动资产合计	30						
资产总计	31			负债和所有者权益（或股东权益总计）			

（按资产质量排序）

图9.3　企业资产质量分类

四、负债、承诺和或有负债

或有负债，是指其最终结果如何目前尚难确定，须视某种事项是否发生而定的债务。它是由于过去的某种约定、承诺或某些情况而引起的，其结果尚难确定，可能是要企业负责偿还的真正债务，也可能不构成企业的债务。因此，或有负债只是一种潜在的债务，并不是企业目前真正的负债。资本承诺就是在会计截止日后，未来仍需支付的应资本化的款项。

负债与或有负债中需要关注可能操纵业绩的负债，或者具有较高优先级的负债种类。

- 应付账款：关注信用期限和付款流程。
- 预提款项：关注记账方法采用的是权责发生制还是收付实现制，管理层对于截止性收入及费用的识别流程。
- 应付职工薪酬和社会保险：关注社会保险和其他应付职工款项、职工福利、向下属亏损企业提供必要的支持（不仅限于法定义务）。
- 产品责任：关注产品质量保证协议中可能隐含的额外产品责任，是否会导致重大的潜在赔偿。

五、营运资金的系统性分析

营运资本可以影响企业的自由现金流。一家企业想要创造充沛的现金流，除了努力提高自身核心竞争力，增加净利润外，还需要管理好自家的营运资本，在净利润并不诱人的情况下产生巨大的自由现金流。一般而言，企业财务经理有60%的时间都用于营运资金管理。加强营运资金管理就是加快现金、存货和应收账款的周转速度，尽量减少资金的过分占用，降低资金占用成本；就是利用商业信用，解决资金短期周转困难，同时在适当的时候向银行借款，利用财务杠杆，提高权益资本报酬率。

营运资金需求并不简单等同于流动资产减去流动负债的差额，原因在于有些流动负债中应付款项并不具有营运资金的性质（例如应付股东或关联方的款项、应付固定资产购置款等）。在营运资金中，最重要的是货币资金。

货币资金是一个公司经营活动的起点与终点，只有保持健康、正向的现金流，公司才能够持续生存，如果长期出现现金流逆转现象，公司将会陷入财务困境，并导致对公司的持续经营能力产生疑虑。审查公司的流水，应当同时比照购销合同、纳税记录、增值税发票、水电费、租赁合同等,并结合财务报表及审计报告进行分析,以相互钩稽验证。这样才能识别公司联合其他机构或关联方的个人账户进行相互转载,形成采销频繁、业务虚假繁荣的假象。

核查资金流水可以从如下几个维度展开:

- 通过公司历史的资金投入与花费,从公司资金使用结构分析判断业务情况。
- 根据公司报表及历史合同,分析公司是否有业绩虚增的可能性。
- 通过银行流水,辅助判断创始人对公司财务规范的重视程度、消费习惯、诚信度及是否有将公司持续做大的决心。
- 分析其是否存在民间借贷及其他不合法、不合规的情况。
- 检查其是否有其他大额债务未在账面体现,从而影响公司未来经营等。
- 通过银行流水的核查,判断公司是否真正聚焦于业务的持续拓展。

若公司的支出主要为有规律性地支付货款购买原料,然后有规律地收回货款,公司运行算是进入正常轨道。如果频繁通过提取备用金、差旅费、工资等名目或直接服务费、咨询费支出等支付给各种酒店、文化影视公司、咨询公司等,就会存在掏空公司的行为。

(一)核查的科目和维度

货币资金在报表上体现为库存现金、银行存款、其他货币资金及可随时转换的银行理财产品(一般报表上体现在其他流动资产中)。因此在条件允许的情况下,资金流水核查范围包括:标的公司的银行账户,控股股东、实际控制人、标的公司主要关联方、董监高及关键岗位人员等开立或实际控制的银行账户,以及与前述银行账户发生异常往来的关联方、员工开立或实际控制的银行账户。对于标的公司使用企业支付宝、微信、PayPal 等第三方平台收付款的,还应取得该类账户明细，视同自有银行账户进行资金流水核查。

银行流水的核查，应从金额和性质两个维度进行，其中金额的核查可依标的公司收入水平等指标作为参考，达到一定标准以上的资金流水全部核查，一定标准以下的流水进行随机抽查；而对于性质异常的资金流水，需要尽职调查人员根据标的公司实际情况进行综合判断。比如交易对方为企业关联方，除正常工资、报销以外的自然人流水等。

（二）核查的方式

交易对手方的核查：通过采购、销售核查，可以了解企业的上下游公司，计算复核主要客户与供应商占比，从而分析业务及产品。如果公司的上下游企业知名度高且长期稳定，则说明其产品品质有保证，坏账可能性不高，经营管理水平较高；如果公司上下游均为业内不知名小公司，甚至注册时间较短、地区集中度高等，则需要注意交易对手是否为同一控制人下的关联公司甚至空壳公司。

民间融资行为核查：通过对异常资金核查，可以了解公司是否参与民间借贷。如果一家公司存在整数金额为大额交易且交易对手为个人、汇款摘要中带有"投资""咨询""担保"等字眼，或者与非上下游或关联单位之间有大额资金往来，或者有定期或频繁的大额个人账户资金往来等，则公司有参与民间融资的嫌疑。

（三）数据核对及业务特点分析

在三大财务报表基础上，仍需取得银行流水、银行对账单、大额合同及相关票据，银行对账单应显示交易对方，将银行日记账与对账单进行核对，包括从日记账到对账单、从对账单到日记账的双向核对；进行交易对方与收/付款方的核对、交易对方关联关系核对、交易凭证完备性的核对；将对账单、日记账、银行票据与交易相关的业务凭证进行核查，业务凭证包括合同、订单、出入库单等交易相关资料。

在数据核对的同时，须结合公司商业模式、业务特点、上下游关系进行判断，资金流的周期、模式应与公司实际业务相匹配。

(四)整体资金来源与支出分析

货币资金的增减变动与公司业务循环密切相关,公司资金的运营过程体现在:从资金流入公司形成货币资金,通过销售收回资金,进行成本补偿减除各种费用后最终确定利润,该部分利润与其他流入资金一起进入下一轮投资,从而形成公司的资金不断循环,构成资金周转与公司的持续运营。

其中,资金收入主要包括:创始股东投入、历史融资金额、对外借款、经营资金流入;资金支出主要包括:原材料及存货等生产采购、员工工资福利等支出、研发投入、固定资产投入、销售费用、管理费用等。

在资金收入端分析,主要关注各类资金的成本以及到期偿债的时间,关注经营性现金的流入,以分析公司通过实际经营活动、运用资源创造价值的能力。在支付端分析,则主要集中在公司的资金花费情况的分析上,要结合公司类型判断整体支出的合理性,如研发类公司的资金是否主要为研发支出;是否在办公装修、车辆购置等方面花费大量支出;销售费用支出是否与收入相匹配;管理费用是否与公司现阶段的实际情况相匹配;是否存在大额"其他支出"等异常情况。

将收入与支出相结合,整体分析,看经营净现金流量是否为正向,资金缺口主要来自历史融资还是对外借款,根据资金花费估算公司现有资金可维持的经营时间,询问创始人对融资不达预期时的应对措施及评估其可行性,及确定进一步的核查重点。

(五)差异点核查

在核查中应重点关注,相关文件记载信息不一致的情况,具体包括但不限于银行日记账与银行对账单记载信息不一致,收/付款方与合同、发票显示的交易双方名称不一致,除此之外,还要关注银行流水发生额未记账,或银行日记账记载了虚假流水,存在银行账户不受公司控制或未在公司财务核算中反映的情况,或存在公司银行开户数量等与业务需要不符的情况等。

（六）异常变动的关注

该部分内容主要集中在短期内大额资金频繁转入、转出，销售/采购金额激增、交易金额与交易对手方的业务规模明显不匹配等。如：与公司经营活动、资产购置、对外投资等不相匹配，大额或频繁取现，且无合理解释；公司同一账户或不同账户之间，存在金额、日期相近的异常大额资金进出，且无合理解释；大额购买无实物形态资产或服务（如商标、专利技术、咨询服务等），且相关交易的商业合理性存疑；大额异常退货款；交易备注为代垫款、代付款、借款、还款、赔款、罚款等。

交易对方异常，如新增的客户/供应商/外协厂商/经销商或分销商、交易对手方的经营范围与交易内容明显不相关、曾用注册地址与公司重合、注册地址像住宅而非办公地址、没有公司邮箱或官网、网站地址/邮箱域名/公司名称等与公司或其集团成员相似、交易对方控制人或董监高的姓名与公司管理层相近等；交易对手方既是客户又是供应商，既是股东又是客户或供应商，同为公司与关联方的客户或供应商等都要引起关注。

（七）关联方资金往来异常

在尽职调查过程中，重点关注与控股股东、实际控制人、董事、监事、高管、关键岗位人员等是否存在异常大额资金往来情况。关于交易对方名称与关联方相似的资金往来、与个人存在大额或频繁的资金往来；关注通过个人账户收付款的情形；关注采购和销售的交易对方与公司业务相关度较小，或与公司实际产品结构不符的交易。在充分了解公司商业模式、业务特点、上下游关系的基础上进行上述内容核查，结合标的公司实际情况判断交易性质是否异常。对于发现的异常事项，应综合相关人员访谈、各种证据资料独立判断，必要时需对交易对方、实际收/付款方进行工商资料查询、访谈、走访等方式深入核查,并重点提示。

(八)对个人资金流水的核查

该部分核查内容应根据公司流水资金往来情况确定个人资金流水核查范围,如发现较多与相关个人的资金往来,且公司财务内控非常不规范的,就需要重点关注是否存在个人或其他关联方对公司的资金占用或利益输送的行为。

六、其他需要关注的问题

财务尽职调查中还有一些需要特别关注的问题。

(一)未来经营的预计

需要企业做出未来几年的经营和成长规划,对其中关键假设的合理性进行评价,如收入增长率、成本下降率、资本性支出等关键参数。

(二)业务剥离的考虑

很多企业在融资之前,经常通过一些传统业务来养团队和新兴业务。传统业务的存在影响新业务的未来发展和企业估值,因此有些情况下需要将新业务与传统业务进行剥离。这需要独立测算独立经营后引起的新增成本以及过渡性的服务安排。

(三)财务信息的质量

很多创业企业财务只是简单的流水账,创始人也缺乏必要的财务知识,因此财务信息质量不高。这时需要特别关注企业财务/会计团队的资质、经验和规模,财务人员是否足够,是否具有资质。

关注管理层期后调整/审计调整,核查每笔调整的详细原因;关注内部控制的有效性,管理层对真实的财务状况的了解,评价企业的财务信息有效性等;关注企业高级管理层对企业经营的预测和预算的精确程度。

(四) 企业内控和税务风险

现实中,企业经常存在多财务账套,以应对不同场景。需要特别关注不同账套之间的逻辑关系,以及由此引发的税务风险。

税务风险重点考虑以下方面的内容:

- 通过账外核算、推迟确认收入、少确认收入、加速计提折旧、关联交易转移收入等方式隐瞒利润,或不按时申报税金等方式延迟纳税。
- 为粉饰业绩,可能通过虚构客户、虚增销售、提前确认收入等方式虚增利润,导致多缴税款。
- 涉及公司控股架构和业务运营模式、股权或者是资产的剥离、转移等,涉及大量税务问题。如若用资本公积或者留存收益折股,须关注自然人股东缴纳个人所得税的风险以及是否符合申请缓缴的条件等。
- 非货币性资产出资、不公允增资、股份支付相关的持股平台及股份代持等,所带来的税务风险。

(五) 第三方数据的交叉验证

现实中,特别需要关注第三方数据的交叉验证:

- 通过工资表判断企业的人才竞争优势。
- 通过水电费、运费单判断企业的生产、销售能力。
- 通过银行信贷判断企业的诚信和财务弹性。
- 通过供应商判断企业的行业竞争力。
- 通过纳税判断企业的赢利能力。

除非有确凿的证据,要相信常识的判断,不需要相信奇迹,如:超越常识的赢利能力,惊人的成长性,远高于同行的财务指标,趋势的突然改变等。

第三节　法律尽职调查

法律尽职调查主要从法律层面对公司资质、架构、相关人员等进行调查，使相关法律事务的处理建立在客观、全面的信息基础之上。与通常关于法律尽职调查的理解不同，本小节参考国内企业发行上市相关审核要求，将法律尽职调查按照如下方式分类：公司主体资格、公司发起人及股东资质、公司运营合规性、资产完整性、公司独立性、关联交易与同业竞争、重大债权债务、税务与财政补贴、公司诉讼及行政处罚、历史融资使用情况。

法律尽职调查目标在于发现公司经营历史上的不合规情况，并予以客观的评估，在未来的经营中及早予以整改，不要影响企业的长远发展。

一、公司主体资格的核查

"主体资格"是个法律用语，针对企业法人的主体资格主要包括两个方面：合法成立而具备主体资格，以及该主体资格得以正常持续。

（一）公司主体核查

一是取得并核查公司及其前身自设立以来的全套工商登记文件；二是取得并核查公司现时有效的营业执照、公司章程及最新的外商投资企业备案文件（如有）；三是于全国工商信息公示系统查询公司存续情况；四是公司现行的组织机构文件；五是公司的股权结构图；六是公司关于产品、业务及经营等方面获得的各种荣誉证书及资质证书；七是公司及其下属企业及公司实际控制人控制的企业（以下统称为公司）设立时的批文。

（二）公司设立程序的核查

一是取得并核查公司设立时的政府批准文件、关于股权管理方案的批复（如有）、有限公司同意改制为股份公司的股东会大文件（中外合资企业为董事会文件）、发起人协议、创立大会或第一次股东大会文件、营业执照、公司章程、外商投资企业备案文件（如适用）、工商登记档案等资料。二是查阅股份制改制（如有）时的审计报告、评估报告、验资报告，核查公司在设立过程中是否履行了必要的审计、评估以及验资程序。三是查阅公司创立大会或第一次股东大会文件，核查创立大会的程序及所议事项及其内容是否符合当时法律法规的规定。四是关注股东出资。公司股东出资中以实物、知识产权、土地使用权等非货币财产出资的，应当评估作价，核实财产，明确权属，财产权转移手续办理完毕；以国有资产出资的，应遵守有关国有资产评估的规定；公司注册资本是否缴足，是否存在出资不实情形。

关于无形资产出资，特别要注意核查无形资产是否属于职务发明。如属于职务发明，则可能涉嫌出资不实，需要用现金替换无形资产出资，还要注意无形资产出资是否与主营业务相关。同时还要核查无形资产出资是否涉嫌出资不实。股东购买与公司主营业务无关的无形资产通过评估出资至公司，但是主营业务从未使用过该无形资产，则该等行为涉嫌出资不实，需要通过现金替换无形资产出资。此外，还要关注无形资产出资是否过户至公司并办理完成过户手续。

（三）公司历次股本及股权变动情况

一是核查公司历次增资、减资等股本变化情况及履行的内部决议、外部审批程序，是否涉及国有产权主管部门批准备案（国有股权管理）、集体企业确权，外资商务或外经贸主管部门的批准。二是核查增资、股权转让及整体变更要核查历次增资及股权转让时定价依据（关注低价转让及估值差距的合理性）；历次股权转让、股利分配及整体变更时公司股东履行纳税义务情况；历次股权转让、股利分配及整体变更时公司决策程序是否合法完备；历次股权转让及增资是否存在委托持股、利益输送或其他利益安排。三是对于股权转让，须核查是否履行价款支付及缴纳个税，是否存在争议纠纷。如有股权代持，应与相关当事人访谈；获取委托持股相关文件及解除委托持股的相关文件，确保不存在争议纠纷。四是核查公司历史上股权质押、变更质押或解除质押的情况，需要核查的材料包括但不限于《公司章程》与公司决策机构的决策文件。五是核查经营范围变更，注意每次变更后的经营范围中是否有需要前置许可的经营项目。工商局备案的经营范围的表述中会显示某些经营项目是需要企业在开展相关业务之前应事先办理许可，需了解相关领域前置许可的法律法规规定。六是如企业为高新技术企业或存在国有创业引导基金前期投资的情况，要关注国有创投公司投资公司时是否履行相关法律程序，如投资时，是否经有权部门履行了决策程序，是否需要国有资产监督管理部门批准；增资扩股时，是否同比例增资，如未同比例增资，是否履行评估备案手续；退出时，是否履行了评估备案，是否在产权交易所进行了交易。

（四）公司章程制定和修改的核查

一是查阅公司设立时制定的公司章程、公司章程批准文件及制定章程的董事会和股东大会决议等资料，核查公司章程的制定是否履行法定程序；核对工商登记内容，核查设立时的公司章程是否与当时的工商登记内容相一致。二是根据公司具体情况确认公司章程的制定、修改是否涉及其他政府主管部门审批，如涉及，章程的制定、修改是否已取得该等审批文件。三是查阅公司设立以来历次公司章程的修正案及相关的董事会和股东大会决议等资料，核查公司章程的修改是否履行法定程序。四是查阅公司现时有效的公司章程、工商登记文件、相关会议资料，核查公司的公司章程是否经公司股东大会审批批准，是否与工商登记文件一致，核查公司章程的内容是否符合相关法律、法规的规定，对董事、监事和高级管理人员的职权范围的规定是否违反有关规定。

对于公司的主体资格和历史沿革尽职调查核查要点，主要包括如下几个方面：

- 一是合法性、合理性的充分结合，各项文件所载内容是否存在矛盾或不一致之处。
- 二是股东出资是否真实、是否履行必要评估程序、是否符合法律规定，货币出资是否到位，实物资产是否评估。
- 三是股权转让、法定代表人变更是否及时进行工商变更。
- 四是历次股权转让是否形成完整的链条。
- 五是公司章程的规定是否与之前《公司法》和当下的《民法典》存在冲突，公司章程是否载有特殊条款，如限制表决权、不按出资比例分红、一票否决权等。特别注意有些公司在引入投资人的过程中，章程中如存在不合理的可能影响未来上市的条款，则要注意该情形是否会影响投资后续的退出方案。
- 六是股东间是否存在特殊约定，如固定回报、业绩回购条款等。
- 七是特殊行业的审批、备案。
- 八是主管部门的审批、备案、转让方式。
- 九是税费问题，公司历史上股权转让是否均已支付对价、是否完税、是否存在潜在纠纷；公司的境外股权是否存在被直接或间接转让的情况，是否依法申报纳税。

二、公司发起人及股东资质核查

（一）设立时点发起人及股东资格核查

公司设立时的发起人资格，需区分自然人、法人、合伙企业、其他组织等不同情形并进行核查。如果发起人为法人的，需查阅其营业执照、公司章程或其他组织文件、工商登记文件等资料，核查发起人是否具备股东资格；如果发起人是自然人的，需查阅其身份证明文件；如果发起人为合伙企业，需查阅其营业执照、合伙协议或其他组织文件、工商登记文件等资料，核查发起人是否具备股东资格；如发起人为外国或中国港澳台地区的法人，该发起人须就其具备法人主体资格等基本情况及其出资不违反当地法律法规的规定，提供当地执业律师出具的法律意见，并提供相关身份证明文件；如发起人为公司设立的持股平台，应核查相关管理制度及持股平台出资人是否为公司员工。此外，还要查阅公司设立时的验资报告、发起人投入公司的资产或权利证书、相关合同，必要时进行现场核查，判断出资资产是否已由发起人转移给公司，是否存在法律障碍或风险。

（二）当前股东资格核查

当前股东资格核查，同样要区分自然人、法人、合伙企业、其他组织等不同情形。其中，如果股东为法人的，需查阅其营业执照、公司章程或其他组织文件、工商登记文件等资料，核查股东是否具备股东资格；如果股东为自然人，需查阅其身份证明文件；如果股东为合伙企业，需查阅其营业执照、合伙协议或其他组织文件、工商登记文件等资料，核查股东是否具备股东资格；如果股东为外国或中国港澳台地区的法人，该股东需就其具备法人主体资格等基本情况及其出资不违反当地法律法规的规定，提供当地执业律师出具的法律意见，并提供相关身份证明文件。

三、公司运营合规性核查

（一）公司整体合规情况

一是核查公司合规运营情况，具体核查公司及控股子公司业务经营过程中，除业务资质之外，在政府部门取得的各项证书及相关文件，若涉及环境污染或排污的，核查污染物排放及处理情况。针对近三年的投资项目，核查投资项目的环境影响评价文件、环评批复文件等。对公司排污情况、环保设施进行现场核查；涉及产品质量的，了解产品质量控制标准；涉及社保、住房公积金的，核查社保、住房公积金的缴纳情况。二是核查公司业务经营所涉及的主管部门近三年监管过程中的监管报告、意见及整改报告等。三是核查公司及其控股子公司近三年被各类部门处罚的清单、处罚决定书、缴款凭证。四是通过互联网检索公司及控股子公司的近三年的处罚情况、投诉情况。五是核查公司及其控股子公司主管部门出具的近三年无（重大）违法违规的证明。六是对工商、税收、环保等政府部门进行走访，了解公司是否存在违法违规行为。

（二）公司的业务合规核查

一是要核查公司及其控股子公司的主营业务情况，行业法律法规和政策。二是要核查公司及其控股子公司的业务资质及相关证明。三是要对公司及其控股子公司的主要供应商和客户进行核查，具体内容应包括但不限于：查验公司三年来的主要客户和供应商名称；通过公开信息查询对公司报告期内主要大客户、供应商与公司及其控股股东、实际控制人、董事、监事、高管及其近亲属是否存在关联关系进行核实；公司持股5%以上主要股东、实际控制人、董事、监事、高管分别出具其在公司主要客户、供应商是否存在权益的声明；对公司报告期内主要客户、供应商进行实地走访/访谈，或者以函证方式对公司报告期内部分重要客户、供应商与公司的往来款项进行查验。

（三）公司董监高及其变化

一是核查现任董监高的任职资格。一方面，要查阅公司章程、股东大会、董事会、监事会、职工代表大会或职工大会聘任董事、监事、高级管理人员的决议和相关议案，核查公司现任董监高人员的选任是否符合相关法律、法规及公司章程的规定；另一方面，通过与相关人员访谈，取得当事人的相关确认并结合证监会、交易所网站的公开查询及公安机关出具的无犯罪记录证明文件，核查公司的董事、监事及高级管理人员是否被中国证监会采取市场禁入措施尚在禁入期；公司的董事、监事及高级管理人员是否存在违反《民法典》法人篇中董监高禁止任职的情形；核查公司的总经理、副总经理、财务负责人、董事会秘书是否在控股股东、实际控制人及其控制的企业中兼职的情况，以及董事、监事及高级管理人员相互之间是否存在亲属关系；此外，对于董事、监事及高级管理人员的任职资格须经监管部门核准或备案的，还应查阅相关核准或备案文件。二是查阅董监高在报告期内的变动情况，具体应查阅公司股东大会、董事会、监事会、职工代表大会或职工大会聘任董事、监事、高级管理人员的决议和相关议案，核查公司最近三年董监高人员的变化情况，核查变化人员的数量及相关职责。

（四）公司三会运作情况

一是核查公司内部组织机构，明确是否健全。二是核查三会议事规则及其他内部规范运作的制度。查阅公司治理相关文件，包括三会议事规则、董事会专门委员会实施细则、总经理工作制度、内部审计制度等文件资料，核查公司是否依法建立了健全的股东大会、董事会、监事会、独立董事、董事会秘书制度及是否符合相关法律、法规、规范性文件和公司章程的规定。三是查阅公司最近3年的股东大会、董事会、监事会的会议资料，核查公司是否依据有关法律法规和公司章程发布会议通知；董事会和监事会是否按照有关法律法规和公司章程及时进行换届选举；决议内容、会议记录及签署是否合法、合规、真实、有效；对重大投资、融资、资产重组、经营决策、对外担保、关联交易等事项的决策过程中，是否履行了公司章程和相关议事规则规定的程序；对董事会、经理层的历次授权是否履行了公司章程和相关议事规则规定的程序，授权范围是否合法有效；涉及关联董事、关联股东或其他利益相关者应当回避的，该等人员是否回避了表决；核查需要独立董事发表意见的事项，相关独立董事是否已经发表独立意见。

（五）公司及其下属企业各方签订的有关协议

一是公司与其下属企业之间及各下属企业之间有关资产、财务方面的协议；二是公司与其下属企业之间及各下属企业之间有关经营和人事管理方面的协议；三是所有限制公司业务范围或性质的机密协议或其他协议（如有）；四是公司及其下属企业有关合伙、联营的资金融资及参与协议；五是公司及其下属企业有关合资的资金融资及参与协议；六是公司与其下属企业之间及各下属企业之间所签订的有关产品生产、销售等合同及就日常经营业务所经常签订的合同。

（六）重大合同情况

一是公司尚未履行完毕的重大合同（单笔金额在100万元以上的合同），包括：商品房销售合同、工程施工（含承包）合同、监理合同、生产设备购买协议、基建合同、担保合同、抵押合同、保险合同、代理合同、货物运输合同、租赁合同、已签订与拟投入公司的资产相关的所有合同；二是公司及各并表单位最近两年资产置换、资产转让等交易事项的法律文件、审批记录、资产评估报告等相关资料；三是公司及各并表单位最近两年公司重大投资项目（投资额100万元以上）的相关投资文件，包括股东会、董事会、总经理办公会等会议记录，投资合同、股权或债权投资凭证等；四是公司及各并表单位最近两年购建、处置重要固定资产（资产原值在100万元以上）的购建合同、协议、处置方案等相关资料及审批文件；五是公司目前正在进行的在建工程项目清单，及相关批文、许可证（如有）。

（七）财务文件

一是公司近两年的审计报告及最近一期的财务会计报表；二是公司的有关贷款文件，包括：经担保或未经担保的人民币贷款协议、经担保或未经担保的外汇贷款协议（包括转贷协议）、还贷情况及计划、贷款卡信息；三是公司的担保及履约保证书。

（八）职工情况

一是公司和职工签订的劳动合同样本；二是公司人力资源管理政策：包括招聘、晋升、薪资、培训、福利（如福利房、商业保险等）、离退休人员管理、人员流动状况、劳资纠纷等；三是公司在职员工人数及社保费用缴纳情况的说明。

四、公司资产完整性核查

（一）公司及其控股子公司房屋建筑物、在建工程

核查与房屋建筑物、在建工程相关的重要材料，具体包括：房屋所有权证或房地产权证（应查验原件，保留复印件）；如为在建工程的，取得相应的土地使用权证、建设项目批准文件、建设用地规划许可证、建设工程规划许可证、建筑工程施工许可证、竣工验收资料等各阶段应取得的批准或验收等文件（如有）；主要房屋如系受让取得，核查相应的房屋买卖合同、价款支付凭证、资产评估报告（如有）、出让方合法拥有该等出让房产的产权证明等相关文件；主要房屋如系其他方式取得（如司法裁决、法院拍卖等），核查相应的依据文件（如司法判决、竞得通知等）。对于重要的房屋建筑物、在建工程在必要情况下可安排实地调查。

（二）公司及其控股子公司土地使用权

取得并核查与土地使用权相关的重要材料，包括：土地使用权证（应查验原件，保留复印件）；公司及其控股子公司取得土地使用权的相关文件（包括土地招牌挂成套文件、成交确认书、国有土地使用权出让/转让合同、土地使用权出让金缴纳凭证或受让土地使用权的付款凭证等）；取得划拨、集体用地相关的协议和政府批文、会议纪要等文件（如有）。对于重要的土地使用权在必要情况下可安排实地调查。此外，还应向不动产登记机关查证该等土地使用权权利证书的真实性以

及是否存在权利纠纷等，并向有关外部登记机关进行查证和确认。

（三）公司及其控股子公司的商标

一是取得并核查与商标相关的文件、资料，应包括：商标权利证书（应查验原件，保留复印件）、转让协议及证明（如有）、续展证明（如有）；商标许可协议及备案证明（如有）、许可人商标权利证书。二是在中国商标网查询公司及其控股子公司商标信息，针对上述信息，向有关商标登记机构进行查证和确认。

（四）公司及其控股子公司专利

一是取得并核查与专利相关的文件、资料，包括但不限于专利权利证书（应查验原件，保留复印件）、转让协议及证明（如有）、专利年费缴纳凭证、专利许可协议及备案证明（如有）、许可人专利权利证书；二是在中国国家知识产权局网站查询公司及其控股子公司专利信息。此外还要向专利登记机构查证和确认，并对专利技术授权和被授权情况进行核查。

（五）公司长期股权投资

一是取得并核查公司控股子公司及参股公司最新有效的营业执照、批准证书或其他政府批准或备案登记文件、政府主管部门的设立批准文件、最新有效的公司章程、合资合同或股东间协议、生产经营资质或许可；二是取得并核查公司控股子公司及参股公司全部工商登记资料。

（六）公司境外重要资产与长期投资

一是取得境外商标、专利权利证书；二是查阅第三方中介机构出具的境外专利法律状态核查报告，确认境外专利是否合法有效。

（七）公司主要资产是否存在抵押、质押或其他权利负担

一是取得并核查与公司及其控股子公司主要资产抵押、质押或其他权利负担相关的抵押合同、质押合同、出质证明文件及其他相关文件；二是必要时向有关资产抵押、质押登记部门进行查证和确认。

（八）公司资产租赁情况

取得并核查租赁协议、租赁备案登记文件（如有）、出租方产权证明文件并进行查验。

（九）公司重大资产变化及兼并收购情况

一是核查报告期内公司是否存在重大资产变化及重大兼并收购情况，如存在，则进一步取得并核查与之相关的主要文件、资料，具体包括相关合并或分立方案、重大资产收购或出售协议、公司的相关内部决策文件、相关管理部门的批准文件、价款支付凭证等；二是核查公司是否存在拟进行的重大资产变化及重大兼并收购情况，如存在，则进一步取得并核查与之相关的主要文件、资料，具体包括公司已经签署的意向书或备忘、框架协议、资产出售或收购协议、相关审计报告、评估报告等。

五、公司的独立性核查

公司独立性包括业务独立、资产独立、人员独立、财务独立、机构独立五个方面。

（一）业务独立性核查

一是查阅公司章程、组织结构图，核查公司是否具有完整的组织机构，核查公司与控股股东、实际控制人或其控制的其他企业之间是否存在重大的担保、借款、占用资金或其他资产的情形；二是查阅核心技术情况，核心技术来源，核心技术是否取得专利或其他技术保护，核心技术的科研实力和成果情况（包括获得的重要奖项、承担的重大科研项目、核心期刊论文发表等）；三是实地走访公司的主要生产经营场所核查公司是否具有与其经营活动相适应的生产经营场所、组织机构是否独立；四是核查公司的主要业务资质是否已经取得。

（二）资产独立性核查

一是对管理层进行访谈，核查公司经营涉及的核心资产及无形资产（例如商标）是否依赖于控股股东、实际控制人。二是实地勘察公司相关实物资产，进一步核查公司拥有或使用的各业务环节生产设备的情况，判断是否具备与生产经营有关的生产系统，对生产经营所需的土地、厂房、机器设备及商标、专利、非专利技术等是否具备完整、合法的财产权属凭证以及是否实际占有；对于生产经营设备、大宗产品或者重要原材料，应查验购买合同。

（三）人员独立性核查

一是查阅公司单位员工名册及劳动合同格式、公司主要人员工资明细表；查阅公司最近年度的社会保险缴纳凭证，核查公司员工的劳动、人事、工资报酬以及相应的社会保障是否独立管理。二是访谈高级管理人员，了解相关人员兼职情况，核查高级管理人员是否存在控股股东、实际控制人及其控制的其他企业中担任除董事、监事以外的其他职务的情况，是否存在控股股东、实际控制人及其控制的其他企业领薪；核查公司的财务人员等是否独立于控股股东或实际控制人。三是访谈了解公司财务人员是否存在在控股股东、实际控制人及其控制的其他企业中兼职的情况。

（四）财务独立性核查

一是查阅公司银行开户资料、最近3年的纳税资料等，核查公司是否独立在银行开户、独立纳税等，是否存在与控股股东、实际控制人及其控制的其他企业共用银行账户的情形；二是查验公司所在存款银行出具的存款证明或取得银行函证文件；三是查询公司的财务会计制度等内部规章制度，核查公司是否建立了独立的财务核算体系，是否具有规范的财务会计制度和对分公司、子公司的财务管理制度，是否独立进行财务决策；四是实地走访核查财务会计部门是否进行了人员隔离和物理隔离。

(五)组织机构独立性核查

一是查阅公司组织结构图、股东大会和董事会相关决议、各机构内部规章制度,核查公司是否具备健全的内部经营管理机构,所设机构是否与控股股东或实际控制人完全分开且独立运作,是否完全拥有机构设置自主权及独立的经营管理权等;二是实地走访核查公司是否具备健全的内部经营管理机构,是否存在与控股股东或实际控制人混合经营、合署办公的情形,公司相关机构的设置是否均独立于控股股东或实际控制人。

六、关联交易和同业竞争核查

(一)公司的关联方核查

一是查阅公司及其控股股东或实际控制人的股权结构图和组织结构图、公司章程;二是与公司控股股东、实际控制人、董事、监事、高管进行访谈,了解关联情况;三是查阅公司控股股东、实际控制人、董事、监事、高管填写关联关系调查表;四是获取公司关联企业的营业执照、公司章程、企业信用信息公示报告等资料。

(二)公司与主要客户、供应商关联关系的核查

一是对公司报告期内主要客户、供应商与公司及其控股股东、实际控制人、董事、监事、高管及其近亲属是否存在关联关系进行核实,并进行实地走访;二是查询公司主要客户、供应商的公开信息,重点关注与公司是否存在关联;三是确认主要供应商、客户与公司及其控股股东、实际控制人、董事、监事、高管是否存在关联关系;四是查验公司持股5%以上主要股东、实际控制人、董事、监事、高管与公司主要客户、供应商是否存在权益关系;五是对公司报告期内部分主要客户、供应商与公司的往来款项进行查验;六是查阅公司近三年的审计报告、关联交易合同、近三年股东会、董事会等,了解报告期内关联交易的内容、数

量、金额及其在公司相关业务中所占比重；七是查阅公司章程及制度文件、公司股东会/股东大会、董事会审议关联交易的会议文件、独立董事意见等，核查关联交易是否按照公司章程或其他规定履行了必要的批准程序；八是如关联交易的一方是公司股东，核查是否已采取必要措施对其他股东的利益进行保护，如公司董事会、股东大会审议关联交易事项时，关联董事/关联股东是否回避表决，独立董事是否依据章程及制度规定对关联交易事项发表了事前认可意见和/或独立意见；九是查阅关联交易合同，核查关联交易定价原则及其他相关协议条款是否明显不利于公司，必要时可以采取向相关机构咨询或第三方询价等方式调查关联交易价格是否公允、合理等；十是如存在公司向关联方采购产品/劳务，需关联方提供采购终端企业（如有）信息以及终端采购合同，并调取公司和关联方说明通过关联方采购的必要性以及和采购终端定价差异（如有）的合理性；十一是如存在公司向关联方销售产品/提供服务，需关联方提供终端客户（如有）信息以及终端销售合同、收款凭证、发货凭证等，需公司和关联方说明通过关联方销售的必要性以及和终端客户定价差异的合理性；十二是通过查阅公司近三年审计报告等方式，核查报告期内是否存在关联方占款情况。

（三）同业竞争情况核查

一是针对同业竞争，查阅控股股东、实际控制人及其控制的企业、持股 5% 以上法人股东的营业执照，核查前述企业的实际业务范围，判断其与公司是否构成同业竞争。如果存在同业竞争，需要跟进查询制定解决同业竞争的方案、措施及履行情况，此外还要查阅控股股东或实际控制人及其一致行动人、持股 5% 以上股东出具关于避免同业竞争的承诺函。二是对关联交易和解决同业竞争的承诺或措施的披露情况，结合前述法律尽职调查结果，核查公司是否对关联交易和解决同业竞争的承诺或措施进行了充分披露，是否存在重大遗漏或重大隐瞒。

七、公司重大债权债务核查

一是针对公司将要或正在履行的重大合同，需查阅公司将要履行或正在履行的重大合同，核查形式及内容的有效性、是否存在违反中国法律的强制性规定的情形。二是核查公司已经履行完毕的合同（如果合同较多，可以抽查的方式进行），并通过与公司的财务负责人或相关人员谈话，必要时可以采取对交易对方进行访谈等方式，核查合同的履行情况，以及是否存在纠纷。三是重大其他应收应付款，应查阅公司最近一期财务会计报告，了解金额较大且期限较长的其他应收应付款明细，并以此为导向，查阅相关交易协议，判断相关交易协议是否合法有效，以及是否存在潜在纠纷或其他重大法律风险；四是核查对外担保，要查阅担保合同，判断相关合同是否合法有效，以及是否存在潜在纠纷或其他重大法律风险。如存在重大对外担保事项，应与公司财务负责人、会计师事务所等相关人员访谈，并根据需要向公司工商等主管部门等查证、确认。五是核查公司是否存在因环境保护、知识产权、产品质量、劳动安全、人身权等原因产生的重大侵权债务。既要通过与财务人员、法务人员等相关人员谈话的方式了解公司是否存在因环境保护、知识产权、产品质量、劳动安全、人身权等原因产生的重大侵权债务，又要通过互联网进行公开信息检索等方式核查公司是否存在因环境保护、知识产权、产品质量、劳动安全、人身权等原因产生的重大侵权债务。

八、公司税务及财政补贴核查

一是税务登记及申报情况，核查公司提供的近三年纳税申报表、申报会计师出具的原始财务报表与申报财务报表的差异情况专项审核报告、主要税种纳税情况说明的专项审核报告、审计报告；二是报告期内执行的税种、税率情况，核查公司近三年纳税申报表、主要税种的纳税凭证、近三年原始审计报告、申报会计师出具的原始财务报表与申报财务报表的差异情况专项审核报告、主要税种纳税情况说明的专项审核报告、审计报告；三是核查报告期内享有的税收优惠情况。具体核查申报会计师出具的审计报告、税收优惠的资格证书（如高新技术企业证书等）及税收主管部门的批复情况，判断公司及其子公司税收优惠是否有法规依据，是否合法合规；四是核查税务合规情况，要求公司及其控股子公司提供税务方面的处罚决定书、缴款凭证（如有），并通过互联网检索公司及控股子公司近三年的税务处罚情况；五是核查报告期内享受的财政补贴及其依据文件，核查公司及控股子公司提供的财政补贴之政府批文（如有）、收款凭证，判断公司及其子公司的财政补贴是否有法规依据或与法规冲突。

九、公司诉讼、仲裁及行政处罚

一是核查公司及其控股子公司涉及的诉讼、仲裁情况（包括已结案的、未结案的及潜在纠纷），在取得公司及其控股子公司报告期内所涉诉讼、仲裁案件统计清单的基础上，与公司法务部门（或相关职能部门）访谈了解公司及其控股子公司涉及的诉讼、仲裁情况；核查公司及其控股子公司正在进行之诉讼、仲裁案件的起诉书、申请书、答辩文件、裁判文件、所涉及的主要协议、对公司影响程度的估计及相关法律意见；核查公司及其控股子公司因所涉诉讼、仲裁导致资产被采取司法、行政强制措施的情况说明及相应的司法、行政文件。二是核查公司及其控股子公司涉及的行政处罚情况，在取得公司及其控股子公司报告期内所涉行政处罚情况统计清单的基础上，核查公司及其控股子公司所涉行政处罚的行政处罚决定书、罚款缴纳凭证，并查验取得处罚主管部门出具的关于受处罚行为是否属于重大违法行为的情况说明。

十、公司历史融资使用情况

需要公司说明历史上每次融资的资金金额、使用计划,以及实际使用情况的说明,并提供计划与实际情况的差异分析。

这一点在实践中很少有人注意,但实际上非常重要。通过资金的实际使用情况可以甄别公司创始人是否专注在一个方向上发展;可以判断公司创始人对于未来市场形势的判断能力;也可以发现管理团队是否把资金用在了应该使用的方向上。

在第八章讲述企业估值分析时笔者提到,不管是创业者还是投资人,都需要对企业未来发展需要的总体资金有一个初步的预计。对公司历史上融资的使用情况分析,是对企业发展历程的一次反思,以及未来发展预期的修正。

第十章

投资条款清单详解

投资条款清单（Term Sheet，简称 TS），也常被称为投资意向书，是从国外创业投资行业引入的投资运作规范协议，与投资协议（Share Purchase Agreement，简称 SPA）、股东协议（Share Holder Agreement，简称 SHA）一同构成投资运作协议体系。其中，TS 披露的是投资的根本性商业条款的骨骼框架，由于其简洁扼要的特点，参与方不容易漏过关键细节，一般将 TS 的签署作为具体工作开始的起点。TS 用于表示投融资双方就投资交易产生初步意向，并于尽职调查启动之前签署。如果 TS 未能达成共识，后面的工作，如尽职调查等，就没必要开展了。

需要注意的是：TS 条款本身除静默期、保密条款以及少数特定条款外，不具有法律上的强制约束力，仅具有商业道德上的约束力。SPA 和 SHA 把在 TS 里面涉及的条款分别放在两个协议里面，SPA 只涉及投资相关的权利义务，SHA 则涉及更多在公司管理方面的投资者的权利义务。SPA 和 SHA 都是具有完全法律效力的。

关于 TS 的静默期（通常称为"排他期"），是指签署 TS 的创业公司在约定的时间（N 天）内，除了配合签署 TS 的投资人进行尽职调查以及和投资人进行交易谈判外，不得与其他投资人或中介机构对接融资事宜，否则视为违约，需要根据 TS 中的违约责任条款承担赔偿责任。这样一来，可以给投资人一个较为独立的时间与创业公司进行深入接触，不用担心公司就融资事宜分出精力去应付其他投资人，也可以避免公司"跳价"或者"比价"。但是从另一方面来看，排他期条款与创业公司在同一时间内吸引更多的投资人来进行谈判的初衷不符。所以，如果创业公司在市场上本来就比较热门，则通常不会答应在 TS 中给投资人排他期的条款。

2008—2016 年统计数据显示，创业投资项目中的排他期平均值为 61 天，中位值为 60 天，约 70% 项目的排他期都在 60 天以内，约 90% 的项目排他期在 90 天内，只有 15% 的项目排他期在 30 天以内。

随着创业投资行业的竞争日益增强，投资机构签发 TS 的行为也更加随意。在 2008 年之前，投资人会花几个星期的时间观察一家公司，对行业和公司的基本情况初步认可后，才会启动签署 TS 程序。对于签署 TS 的创业公司来说，拿到了投资机构的 TS 意味着很大概率会获得投资，这也是 TS 常被称为"投资意向书"的原因。而现在，投资机构为了争抢项目，仅仅在几天甚至几小时内就可以签发 TS。创业公司签署 TS，却最终没有获得投资的情况也时常发生。因此在实操中，TS 协议中的"排他期"条款实用性逐渐降低。

如前所述，TS 是从国外引入的协议体系，其条款表述、投资理念、融资工具、风控制度，与国内法律法规存在某些不契合现象，本章将对 TS 的主要条款逐一分析详解。

在前面章节中笔者提到过：VC 估值的定性方法是通过特殊保护条款，降低项目投资失败时的损失，通过降低项目风险进而降低项目投资的回报要求。这一点在 TS 的条款中得到充分的体现。TS 中的条款大致可以分为如下三类：

- 投资结构与价格。
- 公司运行中的特殊保护条款，包括董事会约定、股票对象约定、反稀释约定、特殊保护约定（如否决权等）。
- 投资退出时的特殊保护条款：包括清算优先权、股份回购权、领售权等。

第一节　投资结构与价格

一、融资额、作价及融资工具

> **条款示例**
>
> □ 投资金额：
> - 人民币【1 000】万元，获得交割后【20%】公司股权（"初始股权比例"），以全面稀释（包括预留的ESOP）计算。
> - 以上人民币与美元的汇率以付款当日中国人民银行公布的汇率的中间价作准。
>
> □ 证券类别：
> - 投资者获得的投资权益称为"【A类优先股】股权"，具有本框架协议规定的各项权益。如法律法规的限制，本框架协议规定的权利和利益无法充分实现，投资者和公司将采用其他法律允许的其他方法，在最大范围内实现本框架协议规定的投资者的权利和利益。
>
> □ 购买价和初始估值：
> - 购买价为：投资前公司估值人民币【　】万元、投资后全面稀释公司估值人民币【　】万元，估值的依据为公司提供的盈利预测。交割完成后公司的股权结构表附后。
> - 按照业绩调整条款（见下文），初始估值可以向下调整。

关于如何确定合适的融资金额及融资价格，在本书第八章中已经详细论述，请具体参考第八章中相关内容。

在国内的内资创业投资业务中，一般都采用同股同权的投资方式，不能使用优先股等工具；在外资创业投资业务中，被投资公司一般为海外注册的实体，因此可以根据海外法律设置相应的股权工具。

但是最近国内"同股同权"的规定也发生了一些变化，深圳作为经济特区，基于自主立法权为国内"同股不同权"开辟了先河。

2020年11月1日起施行的《深圳经济特区科技创新条例》（以下简称《深圳科创条例》）在国内立法中首次确立非上市公司的"同股不同权"制度。根据《深圳科创条例》第九十九条规定，在深圳注册的科技企业可以设置特殊股权结构，但是"科技企业"并非法律概念，且《深圳科创条例》也未对"科技企业"的定义、类别、外延、准入门槛作出规定，存在模糊地带，比如科技企业是否包括全部"高新技术企业"，科技企业是否以主管部门审批/备案的名册为准等。

《深圳经济特区科技创新条例》

第九十九条　在本市依照《中华人民共和国公司法》登记的科技企业可以设置特殊股权结构，在公司章程中约定表决权差异安排，在普通股份之外，设置拥有大于普通股份表决权数量的特别表决权股份。

有特别表决权股份的股东，可以包括公司的创始股东和其他对公司技术进步、业务发展有重大贡献并且在公司的后续发展中持续发挥重要作用的股东，以及上述人员实际控制的持股主体。

设置特殊股权结构的公司，其他方面符合有关上市规则的，可以通过证券交易机构上市交易。

2021年3月1日起,深圳所有类型的公司均可设置"同股不同权"。《深圳经济特区商事登记若干规定》将"同股不同权"扩大至深圳注册的所有公司。

《深圳经济特区商事登记若干规定》

第四条 商事主体备案包括下列事项:
(一)章程或者协议;
(二)经营范围;
(三)董事、监事、高级管理人员;
(四)商事登记管理联系人。
商事登记机关应当根据前款规定,按照商事主体类型,分别规定各类商事主体备案事项的具体内容。
公司依法设置特殊股权结构的,应当在章程中明确表决权差异安排。

二、估值调整条款

估值调整协议,也称业绩对赌协议,是投资方与融资方在达成协议时,双方对于估值存在分歧,因此达成关于未来不确定情况的一种约定。如果约定的条件出现,投资方可以行使一种估值调整协议权利;如果约定的条件不出现,融资方则行使另一种权利。

> **估值调整条款示例**
>
> 公司的初始估值将根据公司业绩指标进行如下调整：
>
> A轮投资人和公司将共同指定一家国际性审计公司（简称审计公司）来对公司2010年的税后净利（NPAT）进行审计。经审计的经常性项目的税后净利（扣除非经常性项目和特殊项目）称为"2010年经审计税后净利"。
>
> 如果公司"2010年经审计税后净利"低于美金150万（"2010年预测的税后净利"），公司的投资估值将按下述方法进行调整：
>
> *2010年调整后的投资前估值＝初始投资前估值×2010年经审计税后净利÷2010年预测的税后净利。*
>
> A轮投资人在公司的股份也将根据投资估值调整进行相应的调整。投资估值调整将在出具审计报告后1个月内执行并在公司按比例给A轮投资人发新的股权凭据以后立刻正式生效。

关于对赌协议在实际操作中是否有效曾经存在很多争议。2011年，最高人民法院关于海富投资与甘肃世恒的对赌协议相关案件的判决，是我国首次以判决的形式确定了对赌协议的合法性。该案例如下：

> **案例：对赌协议第一案（海富投资 VS. 甘肃世恒）**
>
> 2007年11月前，苏州海富决定投资甘肃世恒，并与甘肃世恒、香港迪亚（甘肃世恒为其全资子公司）及陆波（甘肃世恒法定代表人兼总经理，同时也是香港迪亚的总经理）签订了《甘肃世恒增资协议书》（下称增资协议），主要条款包括：1.苏州海富现金出资

2 000万元投资甘肃世恒，占甘肃世恒增资后注册资本的3.85%；2.各方按增资协议内容签订合营合同及章程，增资协议未约定的，按章程及合同办理；3.协议约定，甘肃世恒2008年的净利润必须不低于3 000万元人民币，若未达到，甘肃世恒须向苏州海富补偿，甘肃世恒未能补偿的，由香港迪亚履行，补偿款以投资款金额为基数，按实际净利润与3 000万元之间的差额计算。

据法院查明，工商年检报告登记记载，甘肃世恒2008年度净利润为2.68万元。2009年12月，苏州海富向兰州中院起诉，要求甘肃世恒、香港迪亚、陆波向其支付补偿款1 998万余元。

2010年12月31日，兰州市中级人民法院对此案作出了一审判决，判定增资协议中的对赌条款无效，驳回海富投资的所有请求。海富投资对一审判决不服，随即提起上诉。

2011年9月29日，甘肃省高级人民法院对此案作出二审判决。甘肃省高院依旧认为对赌协议无效，同时判定甘肃世恒返还1 885万元和利息。甘肃世恒公司对判决不服，向最高人民法院提出再审申请，请求撤销二审判决，维持兰州中院的一审判决。

2011年12月19日，最高人民法院受理了甘肃世恒公司的申请，提审了此案。2012年11月，最高人民法院下达判决书，该判决撤销甘肃高院对此案的二审判决；并判决香港迪亚公司向海富投资支付协议补偿款19 982 095元。

最高院判决内容："海富投资与甘肃世恒之间的赔偿约定，使得海富投资的投资可以获取相对固定的收益，该收益脱离了甘肃世恒的经营业绩，损害了甘肃世恒公司利益和公司债权人利益，这部分条款是无效的。但海富投资与香港迪亚的赔偿约定，并不损害甘肃世恒及公司债权人的利益，不违反法律法规的禁止性规定，是当事人的真实意思表示，是有效的。"

在上述对赌协议案件中，最高人民法院的判决明确，基于公司法"同股同权"的约定，被投资公司不能作为对赌对象。但是，公司的实际控制人可以作为对赌对象，该对赌行为属于同一公司不同股东之间的商业合约，受相关法律支持。

因此在设计估值调整条款或业绩对赌条款时，需要注意：
- 对赌协议的对象选择。
- 对赌方案的设计要注意可履行性。
- 对赌条款的公平性。条件不能过于苛刻，否则公司难以企及；当达到一定经营业绩应当给予奖励。

在设计估值调整协议或者业绩对赌协议时，国内的投资机构需要充分考虑国内法律的适用性，对相关协议条款进行修正。

第二节　公司运行的特殊保护条款

一、防稀释条款

防稀释条款（Anti-dilution Provision），也称反股权摊薄协议，是指在目标公司进行后续项目融资或者股权增发过程中，投资人避免自己的股份贬值及份额被过分稀释而采取的措施。防稀释条款有两种：一是结构性防稀释条款；二是降价融资中的防稀释条款。

（一）结构性防稀释条款

结构性防稀释条款是保证投资人享有的转换权不受股票拆股、股票红利或相似的未增加公司资本而增加发行在外的股票数量的做法的影响。这时可以在 TS 中设置转换权和优先购买权以保护投资人的利益。

转换权（Conversion）：是指在公司股份发生送股、股份分拆、合并等股份重组情况时，转换价格相应调整。这个条款是很普通且很合理的条款，也完全公平，通常企业家都能够接受。优先股股东可以在任何时候将其股份转换成普通股，初始转换比例为1∶1，此比例在发生股份红利、股份分拆、股份合并及类似事件以及"防稀释条款"中规定的情况时做相应调整。

优先购买权：这个条款要求公司在进行下一轮融资时，本轮投资人有权选择继续投资获得至少与其当前股权比例相应数量的新股，以使本轮投资人在公司中的股权比例不会因为下一轮融资的新股发行而降低（也称优先认购权）。另外，优先购买权也可能包括当前股东的股份转让，投资人拥有按比例优先受让的权利。

（二）降价融资中的防稀释条款（Anti-dilution protection in Down Round）

公司在其成长过程中，往往需要多次融资，但谁也无法保证每次融资时发行股份的价格都是上涨的，创业投资人往往会担心由于下一轮降价融资（Down Round），股份的发行价格比自己当前的转换价格低，而导致自己手中的股份贬值，因此要求获得保护条款。如果公司新一轮融资价格低于本次融资价格，则本次投资价格或者优先股转换价格将按照广义加权平均的方式进行调整以减少投资人的稀释。

根据保护程度的不同，反稀释的方式主要分为"完全棘轮"调整以及"加权平均"调整两种方式。

完全棘轮条款（Full-ratchet anti-dilution protection）：如果公司后续发行的股份价格低于本轮投资人当时适用的投资价格，那么本轮的投资人的实际投资价格也要降低到新的发行价格。这种方式仅仅考虑低价发行股份时的价格，而不考虑发行股份的规模。在完全棘轮条款下，哪怕公司以低于本轮投资价格只发行了一股股份，所有的本轮投资人的投资价格也都要调整至跟新的发行价一致。完全棘轮条款是对本轮投资人最有效的保护方式，使得公司经营不利的风险很大程度上完全由企业家来承担了。

加权平均条款（Weighted average anti-dilution protection）：在加权平均条款下，如果后续发行的股份价格低于本轮的投资价格，那么新的投资价格就会降低为本轮投资价格和后续融资发行价格的加权平均值，即给本轮投资人重新确定投资价格时不仅要考虑低价发行的股份价格，还要考虑其权重（发行的股份数量）。这种转换价格调整方式相对而言较为公平。

加权平均条款计算公式

$$NCP = CP \times \frac{OS + SNS}{OS + NS} = \frac{(CP \times OS) + IC}{OS + NS}$$

NCP = A系列优先股的调整后新转换价格

CP = A系列优先股在后续融资前的实际转换价格

OS = 后续融资前完全稀释（full dilution）时的股份数量或已发行优先股转换后的股份数量

NS = 后续融资实际发行的股份数

SNS = 后续融资额应该能购买的股份（假定按当时实际转化价格发行）

IC = 后续融资现金额（不包括从后续认股权和期权执行中收到的资金）

加权平均条款有两种细分形式：广义加权平均（broad-based weighted average）和狭义加权平均（narrow-based weighted average），区别在于对后轮融资时的已发行股份（outstanding shares，即上面公式中的 OS）及其数量的定义。

- 广义加权平均条款是按完全稀释方式（full diluted）定义，即包括已发行的普通股、优先股可转换成的普通股，可以通过执行期权、认股权、有价证券等获得普通股数量，计算时将后续融资前所有发行在外的普通股（完全稀释时）认为是按当时转换价格发行。
- 狭义加权平均只计算已发行的可转换优先股能够转换的普通股数量，不计算普通股和其他可转换证券。

广义加权平均时，完全稀释的股份数量很重要，即包括所有已发行和即将发行的股份（优先股转换、执行期权和认股权、债转股等），企业家要确认跟投资人的定义是一致的。相对而言，狭义加权平均方式对投资人更为有利，公式中不把普通股、期权及可转换证券计算在内，因此会使转换价格降低更多，在转换成普通股时，投资人获得的股份数量更多。

防稀释条款是投资人为了在后续低价融资时，保护自己利益的一种方式。

- 有了防稀释条款，能够激励公司以更高的价格进行后续融资。防稀释条款要求企业家及管理团队对商业计划负责任，并承担因为执行不力而导致的后果。
- 投资人如果没有防稀释条款保护，他们可能会被"淘汰"出局。比如，如果没有防稀释条款，企业家可以进行一轮"淘汰"融资（比如 $0.01/ 股，而当前投资人的购买价格是 $2/ 股），使当前的投资人严重稀释而出局，然后给管理团队授予新期权以拿回公司控制权。

在某些特殊情况下，低价发行股份也不应该引发防稀释调整，我们称这些情况为例外事项。特殊事项的内容也是 TS 中博弈很多的一个点。一般而言，特殊事项包括：

- 按照董事会批准的计划，给公司员工、董事、顾问发行的或计划发行的管理层激励股份（或期权）。
- 董事会批准的公司合并、收购或类似的业务事件，用于代替现金支付的股份。
- 按照董事会批准的债权融资、设备租赁或不动产租赁协议，给银行、设备出租方发行的或计划发行的股份。

二、董事会条款

完成投资后，投资人需要在一定程度上对公司未来经营的大方向有所把控。一般会要求目标公司给予一个董事会席位，且公司未来特别重大的事项需要经过董事会同意后方可执行。因此，关于董事会的条款包括两项内容：一是董事会组成；二是管理层约束。

管理层约束中的内容是投资机构与公司博弈的重点内容。管理层约束包括对管理层的肯定性和否定性条款。肯定性条款就是指被投资企业管理层在投资期内应该从事哪些行为的约定，例如：定期提交经营管理记录；定期提交财务报表，包括资产负债表、损益表和现金流量表按月度、季度和年度呈报，年度报告应经注册会计师审核；公司运行遵守法律法规与规章，等等。否定性条款是指被投资企业管理层不能在投资期内从事哪些行为的约定。管理层约束过细固然会保护投资机构利益，但也降低了公司的运作效率。很多投资机构也喜欢获取某些事项的"一票否决权"。过往因为投资人"一票否决权"而导致创业公司错失发展良机的案例也不少。但是，从历史经验看，至少在如下事项上需要给投资人所提名的董事一票否决权，具体包括：

> **董事会组成条款示例**
>
> - 董事会由 3 个席位组成,原股东指派 2 名董事,其中 1 名必须是公司的 CEO;投资机构指派 1 名董事。监事会的监事参照相同原则任命。
> - 董事会会议应至少每季度召开一次。董事会会议的最低出席人数应为【 】人,其中至少应包括一名由投资机构任命的董事。
> - 对于投资人因董事会活动而产生的一切费用,包括但不限于投资人的董事或观察员参加董事会会议的费用,公司应全部承担。同时公司应提供惯常的董事保险,为董事提供最大限度的补偿。

- 目标公司未来增资或实际控制人的股权转让。
- 目标公司对外担保事项。
- 目标公司变更其主营业务范围。
- 目标公司处置或对外投资的资产金额达到其净资产 30% 以上的情况。

当然,"一票否决权"的适用范围越广对于投资人越有利,但在谈判的过程中也需要考虑到后续实际经营管理中原有的管理团队的管理范围,不能过分予以压缩,使公司创始人失去对企业运营的控制。

三、保护性条款

保护性条款(Protective Provisions),顾名思义,就是投资人为了保护自己的利益而设置的条款,这个条款要求公司在执行某些潜在可能损害投资人利益的事件之前,要获得投资人的批准。投资人以小股东的方式投资,要求保护性条款是合理的。设立保护性条款目的是保护投资人小股东，防止其利益受到大股东侵害。但投资人对保护性条款的行使，会对公司的正常运营产生一定的干扰。创业者关于这个条款的谈判要考虑如何在两者之间找到一个适当的平衡。

保护性条款要求在涉及投资人利益的公司重要决策方面，需要在股东会征得投资人的同意，常见的保护性条款包括：

- 修订或者改变投资者在公司权益中的权利和利益。
- 任何收购、重大资产或者控制权变化、兼并、合并、重组，或成立子公司、减少注册资本、解散和清算的决议。
- 参与任何与现有主营业务有重大不同的行业领域、变更名称或者终止任何业务。
- 在年度预算外发生任何债务，承担任何偿付义务或者发行、承担、担保或设立任何借款。
- 与公司关联方、股东、实际控制人、董事、经理或者其他关联方达成任何交易或者协议。

保护性条款示例

以下事件需要至少三分之二非管理层股东的同意：

(1) 修订、改变、废除公司注册证明或公司章程中的任何条款；

(2) 变更法定普通股或优先股股本；

(3) 设立或批准设立任何拥有优先权或特许权的其他股份；

(4) 批准任何合并、资产出售或其他公司重组或收购；

(5) 回购或赎回公司任何普通股（不包括董事会批准的根据股份限制协议，在顾问、董事或员工终止服务时的回购）

(6) 宣布或支付给普通股或优先股股利；

(7) 批准公司清算或解散。

四、股权兑现约束

股权兑现（Vesting），是指创始人及其管理团队只能分期兑现其所持有股份的制度安排。如中途离开，则只能获得离开之前兑现的股份。创业投资在决定是否投资一家公司时，通常最看重的是管理团队。一方面是管理团队的背景和经验，另一方面是保持团队的稳定和持续性。兑现条款就是保证团队的稳定性的一个有效手段。兑现的概念其实并不复杂，一般来说，投资人都希望创始人和管理团队的股份及期权都要4年时间才完全兑现，就是说你必须为公司服务满4年才能拿到你所有的股份或期权。如果你提前离开公司，根据约定的兑现公式，你只能拿到部分股份或期权。

兑现条款对投资人有好处，对创始人也有好处。如果公司有多个创始人，创业投资后某个创始人要求离开，如果没有股份兑现条款，离开的创始人将拿走他自己全部股份，而投资机构和留下来的创始人将要为他打工。如果有股份兑现条款，所有创始人都会努力工作以拿到属于自己的股份。同样道理，员工的股权激励也需要通过兑现条款的方式逐步获得。

兑现条款对国内民营企业来说，不是很容易理解，主要原因是他们的企业都是有限责任公司，按照国内公司法，他们都不存在兑现问题，因为压根就没有股票和期权，创始人一开始就拥有了按照出资额对应的公司股权比例。但外资VC在以离岸公司的模式投资时，离岸公司在股份发行和期权授予方面的灵活性，就满足了VC对创始人和管理团队的控制。

国内如果要实现实质上的兑现条款，一般通过在投资落地之前，要求目标公司原有股东签订《创始股东协议》，并约定：如果某位股东提前离开，需要把股权卖回给公司的实际控制人或者公司的员工激励持股平台，并约定好股票收购的具体方式、价格。

> **股权兑现条款示例**
>
> - 在交割之后发行给员工、董事、顾问等的所有股份及股份等价物将遵从以下兑现条款：发行后的第一年末兑现 25%，剩余的 75% 在其后 3 年按月等比例兑现。公司有权在股东离职（无论个人原因或公司原因）时回购其尚未兑现的股份，回购价格是成本价和当前市价的低者。
> - 由创始人 XXX 和 YYY 持有的普通股也要遵从类似的兑现条款：创始人在交割时可以兑现其股份的 25%，其余股份在其后 3 年内按月等比例兑现。

通常来说，创始人在面临公司被并购时，会要求加速兑现股份。处理方式有两种：一是"单激发"（Single trigger），即在并购发生时自动加速兑现；二是"双激发"（Double trigger），即加速兑现需要满足 2 个条件（比如，公司被并购及创始人在新公司不再任职）。比较常见的加速兑现是"单激发"额外兑现 25%～50% 的股份，"双激发"额外兑现 50%~100% 的股份。加速兑现不缩短兑现期，而只增加兑现股份数量，减少未兑现股份数量。相对而言，"双激发"应用得更普遍一些，而"双激发"中的另外一个激发因素（如创始人在新公司不再任职）也是可以谈判的，比如当被无理由开除，或者创始人因合适理由离职时。

第三节　投资退出的特殊保护条款

创业投资最终一定要实现对投资项目的退出，并尽力获得理想的

资本套现,以便能给创业投资基金的投资人(LP)要求的回报。通常而言,创业投资的退出渠道一般有五种:

- 首次公开发行(IPO);
- 公司被并购(Acquisition);
- 股份出售(Trade sale);
- 股份回购(Redemption);
- 公司清算(Liquidation)。

IPO当然是皆大欢喜的情况,投资机构可以在公开市场出售股份实现资本套现退出。其他退出方式,投资机构都需要在协议中提前对自己的利益进行约定和保护。

一、股份回购权

股份回购权(Redemption)就是投资人在特定的条件下,要求公司或创始股东回购其持有的股票的权利。回购条款对于投资人的保护最为直接,如果回购条款所约定的条件被触发(实践中通常是上市申报的期限),则公司或实际控制人应按回购条款中所约定的价格(一般是投资本金与其资金占用时间成本之和)从投资人手中将其所持有的目标公司股权买回来,以此来实现投资人的退出。

不过看似非常美好的条款在具体执行层面总会遇到各种各样的问题。根据过往的经验,需要投资人拿起这个武器来要求回购时,通常目标公司的业务开展以及后续融资都遇到了麻烦,所以,目标公司以及实际控制人未必有资金来回购投资人所持有的股权,这样就会陷入无法实际履行的困境。

对于投资人而言,无法实际得到履行的条款是没有任何意义的。在这种情况下,如果目标公司还有一定的市场价值,可以考虑让目标公司其他投资人或外部投资人通过股权转让的形式来受让投资人所持有的全部或部分股权，当然转让价格以及估值层面可以给一些优惠。如通过该种方式退出后，退出金额仍与原回购条款中所约定的回购金额有差额的，则该等差额可以考虑继续由目标公司或实际控制人予以补足。此时，由于大部分款项已经由投资人套现完成退出了，所以该部分差额的金额可能也不大，目标公司或实际控制人有一定的能力予以偿还补足。

上述是一般的操作方法，从法律可行性上讲，回购能否执行，还取决于回购的对手方约定。

根据国内《公司法》的有关规定，公司可以通过减资的方式实现股份回购。但是，以减资方式回购的，回购的价格是公司的每股净资产值，存在不能完全补偿投资成本的风险。这需要投资机构进一步与公司控股股东签署回购协议予以保障。公司控股股东与投资机构之间签订的回购协议，在性质上是股权转让，不违反法律法规的强制性规定。

回购的法律规定

《公司法》第一百四十三条　公司不得收购本公司股份。但是，有下列情形之一的除外：

（一）减少公司注册资本；

（二）与持有本公司股份的其他公司合并；

（三）将股份奖励给本公司职工；

（四）股东因对股东大会作出的公司合并、分立决议持异议，要求公司收购其股份的。

二、清算优先权

清算优先权（Liquidation Preference），是对公司清算后资产如何分配的权利约定,即资金如何优先分配给投资机构股东(以及不同轮次投资人之间如何分配),然后再分配给其他股东的权利约定。投资人通常在创始人之前收回他们的资金。投资人的清算额通常为投资人投资额或其倍数。

投资人为什么要设置清算优先权?一方面是保障资金安全,另一方面就是防止创业者主动触发清算事件。如果没有清算优先权,有的公司拿了融资以后直接将公司解散清算,然后按照股权比例分,这样投资人的本金很可能受到损失。

清算优先权实际上就是对投资后的公司的清算做出特别的约定。清算优先权有两个组成部分:优先权和参与分配权。根据是否与普通股一起参与剩余清算资金的分配,参与分配权有三种:无参与权、完全参与分配权、附上限参与分配权,相应地就有三种清算优先权:不参与分配清算优先权、完全参与分配清算优先权以及附上限参与分配清算优先权(如表10.1)。

表10.1 清算优先权的不同形式

类别	条款内容	投资人退出回报	投资人利弊
不参与分配清算优先权	在公司清算或结束业务时,投资机构股东有权优先于普通股股东获得每股 [x] 倍于原始购买价格的回报以及已经宣布但尚未发放的股利。	[x] 倍的原始投资额及股利	最差
完全参与分配清算优先权	在支付给投资机构股东清算优先权回报之后,剩余资产由其他股东与投资机构股东按股份比例进行分配。	[x] 倍的原始投资额及股利+按股份比例取得的剩余清算资金	最优
附上限参与分配清算优先权	一旦其获得的回报达到 [y] 倍于原始购买价格以及已经宣布但尚未发放的股利时,投资机构股东将停止参与分配。之后,剩余的资产将由其他股东按比例分配。	[x] 倍的原始投资额及股利+按股份比例取得的剩余清算资金(全部回报之和不得超过原始投资额的 [y] 倍。	持中

> **清算优先权示例**
>
> - 如果公司发生触发清算的事件【1，2 … N】，则进入清算程序；
> - 首先投资人优先于其他股东获得其投资款的 X 倍作为回报；
> - 上述回报结算之后，公司剩余资产按照股权比例派发给全体股东。

在清算优先权条款中，需要注意两点，一是清算条款的触发，二是清算优先权的实施方式。

- 在 TS 中规定的公司清算事件，通常是比我国《公司法》中规定的清算事件要更广泛，因此只要协议中规定的事件发生时，投资人就可触发清算优先权，保护自己的利益，以减少损失。
- 在中国法律框架下，清算优先权难以直接实现。《公司法》第一百八十七条第二款规定，公司财产在分别支付清算费用、职工的工资、社会保险费用和法定补偿金，缴纳所欠税款，清偿公司债务后的剩余财产，有限责任公司按照股东的出资比例分配，股份有限公司按照股东持有的股份比例分配。
- 实践中，一般通过股东之间协议的方式来保护投资人利益。约定在发生清算事由时，如公司解散时，原股东应对投资人进行补偿，在协议中明确补偿公式，并约定原股东应当以清算分配的剩余财产作为偿还的保障和担保。并进一步约定公司就原股东对投资人的补偿义务提供担保。

三、领售权条款

领售权（Drag-Along Right），是指投资机构强制公司原有股东参与投资者发起的公司出售行为的权利,投资机构有权强制公司的原有股东(主要是指创始人和管理团队)和自己一起向第三方转让股份。

投资机构的退出渠道之一是投资的企业被并购(M&A),通过将企业出售给第三方,投资机构可以将自己的股份变现。但是,创始人或管理团队可能并不认同并购方、并购方的报价、并购条款等,导致并购交易难以进行。这个时候,领售权条款将强迫创始人接受交易。

领售权条款示例

- 在合格 IPO 之前,如果多数 A 类优先股股东同意出售或清算公司,剩余的 A 类优先股股东和普通股股东应该同意此交易,并以同样的价格和条件出售他们的股份。
- 模式一:投资者有权要求每一位创始人按照与将相关"强制出售方"的权益出售给该善意购买人的条款和条件相同的条款和条件,向该善意购买人出售其全部权益,但该转让应符合下列条件。
  - (1)强制出售的权益不应多于第三方善意购买人拟购买的权益数额与投资者所持有的权益数额的差额;
  - (2)持有 50% 以上公司权益的股东同意;
  - (3)出售价格不得低于 1 000 000 000 美元。
- 模式二:如果原股东在 2013 年底之前未能按照投资人根据本协议约定的要求履行回购义务,并且经全部投资人一致同意,则投资人有权要求公司原股东和投资人一起向第三方转让股权,原股东必须按投资人与第三方谈定的价格和条件向第三方转让股权,公司原股东按持股比例承担随售义务。

在领售权条款中,需要特别注意如下几点:

- 受领售权制约的股东范围。尽管公司出售不需要全体股东一致同意,但大多数收购方还是希望看到80%、90%的股东同意。因此,如果公司有很多持股比例很少的普通股股东(创始人、天使、团队等),跟所有股东签署领售权协议,其实也是有必要的。
- 领售权激发的条件。通常的激发条件是由某个特定比例的股东要求。然而在实际操作中,董事会的通过还是必不可少的。
- 出售的最低价格。约定出售的最低价格可以更容易说服其他利益相关人。
- 股东购买。如果有创始人不愿意出售公司,而投资机构一定要出售的话,那么还有一条解决办法就是由创始人以同样的价格和条件将投资机构的股份买下。
- 领售权的生效时间。一般来说,应该给予公司足够的成长时间,通常四五年之后,如果投资机构仍然看不到退出的机会,才允许激发领售权,通过出售公司退出。

第四节　其他条款

一、过桥贷款

过桥贷款指的是在投融资双方签订TS之后,在较短的时间内,给予公司一笔贷款,用于企业短期持续经营或者迅速推广;在融资完成后,这笔贷款往往会转成投资款。说是贷款,但是过桥贷款往往无息或者低息(年利率小于等于10%)。

尽管签订了TS,但由于投资结构、尽职调查等原因,创业公司会经历一到数月没有新资金注入的"空窗期"。在这段时间内,如果公司业务急需扩张,却由于资金问题贻误战机,对投融资方都是双输局面。在空窗期内,投资人如能提供一笔过桥贷款,也能起到锁定项目的作用。合适的过桥贷款可以起到双赢的作用。

二、增资权

增资权指的是投资人在本轮投资的基础上,从创业公司获得一个增资的权利,一般会约定投资人可以在一定期限内或者下轮融资完成前行权,并且较之下一轮投资人的价格,增资价格会有20%~30%左右的优惠。

增资权是一个单向对投资人有利的权利,在投资人不增加本轮投资额和风险的情况下,可以根据公司发展的情况选择是否继续获得公司更多股份,同时较之新一轮的投资人还有一定的折扣。这是一个只赚不赔的买卖。正是因为其单向对投资人有利,所以往往出现在融资较难的时代。

第十一章
案例分析：独角兽公司研究

独角兽，神话传说中的一种虚构生物，形似白马头顶螺旋角。无论在东方还是西方的故事传说中，独角兽的出现表示幸运福耀的到来。因为这些特点，2013年，美国Cowboy Venture投资人Aileen Lee，将市场上成立时间较短（成立不超过10年）、由投资人或者估值机构估值超过10亿美元的创业公司，统称为"独角兽"。"独角兽"这个词就开始流行于美国，并迅速向国际流传开来。

图11.1　2015年"独角兽"登上《财富》杂志封面

独角兽公司出现的领域和数量一定程度上是科技创业投资行业的风向标，本章通过对独角兽公司的研究和分析为科技创业投资提供经验和教训。

第一节　中美独角兽行业分析

一、独角兽集中在中美两国

根据 CB Insights 报告[①]，截至 2021 年 9 月，全球独角兽企业达到 771 家，总估值达到 2.5 万亿美元，独角兽公司的平均估值为 32 亿美元，估值中位数为 15 亿美元。

2021 年，拥有独角兽数量最多的五个国家依次为美国、中国、印度、英国和以色列，数量分别为 417 家、168 家、40 家、34 家和 18 家。中美两国联手贡献了全球近 70% 的独角兽公司。其中全球估值最高的 40 个独角兽，有 20 个企业来自美国，10 个来自中国（包含香港企业在内）；中美两国独角兽的估值分别占总额的 21.5% 和 50.3%（如图 11.2）。

二、中美独角兽公司行业对比

研究独角兽的行业分布是了解产业发展趋势的重要途径。全球独角兽公司所属行业，涉及金融科技、互联网软件与服务、电子商务和直达消费者商业模式、人工智能、健康医疗、供应链与物流等共计 16 个行业。

按独角兽数量排名，位列前五的行业是金融科技（162 家）、互联网软件与服务（139 家）、电子商务和直达消费者商业模式（88 家）、人工智能（68 家）和医疗健康（57 家）（如图 11.3）。

---

① CB Insights 中国. 2021 年全球独角兽公司研究报告［R］.［S.l.：s.n.］, 2021.11.

第十一章 案例分析：独角兽公司研究

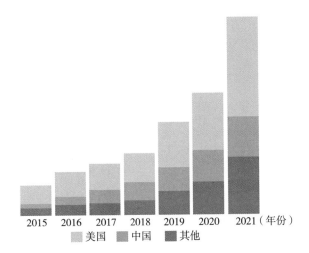

图 11.2 历年中美独角兽数量占比

来源：CB Insights。

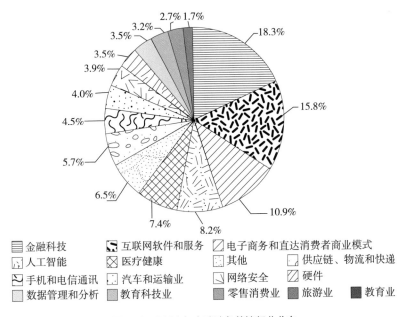

图 11.3 2021 年全球独角兽按行业分布

注：由于四舍五入之误差，上图各项数字的总和未必等于 100%。

来源：CB Insights。

353

2021年，我国168家独角兽企业分布在电子商务、汽车交通、人工智能、企业服务、零售消费、医疗健康、智能硬件、金融科技、文娱传媒、物流、房产家居、航空航天及其他（物联网与职场社交）等13个行业。

其中，电子商务、汽车交通、人工智能行业独角兽企业数量位列前三，分别为26家、25家及22家，合计占比高达42.9%。拥有18家独角兽的企业服务行业紧随其后，占比稍高于分别跑出13家独角兽的消费、医疗健康及智能硬件行业（如图11.4）。

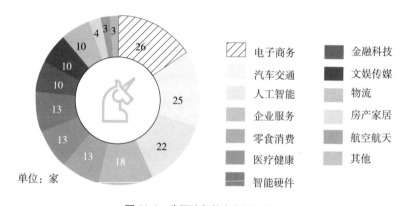

图11.4　我国独角兽企业行业分布

数据来源：36氪研究院。

整体而言，我国独角兽行业分布呈以下特征：

- To C行业：主要以消费升级和各类生活场景为业务切入点，满足用户衣、食、住、行全方位需求的同时，以科技手段实现用户生活智能化，由此带来生鲜电商、运动健身、智慧出行、智慧家居等垂直赛道的蓬勃发展；
- To B行业：多以数据赋能，加速企业数字化转型进程，旨在优化生产、供应链、财务、人力、营销等各环节，助力企业降本增效，以智慧物流、数据中台、企服SaaS最为典型；

● To G 行业：聚焦国家战略产业，为政府提供相关技术解决方案，如航空航天等。

三、独角兽公司行业对比分析

下面将介绍金融科技、电子商务、出行交通、互联网软件与服务、人工智能、医疗健康、智能硬件等七个行业中美独角兽的发展情况。

（一）金融科技行业

根据 2017 年欧洲金融稳定委员会（FSB）的研究报告[①]，客户需求、技术进步、监管升级推进金融科技的快速发展。根据 FSB 的定义，金融科技（FinTech）是指在金融服务领域出现的基于技术的服务与产品创新。首先，年轻客户，特别是"千禧一代"和"数字原生族"，对于便捷、高速、低成本的服务提出了更高的要求，新兴国家对技术的广泛使用推进了全球金融科技的发展。其次，区块链、大数据、人工智能、云计算等技术的快速发展使得科技赋能金融、金融赋能社会成为可能，推动了金融服务领域的创新。最后，2008 年次贷危机后的去杠杆化与高资本充足率要求挤压了传统银行的金融服务能力，为新兴金融科技的发展提供了市场空间。国际市场金融科技的发展基于功能可以分成五个主要类别：支付及清结算、存贷款与融资、保险、投资管理以及市场支持设施。

中国金融科技的发展曾经领先全球。我国个人支付方式的变革已经走到了全球最前列。以支付宝、微信支付为代表的移动支付已经覆盖全球 14 亿人。2018 年中国移动支付规模约 39 万亿美元，而美国则仅为 1 800 亿美元，差距达到数百倍。我国的银联、支付宝、微信

---

① Financial Stability Board. Financial Stability Implications from FinTech［M/OL］.（2017-06-01）[2022-11-02]. http://www.fsb.org/2017/06/financial-stability-implications-from-fintech/.

支付的规模、技术和运营实践等在全世界均居于前列。但是,互联网金融在2019年遭遇强力监管与清退,说明其只是将互联网和金融进行简单叠加,而不是深度融合的做法,终究无法带来真正意义上的变革,反而有可能成为欺诈违法的温床。

短期内,国内金融科技行业的发展受政策影响已经发生了萎缩,独角兽企业的数量比前两年大大减少。中国人民银行虽然连续发布了两版金融科技发展规划,但是《数据安全法》与《个人信息保护法》也为金融科技企业数据获取与使用提升了难度。金融科技行业在新的监管环境下,找到新的发展出路,培育出新的独角兽,还需要一段时间。

国外的金融科技行业则随着新冠肺炎疫情进入高速发展期。新冠肺炎疫情推动了非接触式交易方式在日常支付、救济发放、中小企业财务运作等方面的大量应用。金融科技企业提供的服务很好地契合了"尽可能减少人与人接触"这一防疫政策要求,使用者在实践中体验到便利,进一步巩固非接触式交易方式的市场地位。除美国之外,瑞典、印度也出现了金融科技行业的独角兽。

(二)电子商务行业

从全球范围来看,亚洲的电商独角兽占全球电商类独角兽数量比重超过50%,可以说这是属于亚洲的"电商时代"。在亚洲的43家电商独角兽中,有30家来自中国。中国电商独角兽数量最多、涵盖细分领域最广,涉及生鲜、母婴等多类型产品,以及电商平台、数字供应链服务等业务模式。

电子商务受益于消费升级和商业模式创新的驱动,是中国独角兽聚集的行业。中国电商独角兽占比超过美国,约为11%,平均估值约为21.0亿美元。其中,汽车新零售通过汽车电商平台、汽车超市、汽车消费金融平台等模式,重新定义了购车方式,车好多和大搜车分别以66亿美元和35亿美元的估值位列中国电商独角兽估值的前两位。相较而言,美国的电商独角兽占比仅为6%,平均估值为13.7亿美元。

其中估值最高的是成立于 2010 年的"美国版拼多多"Wish，估值为 30 亿美元。

电子商务领域的独角兽数量虽然多，但是平均估值不高。第一，因为上市公司如阿里巴巴、京东已经占据了大部分的综合电商市场份额，形成较高的行业壁垒，所以新兴电子商务独角兽大多定位于垂直领域，广泛存在"小而精"的局面，行业市场空间受限；第二，中国独角兽国际化程度偏低，主营业务偏向国内。近年虽然出现了 SHEIN 等专门面向海外的电子商务公司，但还未成为普遍现象。

电商领域存在很多行业巨头，初创电子商务公司的机遇在如下几个方面。

- 利基市场：专注于细分品类，先从狂热爱好者处获得稳定客源。
- 跨境电商：中国在很多领域的消费品生产制造能力仍相对全球其他国家具有比较优势，SHEIN 在服装领域开辟了一个新模式，其他领域的市场仍存在新的机会。
- 社区电商：疫情下，社区商业生态的重要性逐渐提升。以社区为单位"线上付款 + 社区配送 / 提货"的模式将成为新兴的电商机会。社区电商以熟人关系链为基础进行延伸，将数字经济与实体经济进行融合，满足社区商业的低成本获客和用户便利需求。
- 社交电商与产品个性化：包括网红产品的推销（产品推荐和搜索）和定制等服务。

（三）出行交通行业

中国独角兽所处的另一个有影响力和竞争力的领域是出行与交通行业。国民经济和社会发展"十四五"规划与新能源汽车产业发展规划，为中国新能源汽车与交通的发展提供了战略指引和发展方向，电动汽车与出行行业迎来重大发展机遇。电动汽车独角兽占据这个行业的半壁江山，包括威马汽车、游侠汽车、哪吒汽车等。新能源智能汽车作为一个综合体、技术集大成者的载体，将是全球主要国家科技之争的必夺之地。

在无人驾驶技术方面，目前中国乘用车自动驾驶级别正在从L2向L3过渡，新老造车势力在自动驾驶落地方面做了诸多尝试。L4和L5这样更高级别的自动驾驶需要更长的时间去准备，各方也在积极解决技术难题。

相比较而言，我国出行交通行业的独角兽大多为共享出行和新能源汽车领域，而美国这一行业的独角兽细分领域则更加多元化，包括自动驾驶、电动滑板车、喷气式飞机共享服务等。

我国出行交通领域的独角兽数量虽多，但核心竞争力却不强。中国27家汽车交通领域独角兽平均估值仅约44亿美元，美国5家独角兽平均估值181亿美元。虽然中国已经有了比亚迪这类的新能源汽车领军企业，但是对比美国在核心技术领域还是有差距。国内新能源汽车行业的兴起很大原因归功于国际相关技术的开源开放。

（四）互联网软件与服务

互联网软件与服务是中美两国独角兽最为聚集的行业，互联网软件与服务可以分成两个部分：一是To B的企业服务领域，二是To C的互联网服务领域。

在企业服务领域，美国独角兽的数量和占比仍然较为领先。企业服务独角兽依靠雄厚的软件实力和技术优势，为不同领域的企业提供平台化的服务和技术支持。企业服务将有效降低企业成本，同时企业服务提供商能够提供更加专业的服务，提高企业的工作效率。美国企业服务平均估值达到40亿美元。这些独角兽公司的发展趋于垂直化，渗透到较多的细分领域，包括科技销售、人力资源管理、广告科技、餐厅管理、设计协作、家庭服务平台等。这是因为美国企业服务市场较为成熟，企业付费习惯已经养成。

随着大数据技术和云计算技术的成熟，中国的企业服务市场近年也逐渐发展壮大。2021年，我国企业服务领域独角兽18家：其中2

家为垂直领域服务商，主要为电商与物流行业提供垂直行业服务；7家以具体场景为服务内容，包括协同办公、财税SaaS、客户服务等；其他9家主要通过数据技术赋能企业级客户，通过打造一体化数据平台，优化企业决策，推动企业数字化转型。

互联网服务领域，在2020年之前一直是中国独角兽的集中领域。在本地生活、旅游服务、在线教育、社交网络、人才服务等都有很多曾经的独角兽企业。新冠肺炎疫情导致社会流动性降低，旅游服务行业举步维艰；国家对教育行业的"双减"政策基本消灭了在线教育行业的市场及生存空间；其他几个细分领域也因为经济结构转型与政策变化逐渐走向衰落。因此，2021年的独角兽统计中并未单独统计互联网服务领域，而是归并到了其他分类。

（五）人工智能行业

2021年我国人工智能行业有22家独角兽企业，根据统计口径，这里仅指人工智能技术企业，若范围扩大到人工智能的基础设施和人工智能应用的话，这个数字将超过70家。这说明未来经济社会发展中智能产业将无处不在。

我国人工智能行业繁荣的背后也存在困境与痛点。就人工智能技术本身而言，存在研发能力待提升、部分技术成熟度低与单点技术应用效果差等问题。

- 技术研发能力仍存在差距：我国人工智能技术研发能力相较于欧美先进国家仍存在差距，主要依赖国外引领的开源开放生态，关键技术"卡脖子"问题仍旧存在，制约人工智能技术从计算智能到认知智能的升级。
- 部分基础技术成熟度不高：根据Gartner发布的2021人工智能技术成熟度曲线，大部分人工智能技术，如深度神经网络、知识图谱、决策智能等，仍处于从萌芽期到过热期的过渡阶段。
- 单点技术应用效果差：计算机视觉、语音识别、自然语言处理等人工智能技术已经开始在安防、交通、金融领域应用并形成场景闭环。但是单点的人工智能技术无法充分解决行业痛点,需要进一步实现多种技术融合的系统化、生态化,打通技术、数据与资源之间的壁垒,实现底层技术的深度融合。

(六)医疗健康行业

美国医疗健康产业已经是第五大产业。中国随着逐步进入老龄化社会、医疗体制改革深入推进,医疗健康行业也逐渐发展壮大。因此,医疗健康行业是中美独角兽的另一个聚集领域。从行业细分领域来看,中国医疗健康独角兽企业主要集中在医疗综合服务、医疗器械、生物技术和制药以及医疗信息化等领域;而美国医疗健康独角兽企业领域则更加多元化,涉及生物工程、齿形矫正、液体活检、医学技术、健康管理、数字医疗、AR远程医疗、健康保险等多个细分领域。

究其背后原因,是两国的医疗健康生态体系的差异,从医疗和健康两方面来看:

第一,国家医疗体系决定独角兽企业的战略布局。美国的医疗服务体系较为复杂,整体医疗机构分成公立和私立两种,其中私立机构提供了大部分的相关服务。美国在医疗服务方面做到"战略前移",将普通患者看病的第一步放到家庭医生环节,对患者进行了有效的初级诊断分类,避免医疗资源集中,使有限的医疗资源尽可能最大化应用,这使得美国医疗领域独角兽更加多元化,能够满足人们细分化的需求;中国的医疗体系相对较为简单,由医院、基层医疗机构、专业公共卫生机构以及其他医疗卫生机构(私立)四部分组成。医院涵盖了各类诊疗需求,在中国医疗卫生服务体系中起着最重要的作用。这一特点使得独角兽企业主要围绕医院开展,医疗综合服务、医疗信息化以及互联网寻医诊疗得以快速发展。

第二,在健康服务领域,美国的健康产业结构比较全面,涉及家庭及社区保健服务、医院医疗服务、医疗商品、健康风险管理服务、长期护理服务等多个领域。其中家庭及社区保健服务占比约50%，医院医疗服务占比19%，医疗商品占比14%，健康风险管理占比11%，各方面总体发展比较成熟；中国的健康产业仍以"医院医疗服务、医疗商品"为主，占比达64%。与中国"以疾病治疗为主"的生态相比，美国不光重视疾病治疗，更加重视疾病预防、健康促进、慢性病管理等健康风险管理工作，这使得美国健康领域独角兽业务更加多元。

（七）智能硬件行业

中国智能硬件领域独角兽企业数量和估值上整体已经超过美国。从细分领域来说，中国智能硬件行业主要集中在消费电子行业和机器人行业，美国则在AR和3D打印行业。尽管我国硬件独角兽企业在规模、数量等方面快速崛起，但在技术储备、创新模式等方面，与美国仍存在不小的差距。美国硬件独角兽企业大多专注于技术创新，主营业务价值较高。我国硬件独角兽企业估值高主要源自对新兴商业模式背后大数据价值的长远预期和科技巨头领投的助推作用，企业在核心竞争力、高成长性等方面"含金量"存疑。

第二节　独角兽公司的成长因素

一、独角兽产生的历史原因

据CB Insights测算，要想成长为独角兽公司平均需要花费6年时间，至少需要9 500万美元的融资来帮助自己成长。然而，这个平均成长时间在中国正逐步缩短。自2015年以来，中国受到政策扶持、资本规模大幅增加、互联网蓬勃发展等利好因素的推动，一批创业公司正快速壮大。其中，2013年成立的VIPKID作为在线教育领域的一匹黑马，仅仅用了 3 年多时间，2017 年便完成了 D 轮融资进入了全球独角兽名单①。而智能芯片企业寒武纪科技进入独角兽状态时成立仅 1 年，是历史上最年轻的独角兽企业。

原本稀缺的独角兽企业大量快速出现，究其原因，如下几个因素可供参考：

- 全球正处在第四次产业革命进程中，新技术层出不穷，互联网加速了新技术的传播和应用，新技术的社会化应用使初创企业更容易规模化。
- 政府引导基金、大企业战略投资（CVC）和传统金融机构私募子基金加入使创业投资市场流动性充足，其中 75% 估值过 10 亿的融资交易由非创业投资机构领投（如对冲基金、公募基金子公司等）。这些投资者对投资回报的期望各不相同，甚至经常带着市场套利的心态在投资，IPO 回报期望 1.5~2 倍，远低于传统 VC 投资者。
- 从创业者角度来讲，一方面，新兴市场培育阶段，创业者推迟 IPO 以避免更加严格的证券市场监管和二级市场投资者对短期利润的跟踪；另一方面，市场上关于"泡沫将破"的警告不绝于耳，也使创业者即便现金充足也尽量融资。

二、独角兽成长的天时、地利、人和

（一）独角兽成长的天时

独角兽企业成功的第一关键因素是把握好技术和经济发展时点。最后成功的创业企业可能并不是拥有最超前技术、最先进产品的那一

---

① 然而，即使是在在线英语教育市场拥有超过一半的市场份额，VIPKID 仍未实现赢利。2019 年开始，公司频繁传出负面消息，2021 年的教育部"双减"政策令整个学科教育行业陷入困境。

个,而是在合适的时点上,做了最匹配的技术、产品和目标市场的结合。

- 成功案例:滴滴等一系列"分享经济"模式的成功,一方面建立在智能手机普及的技术基础上,另一方面也有赖于自由职业者增加的社会经济因素。
- 失败案例:上一轮互联网失败泡沫中的典型,WebVan(30分钟内生鲜快递)在缺乏相应的技术和社会条件下,需要巨额前期投资以完善基础设施,而其定价策略是以廉价覆盖大众市场,导致公司长期巨额亏损。

(二)独角兽成长的地利

独角兽企业选择的行业要和所在地的经济文化发展特征相匹配。比如企业服务、电商、消费互联网和金融科技是"独家兽"最多的领域。但是在企业服务领域,中国和美国是两种不同的商业业态和发展方向;金融科技也是最热门的独角兽领域,但是金融离不开监管,中国互联网金融行业的发展前期无监管野蛮发展、乱象频出,导致整个行业被整顿清退,现在需要重新在监管下探索金融科技行业的发展路径;亚洲区域属于世界工厂,消费品生产制造比较发达,做平台型或者垂直型的电商就更容易成功。

(三)独角兽成长的人和

独角兽的人和包括两个方面,一是创业者和创业团队,二是早中期的投资人。

在创业者方面,沙司塔创投(Shasta Ventures)的研究报告分析了25家"独角兽"的情况,并且对它们的创始人团队做了更多研究,创始人群体特征总结如下:

- 2~3人的创始团队最普遍,且大多为连续创业者;
- 他们就读于各式各样的学校,多数集中于美国排名靠前的大学,其中斯坦福大学最热门;

- 非技术专业比技术专业更普遍，而且大多数创始人们并未获得本科以上学历；
- 他们有平均6年的工作经验，大多数是在软件和IT领域；
- 创始人们最擅长的能力包括用户体验、产品管理、电子商务以及战略合作。

连续创业者或有从业经验的创始人才容易理解客户的需要和应该采取的销售模式，有更大的可能性具备必需的领导力，也更容易获得创业投资的信任。

在早中期投资人方面，投中独角兽企业的创业投资机构的共同特点是重视投后管理，为投资组合中的创业公司提供从战略规划、人员招聘，到市场营销、销售渠道建设等企业运营管理所需要的各方面的详细意见。因此，投后管理能力是创业投资机构的重要竞争力，是创业者选择投资者的主要因素之一。

第三节　独角兽公司的死亡分析

一、独角兽公司的死亡原因分类

独角兽公司，以及广义的明星创业公司，有崛起时自然也有衰落时。独角兽有许多都是未赢利的公司，它们规模巨大，有大量客户。达到这个规模的公司，衰落的原因往往不在于公司的运营不善或者竞争落后，而是业务本质的局限。

（一）脱离商业本质

商业的本质是赢利。创业即使被包装得再性感，也要意识到它的骨子是一门"生意"，像做生意一样地去对待创业项目，项目才有可能获得生命力。从另一方面讲，创业以"创造价值"作为创业初心，那么企业为谁创造了价值？创造了哪部分价值？创造出来的究竟是不是真的价值？

（二）业务模式局限

创业企业的产品有吸引力（创新的概念或愿景能解决用户痛点）却没有赢利模式（不是用户刚需）。用户持续付费的基础需求是有限的，要让用户把钱从一个地方转移到你这里，除了要满足关键需求，便宜和省事至少要占一个。

还有一些独角兽企业的产品能快速扩张、迅速复制，却没有护城河，即用户黏性或技术壁垒，因此一旦成熟的巨头企业进场，其竞争优势迅速消失。

（三）产品迭代问题

独角兽们并不缺钱，它们衰落的原因一般都是由于其核心产品的过时、新产品开发的失败等导致用户增长减少、开支规模过大甚至团队内部出现分裂。

（四）公司管理与企业文化

公司的资产甚至知识产权、员工数目、消费者人群、利润甚至企业文化都是企业能继续保持高速增长的重要因素。没有使命感、缺乏向心力、管理缺失的企业往往难成大事。

二、独角兽公司的衰落与死亡案例

（一）Snapchat：受众集中在没钱的年轻人

阅后即焚应用Snapchat，流量大到对Facebook产生威胁，估值最高达150亿美元，曾经是美国四大独角兽（Uber、Airbnb、Palantir、Snapchat）之一，共获得11.9亿美元融资。在2018年前后，每股30.72美元下调至22.91美元，整体估值遭减记25%，估值蒸发了40

亿美元。投资者包括 Benchmark 和 Kleiner Perkins 等硅谷风投公司，以及阿里巴巴、腾讯、雅虎等科技企业。

（二）Dropbox：功能过于单一

Dropbox 可能是世界上最好用的网盘，曾经估值 100 亿美元，排名前十，估值是上一年企业收入的 25 倍。单一的产品模式阻碍了公司的发展，导致了增长乏力。Dropbox 基于文件储存同步的产品逻辑已经过时，但是它却没能顺应时代变化做出相应的调整。文件储存只能成为一个功能却很难成为一个产品，当人们习惯在本地编辑文件的时代过去后，它被抛在了身后。具体来说，企业付费版的赢利模式路线发展不顺利，普通用户付费意愿不高，被 Google 和 Apple 拉入价格竞争。

（三）Square：利润率低

移动支付应用 Square，估值 60 亿美元，曾筹备 IPO。企业高速增长但从未赢利，截至 2015 年 6 月，其净亏损为 7 759 万美元。交易成本高的主要原因是很大一部分要分给传统发卡机构。另外，Square 衰落的部分原因可以归结为生不逢时：Square Wallet 演变成了如今为众人熟知的扫码支付，支付宝的 AA 收款也有 Square Cash 的影子，Square Order 更是可以看成早期的大众点评，Square Capital 则在探索针对中小企业的小额贷款业务。每一个产品都离大获成功差了那么一点点。

（四）Evernote：无法创造收益

Evernote 笔记，曾获得 2.9 亿美元融资，估值近 20 亿美元，但因没有找到有效的变现方式而失败。Evernote 主要靠付费用户和企业用户创收，为了增收必须降低免费用户使用上限，牺牲免费用户体验。而很显然它并没有把精力放在转化付费用户这件事上，而是开发了许多不相关的产品，使得公司产品矩阵混乱。当微软 OneNote 和苹果 Notes 产品推出后，Evernote 等第三方应用显得不再那么必要。

(五) Flipboard：阅读变而 Flipboard 不变

阅读应用 Flipboard，曾经的 iPad 必备应用，获得 2.1 亿美元融资。最后的结局是联合创始人伊万·多尔（Evan Doll）和 CTO 埃里克·冯（Eric Feng）离职，广告价格下滑 75%，想被收购但无人接盘。如今，今日头条的影响力和收入已经远超过传统新闻网站，纽约时报也用机器人选择要推广的文章，腾讯甚至用机器人撰写新闻，技术手段在不停地改变阅读，Flipboard 被时代所抛弃。

第四节　未来独角兽在哪里出现

从我国的国家政策引导层面，将大力支持"专精特新"企业的发展，并专门设立北京交易所对这类企业进行扶持。"专精特新"就是具有专业化、精细化、特色化、新颖化优势的企业，它们拥有各自的"独门绝技"，在产业链上具备一定的话语权。

- 专：是指采用专项技术或工艺，通过专业化生产制造的专用性强、专业特点明显、市场专业性强的产品。其主要特征是产品用途的专门性、生产工艺的专业性、技术的专有性和产品在细分市场中具有专业化发展优势。
- 精：指采用先进适用的技术或工艺，按照精益求精的理念，建立精细高效的管理制度和流程，通过精细化管理，精心设计生产的精良产品。其主要特征是产品的精致性、工艺技术的精深性和企业的精细化管理。
- 特：指采用独特的工艺、技术、配方或特殊原料研制生产的，具有地域特点或具有特殊功能的产品。其主要特征是产品或服务的特色化。

- 新：指依靠自主创新、转化科技成果、联合创新或引进消化吸收再创新方式研制生产的、具有自主知识产权的高新技术产品。其主要特征是产品（技术）的创新性、先进性，具有较高的技术含量，较高的附加值和显著的经济、社会效益。

在行业方面，本书第四章重点分析的行业都将会是未来独角兽不断涌现的行业，即数字经济、碳中和、医疗健康、国内关键核心技术自主化等领域。具体而言，可重点关注以人工智能、航空航天、生物技术、光电芯片、数字技术应用、新材料、新能源、制造业数字化转型等为代表的高精尖科技。

近年来，数字经济成为驱动我国经济高质量发展的重要引擎，而技术成为构建数字经济的重要底座。科技创新在增强数字经济发展核心能力的同时，提升企业的竞争优势，在数字经济领域必将涌现数量众多的独角兽企业。

新冠肺炎疫情的阴霾很难在短时期内散去，"在线"生活方式将常态化。旅游、房地产、餐饮等行业在新冠肺炎疫情影响下严重受挫，与此同时，机遇也与危机相伴相生。从在线医疗、远程工作，到直播和网购，再到人工智能助力药物研发等，全世界都在应对疫情带来的威胁。危机加速了数字技术的采用和普及，科技改变了工作、生活和休闲的方式。新冠肺炎疫情为相关领域公司创造了巨大的市场机会。

总之，沿着不断解放生产力和满足社会需求的方向，基于"好生意、好公司、好价格"的方法论，一定可以培育和发现更多的独角兽！

结语

本书写作之时，奥密克戎引发的又一波新冠肺炎疫情正在上海肆虐，俄乌冲突还在胶着。"百年未有之大变局"不仅在影响着世界政治经济格局，也在干扰着每一个人的日常生活。

对科技创业投资而言，资管新规带来的行业监管环境变化、防范资本无序扩张带来的资本新秩序、注册制改革带来的企业估值体系变化，以及中美贸易摩擦导致的中概股前途未卜，都让每一个从业者对未来充满担忧和迷茫。

不管未来如何变化，纵观人类文明发展历史，科技与教育始终是人类文明进步的阶梯，生产力发展与社会需求满足永远是人类社会向前发展的源动力。科技创业投资已经并且未来也将持续推进科技创新和科技成果转化。

本书是首次系统化地梳理科技创业投资的价值观、方法论及实务，为科技创业投资的从业者提供一个完整的自上而下的思维框架。这将极大地提升科技创业投资从业者的成长速度，而不至于完全在迷雾中探索潜行。

当然，"纸上得来终觉浅，绝知此事要躬行"，科技创业投资是一项实践的艺术，每个人都需要在实践中不断成长，不断根据资本市场、产业政策、科技发展等现实情况修正、发展自己的投资逻辑与思考框架。

科技创业投资研究的是科技创业企业的发展规律。因此，本书中也多处尝试总结科技创业企业的成败原因。希望本书也能为科技创业者提供帮助，让他们能够跳出自己惯有的思维方式去看待科技创业与融资，并持续走向成功。毕竟，科技企业才是社会价值的直接创造者。